人岗匹配度理论、测评与应用研究

王宇中　编著

郑州大学出版社

图书在版编目(CIP)数据

人岗匹配度理论、测评与应用研究 / 王宇中编著. -- 郑州 : 郑州大学出版社, 2024.6
ISBN 978-7-5773-0217-1

Ⅰ.①人… Ⅱ.①王… Ⅲ.①企业管理 - 人力资源管理 - 研究 Ⅳ.①F272.92

中国国家版本馆 CIP 数据核字(2024)第 047812 号

人岗匹配度理论、测评与应用研究
REN GANG PIPEIDU LILUN、CEPING YU YINGYONG YANJIU

策划编辑	李龙传	封面设计	苏永生
责任编辑	张彦勤	版式设计	苏永生
责任校对	刘 莉	责任监制	李瑞卿

出版发行	郑州大学出版社	地 址	郑州市大学路 40 号(450052)
出 版 人	孙保营	网 址	http://www.zzup.cn
经 销	全国新华书店	发行电话	0371-66966070
印 刷	河南大美印刷有限公司		
开 本	787 mm×1 092 mm 1 / 16		
印 张	16.5	字 数	393 千字
版 次	2024 年 6 月第 1 版	印 次	2024 年 6 月第 1 次印刷

书 号	ISBN 978-7-5773-0217-1	定 价	79.00 元

作者简介

王宇中，广东培正学院人文学院应用心理学系教授，广东省社会心理学理事，郑州市心理咨询师协会会长，广州市心理咨询师协会理事，《中国行为医学与脑科学》通讯编委。研究方向：心理测量与职业测评、婚恋心理、综合心理治疗、大学生心理健康教育等。近十年来，在SSCI、CSSCI和中文核心等期刊发表论文60篇余，主持完成3项国家社会科学基金项目、1项教育部人文社会科学基金项目、1项省级科技攻关项目、1项省高等教育人文社科应用研究重大项目和多项省级社科项目。出版著作和教材十多部。目前在研1项国家社会科学基金项目。

自序

人岗匹配与人才测评研究是作者近十年来的研究方向之一。作者带领研究团队对这个领域进行了系统的探索。团队获得了教育部人文社会科学项目和省级高等学校哲学社会科学应用研究重大项目的立项。经过艰苦的努力,研究团队一步一步、踏踏实实地完成了各个阶段的研究任务。

为什么要选这个课题呢?本研究的初衷是对心理辅导和职业指导中经常遇到的案例进行思考:有些学生在在校的4年中,经常为如何转入自己喜欢的专业又无法实现其愿望而苦恼;有些学生毕业后不断地跳槽,对父母找关系安排的工作不满意,对自己所在的岗位不喜欢或不适应而苦恼;而另一头则是组织(企事业单位)的人力资源部门总是为招聘不到合适的员工而失望。

在互联网日益发展的今天,求职者仍抱怨难以找到合适的工作,而企事业单位仍抱怨难以招聘到合适的员工,人岗不匹配的现象还很严重。所以这就诱发了我们的一个想法,能否在互联网大数据背景下,为企事业单位招聘和求职者搭建一个平台,给企事业单位招聘、培训和人力资源开发,以及提高企事业单位招聘工作效率,最大限度地发挥员工潜能做点事情。同时,也为那些找不到合适工作岗位的求职者提供一个寻找合适工作岗位,就目前的技术水平能否实现人类多年来关于“人尽其用”的理想呢?就是在这样的动机驱使下,我们开始了长达10年的研究。该研究既需要构建宏观的理论模型,又需要构建中层的原理模型,还需要编制多个用于实证研究的测评工具,把这些理论假设通过实证分析加以验证,最后还建立了网站将这些模型转化为数学模型和计算机分析系统,并能够为求职者和招聘者双方建立一个可视的界面系统。

本书把10年来的这一大型研究的内容分为5个层面:第一个层面的内容是构建以人才测评和岗位分析相融合的“人岗匹配理论模型”。第二个层面的内容是在 Tracey 与 Rounds 的职业兴趣测评的三维度模型理论基础上，将其职业声望维度改为简单-复杂性维度，从而构建了新的职业兴趣测评的三维度模型理论。以该模型为基础，同时构建了岗位分析的三维度分析模型。第三个层面的内容是在以上两个层面的理论模型的基础上，修订 Tracey 与 Rounds 的个人球形职业兴趣量表简版（PGI-S）为中国版（PGI-SC）和"大学生职业兴趣三维度测评量表"（TDVIS）等测评工具。第四个层面的内容是将这些人才测评工具测算数据和对应的岗位分析技术的测算数据对接，构建人岗匹配的数学模型。第五个层面的内容是建立网站，把人岗匹配的数学模型转化为计算机分析系统，通过把求职者和组织招聘者提交的数据对接，为求职者和组织招聘者提供服务。同时，通过现场实验即通过控制干扰变量，计算双方大数据的匹配度来检验其人岗匹配效度，并不断地进行升级。该软件拟编制成学习型，即系统根据数据量的增加不断调整匹配测算指标，并针对不同行业领域的需求设置不同的指标体系。

本研究基本实现了预想的目标，5 项内容都已基本实现，但是第五个研究内容的最后一步，即通过对大数据的分析进行效度检验和匹配指标体系的自动调整，这一目标未能实现。其原因是需要大量资金进行推广获得足够多的数据，这恰恰是我们做研究者的短板。

王宇中于广州培正学院集益湖畔

2024 年 1 月

目录

第二篇　个人职业兴趣分析与职业量表的修订及编制

第三篇　人岗同结构匹配度分析系统

绪　论

实现科学的"人岗匹配"就是实现人类多年来"人尽其用"的理想。"人岗匹配(person-job fit,P-J Fit)"作为一个科学课题,是近100年的事情。从西方工业化革命中期的人才测评和人力资源管理的理论模型构建开始,我国本土化的理论模型和实证研究都不多见,而且这些国内外的模型多停留在理论描述层面或停留在难以实施的数学建模的层面上。所以,我们团队在15年前开始关注该领域并开展相关研究,其目标是要构建我国本土化的,解释力强的职业类型与职业环境分析理论。本课题在文献分析及实证研究的基础上,根据Prediger对Holland的六边形结构分析所发现的二维结构(人物/事物和资料/观念维度),提出了与二维结构相垂直的第三个维度,即"变化-模式化"维度,从而构建了"职业类型与职业环境三维度匹配模型"。该理论模型的构建,对于我国人才测评企事业人岗匹配研究具有重要的理论意义和实践意义。

在互联网日益发展的今天,企事业仍抱怨难以招聘到合适的员工,而求职者抱怨难以找到合适的工作;人岗不匹配的现象超过30%(刘双,2015);在该研究领域,职业测评研究路径和岗位分析研究路径的研究目的及侧重点不同,所采用的模型不兼容,其数据无法对接。因此,本课题在构建"职业类型与职业环境三维度匹配模型"理论基础上,采用该理论模型编制职业测评工具和岗位分析量化表,将"人岗匹配"理论模型转化为普适性的和可操作的"人岗匹配测算分析系统",在互联网大数据背景下,为企事业招聘和个人就业搭建一个平台,对于企事业招聘、培训和人力资源开发具有广阔的应用前景。对于提高企事业招聘工作效率和员工潜能发挥具有重要的现实意义。

中国是一个人口大国,在人才日益流失的背景下,如何吸引人才,如何将引进的人才做到"人尽其才"? 运用该平台将每一位引进的人才和就业者放到合适的位置上,让企事业单位的每个岗位都匹配到合适的人选,这是本课题的最终研究目标。

人岗匹配的研究有两个路径:一是侧重于人的职业类型测评研究的路径,其目的是实现"人得其岗";二是侧重于岗位分析或工作分析研究的路径,其目的是实现"岗得其人"。两个研究路径与人岗匹配中的人本导向和岗位导向相对应(张同全 等,2013)。

一、职业类型的模型理论与测评研究路径

职业类型的模型理论与测评研究路径主要来自心理测量和职业测评。自Strong(1927)采用实证法研究职业兴趣类型并编制职业兴趣量表以来,研究者采用测验法不断提出各种职业兴趣和职业类型理论。圆形模型理论根据各个职业的职责、能力和技

能要求程度，将职业类型分为8种反映职业活动的职业领域：技术、户外、科学、一般文化、艺术与娱乐、服务、商业接触以及组织。在圆形模型中，相邻领域比相隔领域的类型更相似（Roe，1956）。而影响力最大、应用最广泛的是职业偏好量表（VPI）和自我导向搜索表（SDS），编制者根据实证研究结果，将职业兴趣类型划分为现实型（realistic）、研究型（investigative）、艺术型（artistic）、社会型（social）、企业型（enterprising）、常规型（conventional）六种类型。Prediger（1982）采用Cooley（1971）的Factor程序发现了Holland的六边形模型结构中有两个潜在的维度：人物（people）/事物（thing）和资料（data）/观念（idea）。美国考试中心（ACT）按照Prediger的理论，将职业兴趣类型划分成相对应的6种类型。但后来的研究发现，Holland的两维度六边形结构并不具有跨文化的普适性，在人物/事物和资料/观念维度的二维平面上，均匀地分布着社会促进、管理、商业细节、数据加工、机械、自然户外、艺术和助人8种基本职业类型；Tracey认为与二维平面垂直相交的还有职业声望维度，三维度构成了球形模型，研究者通过编制测评工具（PI、PGI、PGI-S）不断验证其球形模型（Tracey，1997b；Tracey et al.，1996，2002，2010）。我国的刘长江（2003）、张宇等（2013）分别采用PGI对中国样本进行测试，验证了球形模型结构的存在。张厚粲等（2004）根据所编制的职业兴趣问卷的分析结果，将我国大学生和高中生的职业兴趣分为艺术型、事务型、经营型、研究型、自然型、社会型和技术型7种类型；戴翕昀等人（2013）的研究结果显示我国的职业类型为研究型、艺术型、展示型、社会型、冒险型、企业型、常规型、现实型和生态型共9种职业类型。尽管职业测评工具越来越多，但仅靠职业测评技术所获得的一组数据是无法实现“人岗匹配”测算的。

二、岗位分析或工作分析的研究路径

岗位分析或工作分析研究路径的主要目标是实现人力资源管理中“岗得其人”。岗位分析对于理解与改变工作环境，以及员工自身发展有着至关重要的作用（Dunckel et al.，2015）。岗位分析的结构性分析方法主要是问卷法（薛万东，2010）。在各种岗位量化分析工具JEM、MPDQ、TTAS、FJA、TIA、PAQ（Tornow et al.，1976）中，PAQ是最流行的结构性岗位分析方法。PAQ中的JCV模型可利用工作维度得分来预测工作人员在认知能力测试上应达到的平均水平（Boris et al.，2005）。我国研究者运用PAQ技术构建了岗位知识含量指标体系，并对岗位的知识含量给出了一种具有可操作性的度量方法。根据实际数据所得的工作指标区域分类图表明，高知识含量工作的输入元素知识含量、知识应用、复杂性和自主性都较强，而技能应用、重复性、结构化程度指标较弱，低知识含量的工作正好相反（戴昌钧，2003，2004）。但PAQ技术具有评价条目过多、操作烦琐、成本过高的局限性。所以有人开发了以人格为导向的职位分析系统（POJA），用以选择工作所需的人格特质（Richard et al.，2011）。但无论岗位分析做得如何精细，仅靠岗位分析量化数据也是无法实现“人岗匹配”测算的。

三、人岗匹配模型理论与测算研究

研究者从不同的角度提出了不同的匹配模型。胜任力冰山模型是人本导向的模型，该模型将员工素质表现形式分为表面的冰山以上部分(知识技能)和深藏在冰山以下的部分(自我认知、动机、个人品质及价值观),认为越是深层的心理品质对工作行为绩效的影响越大(Spencer,1993);需求-供给模型认为,当需求-供给匹配水平高,工作岗位给员工带来更多的物质和精神回报时,员工将对组织产生较高水平的组织承诺,反之,当员工感觉到自己的付出难以收到对应的回报时,容易产生离职意向(Carless,2005);要求-能力匹配模型认为,当要求-能力匹配度高时,员工会为工作岗位所吸引,胜任的心理需求得到满足;反之则会感受到较强的工作压力和心理疲惫感。ASA 模型(人与组织之间的吸引-挑选-摩擦过程)认为,人与组织因他们之间的相似性而互相吸引,而人与岗位之间的相容性可以通过多种形式概念化(Schneider,1987);而整合模型则是将一致性匹配、互补匹配、需要-供给匹配和需求-能力匹配等理论模型进行整合,认为当人与组织至少一方能够提供另一方所需的资源时,或人与组织拥有相似的基本特征,或这两者都存在时,可以认为人与组织匹配在某种程度上是存在的(Kristof,1996)。

人岗匹配的研究最终要落实到操作性的测算模型上,我国研究者近年来构建了不同的测算模型:一是根据工作岗位标准的各项指标将其匹配数学模型分为标准值型、区间值型和临界值型 3 种类型(赵希男 等,2008);二是运用 BP 人工神经网络和模糊综合评价法,构建人岗匹配度测算模型,并实证地验证了该模型在具体岗位上的有效性(袁珍珍等,2010);三是通过对胜任力素质模型分析,确定了各主要行业工作人员的胜任力指标,进而利用层次分析法(AHP)确定各胜任力指标在模型中所占的权重,并获得了权重矩阵和模糊贴近度计算效率矩阵,有人利用指派模型将合适人才配置到相应岗位上(李永壮等,2011);四是力量权衡矩阵模型,该模型提出了人岗匹配过程中的员工导向力和岗位倾向力两个重要概念,并在研究中发现,两种力量通过相互作用形成了人岗匹配的力量权衡矩阵模型,并针对组织基层、中层和高层,分别采用以岗选人、温和型或者冲突型、以人定岗的人岗匹配方式(张同全 等,2013)。

求职者和企业招聘之间的关系类似于择偶双方的关系。恋人之间的情投意合,缔结幸福的婚姻,双方就要符合婚恋资源等价性、资源契合性和心理行为特质成长性原则,并通过多种算法构建了美满婚姻匹配的测算模型(王宇中,2007;王宇中 等,2015)。这一模型对“人岗匹配测算模型”的构建具有方法学的启发意义。

在对个体的职业类型测评模型构建中,Prediger 从 Holland 的六边形模型结构中所发现的“人物/事物、资料/观念”两维度模型是职业类型与职业环境分析模型的第一个里程碑,而 Tracey 和 Rounds 所构建的球形模型是职业类型与职业环境分析模型的第二个里程碑,但所提出的“职业声望”概念进入了价值评价范畴,存在职业歧视的危险,而且难以涵盖这一维度更丰富的内容。如何构建我国本土化的解释力强的职业类型与职业环境分析模型,这是人岗匹配研究的基础任务。

职业类型测评关注的是人,而岗位分析关注的是岗。由于两个研究路径的目的侧重点不同,理论模型和测算模型不兼容而难以对接。现有的职业类型测评工具与岗位分析工具提供的参数之间是难以实现匹配度测算的。所以,编制同结构的职业测评工具和岗位分析工具是人岗匹配测算模型的基础工作。

人岗匹配从最初的概念提出到理论模型的构建,再到各种测算模型的提出,逐步深入，为互联网大数据条件下的求职与招聘测算模型构建，提供了越来越清晰的思路。但仅仅局限在人本的胜任力测算和岗位分析的测算模型，又未能将求职者的测评与岗位分析两类变量加以区分，在实际测算过程中，缺乏可操作性。人岗匹配的测算是人与岗的两组数据的匹配度测算，是将对人的测评数据与岗位分析的数据进行匹配度运算的过程。将择偶双方的等价性、契合性和成长性两组数据匹配度测算与招聘和求职者之间的匹配度测算进行类比，对"人岗匹配测算模型"的构建具有直接的方法学的借鉴意义。因此，借鉴以上理论模型和数学测算模型，编制具有兼容性和普适性的职业类型测评系统和岗位分析系统，将二者相对接，在互联网背景下构建"人岗匹配测算模型"是人岗匹配研究的重要目标。

本课题的总体框架：首先，本课题前期的研究是通过文献分析和实证研究，构建"职业类型与职业环境三维度分析模型"理论；其次，根据这一模型理论编制本土化的"职业类型三维度测评量表"和用于企业岗位分析的"三维度多层次岗位分析量化表"；再次，将求职者的职业类型测评数据与岗位分析设定参数进行对接，构建"三维度多层次人岗匹配测算模型"；最后，通过现场实验来检验其模型的校标效度和成本核算，并推广到各个企事业的员工招聘和岗位调整工作中。总之，本课题拟解决的关键科学问题是要构建解释力强的能够兼容职业类型测评与岗位量化分析的三维度分析模型理论，并根据这一理论模型编制相同结构的职业类型测评系统和岗位分析系统，将两个系统对接，构建互联网条件下的个人求职和企业招聘对接的"三维度多层次人岗匹配测算分析系统"。本课题的基本内容和任务包括以下几个方面。

一是职业类型与职业环境三维度球形分析模型理论构建。Prediger 所发现的"人物/事物"和"资料/观念"两维度模型认为，人们的职业类型是分布在倾向于人/物之间、资料/观念之间的，但两维度的平面结构无法解释同一性质工作的层次性和复杂性。Tracey 和 Rounds 增加了"职业声望"维度不能涵盖这一维度丰富的内容。本项目根据前期对 PGI 实证研究的结果及逻辑分析，发现人们的职业类型和职业环境是按照"模式化/变化"维度排列的，这一维度比"职业声望"有更丰富的内容和更强的解释力。从职业环境看，"模式化"一端对应了职业环境的稳定性和简单重复性，"变化"一端对应了职业环境的复杂性和重要性；从职业人格的角度看，"模式化"维度对应了人的思维的聚合性、经验的保守性、解决问题的常规性；"变化"一端对应了人的思维的发散性、经验的开放性和解决问题的创新性等特征。这样，模式化/变化维度与人物/事物、资料/观念二维平面垂直交叉，构成了职业类型和职业环境三维度球形分析模型。

二是职业类型与职业环境三维度球形分析模型的结构分析。将"职业类型与职业环境三维度分析模型"转化为职业类型测评分析系统，借鉴 Tracey 和 Rounds 的研究方法，编制本土化职业类型测评量表（量表的初稿显示其结构效度良好），并建立全国常模，即通过对全国大样本的测评与统计，获得 3 个维度的常模分布。根据球形模型中的"模式化/变化"维度的常模（均数与标准差），将球形模型横向切割成 3 个横切面，最上端的横切面为"模式化/变化"维度测评中高于常模均数 2 个标准差的高分组被试。在这个横切面上，由人物/事物、资料/观念两个维度高分组合的 4 个象限中，人与资料高分组合的象限为组织与管理、决策与经营等职业岗位；人与概念高分组合的象限为哲学社会科学研究与人文艺术创作等职业岗位；事物与概念组合的象限为自然科学研究与工程技术研发等职业岗位；物与资料高分组合的象限为金融管理、高级财务管理、信息管理、生产管理、航空管理和物流管理等职业岗位。最下端横切面属于变化－模式化维度低于常模均数2个标准差的低分组。被试在人物/事物、资料/观念高分组合的4个象限中，“人与资料”高分组合象限为文秘、文员、办事人员、商业服务人员等职业岗位；“人与概念”高分组合象限为慈善服务事业、小学及幼儿教育、社区服务与护理等社会服务职业岗位；“概念与事物”高分组合象限为农林牧渔、流水线作业、质检与维修、建筑劳动等与技术操作相关的职业岗位；“物与资料”高分组合象限为出纳、收银、仓储、物业、搬运与物流等规范且程序化的数字及物流性质的职业岗位。

“模式化/变化”维度自上而下是一个连续体，绝大多数人处于“模式化/变化”维度均数上下2个标准差之间的层面上。职业类型测评分数越接近上层的职业类型，越是喜欢和善于承担应对变化与挑战的工作；分数越接近下层的职业类型，越是倾向于程序化的工作。三维度球形模型涵盖了所有职业领域中的工作岗位。每个求职者或员工通过三维度，12个职业类型测评分数都能够在球形模型上找到相应的三维度坐标点；每一个岗位通过对工作性质的三维度分析，可以赋予其岗位的三维度12个职业类型的代码排序与参数。

四、人岗匹配的理论模型转化为数学测算模型

如何将职业类型与职业环境三维度分析模型，转化为可操作的“人岗匹配测算模型”呢？“人岗匹配测算模型”测算的核心是两组数据的比对，这就需要两组数据结构相同，即采用同一结构量化评价个体职业类型和岗位分析所获得的两组数据。因此，一方面要编制信效度高的“职业类型三维度测评量表”；一方面编制相同结构的普适性的“企业岗位三维度多层次分析量化表”，将求职者的职业类型分析数据与岗位分析量化表的参数形成对应的匹配度测算，最终构建求职者的职业类型与企业工作岗位相对接的“人岗匹配测算模型”。这一“人岗匹配测算模型”的前提是“职业类型三维度测评量表”和“多层次三维度岗位分析量化表”来源于同一结构模型且具有兼容性。

课题组历时十多年，完成了与“人岗匹配模型数学测算模型”服务系统总目标有关的一系列子课题。①完成了“创造思维测验（TCI）”；②完成了“创造性人格量表”的编制；③完成了“中国人人格词汇七因素量表（VBCP）”的编制；④完成了“中国人七因素人格量表（CSPI）”的编制；⑤完成了对Holland的SDS和VPI应用研究和结构分析；⑥完成了PGI的修订和建立中国常模；⑦在文献阅读与实证研究基础上构建了“职业类型和职业环境三维度匹配模型”理论，并完成了该模型对应的数学测算模型；⑧完成了就业者的“职业类型三维度测评量表”编制工作；⑨完成了该项目小样本的模拟实验研究；⑩完成了网站建设工作，实现了“人岗匹配”的互联网数学模型的招聘与求职的对接。

本书就是对我们研究团队过去十多年的研究成果汇集成册，全书从人格结构与人格职业类型研究开始到职业兴趣测量工具的编制，最后再到人岗同结构匹配度分析系统的研发，将课题组十多年的研究成果进行呈现，供大家研讨交流。当然，研究还有很多不足之处，望广大同行、读者批评指正！

参考文献

刘双. 2015. 从帕森斯的"人职匹配理论"分析大学生就业难的问题[J]. 经济研究导刊,273(19):203-204.

张同全,等. 2013. 人岗匹配的力量权衡矩阵模型[J]中国行政管理(人力资源)(12):68-72.

薛万东. 2010. 人力资源管理[M]. 北京:北京交通大学出版社.

戴昌钧,等. 2004. 岗位知识含量指标体系的构建及实证[J]. 系统工程理论与实践,24(9):38-46.

刘长江,等. 2003. 评估职业兴趣的结构[J]. 心理学报,35(3):411-418.

张宇. 2013. 个人球形职业兴趣量表简版(PGI-S)中文版的信效度检验[D]. 郑州:郑州大学.

张厚粲. 2004. 我国中学生职业兴趣的特点与测验编制[J]. 心理学报. 36(1):89-95.

戴翕昀,等. 2013. 当代大学生职业兴趣的结构与测量[J]. 心理学探新,33(3):260-265.

赵希男,等. 2013. 组织中人岗匹配的测算模型及应用[J]. 工业工程与管理,13(2):6.

袁珍珍,等. 2010. BP 神经网络在人岗匹配度测算中的应用[J]. 武汉理工大学学报:信息与管理工程版 32 (3):515-518.

李永壮. 2011. 国际人力资源管理[M]. 北京:对外经济贸易大学出版社.

王宇中. 2007. 当代大学生及其父母婚恋观的量化比较分析[J]. 郑州大学学报(哲学社会科学版),40(3):36-39.

王宇中,等. 2015. 恋爱资源及其对等性与恋爱质量的关系[J]. 中国心理卫生杂志,(10):767-773.

STRONG E K. Vocational guidance of executives. [J]. Journal of Applied Psychology, 1927,11(5):331-347.

ROE A. 1956. The psychology of occupations[M]. New York:Wiley.

PREDIGER D J. 1982. Dimensions underlying Holland's hexagon:Missing link between interests and occupations? [J]. Journal of Vocational Behavio,21(3):259-287.

TRACEY T J G. 1997. Randall:A microsoft fortran program for a randomization test of hypothesized order relations [J]. computer studies,1(57):164-168.

TRACEY T J G, et al. 1995. The Arbitrary Nature of Holland's RIASEC Types: A Concentric-Circles Structure. [J]. Journal of Counseling Psychology,42(4):431-439.

TRACEY T J G. 2002. Personal Globe Inventory:Measurement of the Spherical Model of Interests and Competence Beliefs [J]. Journal of Vocational Behavior, 60 (1): 113-172.

TRACEY T J G. 2010. Development of an abbreviated Personal Globe Inventory using item response theory:The PGI-Short. [J]. Journal of Vocational Behavior,76(1):1-15.

DUNCKEL,et al. 2015. Job Analysis and Work Roles,Psychology of,(5):811-815.

TORNOW W W,et al. 1976. The Development of a Managerial Job Taxonomy:A System for Describing,Classifying,and Evaluating Executive Positions[J]. Journal of Applied Psychology,61(4):410-418.

SPENCER L M,et al. 1993. Competence at work:models for superior performance[M]. Wiley.

CARLESS S A. 2005. Person-job fit versus person-organization fit as predictors of organizational attraction and job acceptance intentions:A longitudinal study[J]. Journal of Occupational and Organizational Psychology,78(3):411-429.

第一篇

人格结构与人格职业类型研究

第一章

职业人格特征的词汇学分析与评定量表的编制

1. 主要研究结果

（1）从开放性问卷调查数据中整理出由158个词汇组成的“中国职业适应性人格形容词”。

（2）经过大样本测评和探索性因素分析，获得了包含8个维度，54个项目词汇组成的“职业适应性人格形容词评定量表”，量表的重测信度系数为0.624（$P<0.001$）；内部一致性系数为0.805（$P<0.001$），量表各因素之间相关系数（r）范围为$0.017 \leq r \leq 0.581$；该量表与SDS修订版职业能力分量表及SDS修订版能力自评分量表的相关系数大部分呈现显著相关（$P<0.001$）。

（3）不同职业类型［现实型（R）、艺术型（A）、企业型（E）、研究型（I）、社会型（S）、常规型（C）］与职业适应性人格特质的8个维度（成熟性、探究性、非理性、谨慎性、外向性、诚信性、坚持性和保守性）之间均存在显著相关（$P<0.05$）。

（4）对不同群体比较分析显示，不同年龄群体之间、不同居住地群体之间、不同职业群体之间、不同的成就水平群体之间、不同收入水平群体之间、不同心理健康水平群体之间的职业适应性人格特质的8个维度均存在显著差异（$P<0.05$）。

2. 主要观点和结论

（1）“中国职业适应性人格词表”由158个词汇组成。

（2）中国职业适应性人格结构有8个维度，分别是成熟性、探究性、非理性、谨慎性、外向性、诚信性、坚持性、保守性。

（3）中国职业适应性人格形容词评定量表有较高的信度和效度，可以作为我国城乡居民职业适应性人格的评定工具。

（4）不同职业类型的职业适应性人格维度高低分组合不同，呈现的结构不同。

（5）群体比较提示，职业适应性人格特征的8个维度与年龄、职业类型、成功水平、收入水平及心理健康水平关系密切。

第一节　国内外研究现状与述评

在心理测量中,人格特指那些个体独特的情感、动机、态度、气质、性格、兴趣、品德、价值观等(金瑜,2001)。人格是个体行为全部品质的集合,是相对稳定的心理结构和过程,是个体心理特征的统一。这些特征决定人的行为,并使它们与别人的行为有稳定的差异。大量研究表明,人格特征不仅影响着个体的态度和行为方式,而且也在很大程度上决定着个体工作中的绩效水平。不同行业、不同层次的人才,其人格心理特征存在一定的差异。

职业是指人们在社会生活中由于社会分工和生产内部的劳动分工,对社会所承担的、长期从事的、具有专门业务和特定职责,并以此作为主要生活来源的社会活动(程巍,2000)。职业适应性则是"人走上工作岗位后,逐步了解和熟悉工作的条件、环境和人际关系等的一系列心理过程,是人与职业在经济和社会的活动过程中达到相互协调和有机统一的过程"(金怡,2006);而所谓职业适应性人格,是指个人与某一特定的职业环境进行互动、调整以达到和谐的过程所具备的人格特征(胡旦,2007)。下面分别介绍关于人格理论与人格测评工具、职业倾向理论与职业测评工具的有关研究。

一、人格理论与人格测评工具的研究

(一)卡特尔的人格特质理论与16种根源特质

美国心理学家卡特尔(R. B. Cattell)是用因素分析法研究人格特质的著名代表。他同意奥尔波特把特质分为共同特质和个人特质的论点。卡特尔的主要贡献在于把许多人格特质划分为表面特质(surface trait)和根源特质(source trait)(叶奕乾 等,1997)。表面特质是指外在的,是根据人的外显行为认定的;根源特质是内蕴的,是在表面特质的基础上推理设定的。表面特质是根源特质的外在表现。卡特尔认为,根源特质是人格结构最重要的部分,是构成人格最基本的要素,个人所作所为的一切无不受它的影响,它控制着表面特质,是人行为的最终根源,是真正的构造人格的砖石(刘运芳,2002)。卡特尔认为,根源特质各自独立,相关性极小,并且普遍存在于不同年龄的人和不同社会环境的人身上。但是,各个根源特质在每个人身上的强度是不同的,这就决定了人与人之间在性格上的差异。卡特尔及其同事经过长期研究,确定了16种根源特质(叶奕乾 等,1997)。它们分别是乐群性、聪慧性、稳定性、恃强性、兴奋性、有恒性、敢为性、敏感性、怀疑性、幻想性、世故性、忧虑性、实验性、独立性、自律性、紧张性。

卡特尔16项人格因素问卷是美国伊利诺伊州大学人格及能力测验研究所卡特尔教授经过几十年的系统观察、科学实验,根据人格特质学说,采用因素分析法编制而成。卡特尔认为这16个根源特质是构成人格的内在基础,测量某人的16个根源特质即可知道其人格特质。与其他类似的测验相比较,它能以同等的时间(40多分钟)测量更多方面主要的人格特质。凡具有相当于初三及以上文化程度的成年人都可以使用该问卷。卡特尔 16 项人格因素问卷有 A、B、C、D、E 式 5 种复本。A、B 为全本，各有 187 项；C、D 为缩减本，各有 105 项；E 式为 128 项，专为阅读水平低的人而设计。1970 年经美籍华人学者刘永和与伊利诺伊大学梅吉瑞博士合作修订，将 A、B 合并发表了中文修订本，共有 187 个项目。卡特尔 16 项人格因素问卷设计较科学，既能保持作答时的兴趣，又能有效地防止被试者勉强作答的弊病。该问卷的主要目的是确定和测量正常人的基本人格特征，并进一步评估某些次级人格因素。中国已有相关修订本及全国常模。卡特尔 16 项人格因素问卷结果采用标准分。通常认为<4 分为低分（1 ~ 3 分），>7 分为高分（8 ~ 10 分）。高低分结果均有相应的人格特征说明（高允锁 等，2005）。

（二）荣格的三维度人格理论与 MBTI

瑞士心理学家荣格将人性差异分为内倾型和外倾型两种心理类型。他把个体的心理差异按照收集信息的风格进一步分为感觉型和直觉型，按照处理信息的风格进一步分为思考型和情感型，这样就出现了 8 种人格类型：外倾思考型、外倾情感型、外倾感觉型、外倾直觉型、内倾思考型、内倾情感型、内倾感觉型和内倾直觉型。20 世纪 50 年代，凯瑟琳·库克·布理格斯（K. Briggs）和她的女儿伊莎贝尔·布理格斯·麦尔斯（I. B. Myers）在荣格创立的人格理论的基础上，建立了 MBTI 人格理论。该理论从不同角度把人格分为 4 个由对立的两极构成的维度，具体分析如下。①根据人们搜集信息的方式分为外倾型-内倾型（EI）。②根据人们感知信息的方式分为感觉型-直觉型（SN）。③根据人们处理信息的方式分为思维型-情感型（TF）。④根据人们行为输出的方式分为判断型-感知型（JP）。把以上 4 个维度进行组合，形成了 16 种人格类型（贺琼，2009），分别表示如下：ESFP 型、ISFP 型、ENFJ 型、ENFP 型、ESTP 型、ISTP 型、INFJ 型、INFP 型、ESFJ 型、ISFJ 型、ENTP 型、INTP 型、ESTJ 型、ISTJ 型、ENTJ 型、INTJ 型。不同类型的人在人格上各具有不同的特点。

MBTI 人格类型量表（Myers-Briggs Type Indicator）是代表荣格心理类型理论的测量工具。MBTI 人格类型量表创建于 1942—1944 年，经过 60 多年的发展，已经具有广泛国际影响和应用前景，特别是在职业指导、人事咨询、管理人员等方面占据独特地位。第四军医大学心理学教研室苗丹民教授等人与美国东卡罗来纳大学贾志宏教授合作，对 MBTI-G 量表经过 6 年的时间修订推出了中国版 MBTI-G 人格类型量表。修订后的量表共有 97 道题，由 83 个短句和 14 对词对组成。短句包括题干和 2 ~ 4 个强迫选择条目；词对为意义相斥的两个形容词。该量表分 4 个维度，8 个因子：外倾-内倾（EI），感觉-直觉（SN），对事-对人（TF），判断-认知（JP）。根据被试在每个维度 2 个因子上得分多少得出被试在该维度上的人格倾向，依据 4 个维度上不同的人格倾向可以组合成 16 种人格类型，不同的人格类型具有不同人格特征（张作记，2005）。

（三）Y-G 性格理论基础与测验

Y-G 性格测验是由日本心理学家矢田部达郎等人根据美国心理学家吉尔福特（J. P. Guilford）编制的个性测验改造而成的。Y-G 性格测验由 130 个测题，13 个分量表（每个分量表10题)组成。其中有12个临床量表(性格特征量表)和1个效度量表。中文修订本与原版在测验结构、评分及解释方法上基本相同。略有不同的是,该修订本只有120题,12个临床量表,不设效度量表(金瑜,2001)。

以广义上讲,所有的测验都受文化差异的影响。测验不是或者不应该是独立于文化而存在的,因为人类的行为本身不独立于文化而存在。在一个多元的世界里,文化差异会因国度的不同,宗教信仰不同而普遍存在。日益广泛的国际交流,需要普遍性更强的心理测量工具,每种心理测验都有适应这种文化差异。为了实际的测量目的,最有效的测验可能是建立清晰而确定的目标,并且适用于具体范围的测验。尽管测验范围在广度上变化很大,但没有一种测验能概括整个人类的行为。重要的是在使用测验时,必须明确分清它们所适用的地区和文化范围。然后在此范围内进行施测并对测验分数做合理的、恰如其分的解释(王晓均,1994)。

(四)“大五”人格因素理论与大五人格量表

“大五”人格因素模型是经过几代心理学家的不懈努力才最终被发现的。进入20世纪80年代以后,人格结构的五因素模型(FFM)得到了公认。Galton首先提出了基本字义假设:即最重要的个体差异都可以用自然字词来表示,Allport和Odbert(1936)在此基础上论证了个性特质的存在及其重要性。Cattell(1943)最早应用Allport和Odbert的词表来研究个性的多维结构,他通过对Allport和Odbert词表的压缩并运用因素分析到了16个因素。Tupes和Christal以Cattell的双极特质术语作为研究材料,进行了重新分析,最早发现了5个相对显著而且稳定的因素:精力充沛、愉快、可以信赖、情绪稳定、文雅。这些因素后来被Goldberg称为“大五”因素,借以强调每一个维度都很广泛,而且包含了不同的人格特点。依照McCrae、Costa等人的命名法,构成人格的大五因素分别是外倾性(extraversion)、随和性(agreeableness)、尽责性(conscientiousness)、神经质(neuroticism)、开放性(openness to experience)(刘红燕,2002)。

随着人格结构的“大五”模型的建立,专门的测量工具也逐渐建立起来。目前使用的这类量表主要有两大类,即形容词评定“大五”人格模型是经过几代心理学家的不懈努力才最终被发现的。最早的研究可以追溯到1949年,菲斯克(Fisk)做出了理论雏形。以图谱斯(Tupes)和克里斯特尔(Cristal)为代表的许多学者都提出了他们各自的“大五”人格因素模型,运用的方法是把自然语言中描述人格的形容词进行因素分析,进而得出5个因素(Lian Shao et al. ,2006)。形容词评定问卷的典型代表就是哥德堡建立的由50对形容词组成的双极评定量表(50-item bipolar rating,50-BRS)。这一量表评定的是人格结构的5个维度,每个维度都有10对双极的形容词。以被试在每一个量表上的得分来反映每一个维度上的特点。50-BRS可以对人格结构进行简单明了的测量,但也存在局限性。第一,界定的每一个人格维度的形容词在数量上相差很大。按照哥德堡的分析,描述“愉悦性”的词最多,其次是“外向性”,之后依次是“公正性”、“严谨性”、“神经质”和“开放性”。这就为确定测量某一个维度的形容词数目带来了问题。第二,人们的某个特点有时难以用一个形容词进行完整的描述。第三,形容词的含义比较广泛,变异性大,使得形容词评定变得比较困难,因而影响准确性。因此,人格结构确定下来,采用短语或句子的方式测量人格结构可能会更全面、更准确。这也是评定人格的“大五”模型问卷不断出现的主要原因（王登峰 等,2005）。

自陈问卷的评定前后出现过几种，但目前使用最多、影响最大的还是 NEO Personality Inventory-Revised（NEO PI-R）。科斯塔和麦克雷编制 NEO PI-R 的初衷是要建立一种能够测量广泛范围内个体差异、多用途的人格问卷，用以理解和预测广泛范围内的效标，如职业兴趣、健康和疾病行为、心理适应，以及应付风格的特点等。科斯特和麦克雷根据每一个人格维度的含义，按自上而下的原则，确定每一个维度下所包含的重要特质或“层面”（facets），再编写句子描述反映这一层面特点的行为思想。这样，科斯塔和麦克雷就构建了一个由 5 个维度、30 个层面（每个维度含 6 个层面）、240 个项目（每个层面含 8 个项目）组成的综合性人格问卷——NEO PI-R（王登峰 等,2005；Ronald et al. ,2004）。

（五）七因素人格理论与七因素人格测评

王登峰等在系统收集词典、文学作品和被试实际用于描写具体人物的形容词的基础上，通过对词表的化简和被试评定，得到的结论是中国人的人格结构，由 7 个因素构成（王登峰 等,1995）。此后王登峰、崔红等根据特质理论，历时 20 年余成功编制了中国人人格量表（QZPS），并完成了常模制定工作。

二、职业倾向理论与职业测评工具的研究

（一）霍兰德职业兴趣理论和自我职业选择量表

1959 年，霍兰德在长期职业指导和咨询实践的基础上首次提出了自己的职业兴趣理论，将人们的职业兴趣划分为现实型、研究型、艺术型、社会型、企业型和常规型 6 种职业兴趣类型（李永鑫,2003）。6 种人格类型特点及与“谐和”的职业关系如下。①现实型：基本的人格倾向是，喜欢有规则的具体劳动和需要基本操作技能的工作，但缺乏社交能力，不适应社会性质的职业、技能性职业和技术性职业。②研究型：基本的人格倾向是，具有聪明、理性、好奇、精确、批评等人格特征，喜欢智力的、抽象的、分析的、独立的定向任务这类研究性质的职业，但缺乏领导才能。③艺术型：基本的人格倾向是，具有想象、冲动、直觉、无秩序、情绪化、理想化、有创意、不重实际等人格特征，喜欢艺术性质的职业和环境，不善于常规性事务工作。④社会型：其基本人格倾向是，具有合作、友善、助人、负责、圆滑、善社交、善言谈、洞察力强等人格特征，喜欢社会交往，关心社会问题，有教导别人的能力。⑤企业型：具有冒险、竞争、独断、乐观、自信、精力充沛、善社交等人格特征，喜欢从事领导及企业性质的职业。⑥常规型：具有顺从、谨慎、保守、实际、稳重、有效率的等人格特征，喜欢有系统、有条理的工作任务（吕国富,2007）。

霍兰德从 20 世纪 50 年代开始研究职业兴趣，他以职业人格理论为依据，先后编制了职业偏好量表（Vocational preference inventory，VPI）和自我职业选择量表（Self-directed search，SDS）两种职业兴趣量表，并修订过多次。VPI 有 7 个部分：第一部分是您心目中的理想职业，第二部分是您感兴趣的活动，第三部分是您所擅长或胜任的活动，第四部分是您所喜欢的职业（第二、三、四部分，每一部分都划分为 6 种职业类型，每种类型 10 道

题),第五部分是您的能力类型简评,第六部分是统计和确定您的职业倾向,第七部分是职业价值观。SDS是在VPI基础上发展而成的量表,整个量表有4个部分:第一部分是列出自己理想的职业;第二部分是测查部分,分别测查活动、能力、爱好的职业及自我能力评定4个方面,每个方面有6种类型,每个类型有38道题;第三部分按6种类型的4个方面测得结果的得分高低,从大到小取3种类型构成3个字母的职业码;第四部分为职业寻找表,包括115个职业(刘广珠,2000)。

(二)斯普兰格的职业倾向类型理论与测评

德国教育家和哲学家斯普兰格(E. Spranger)用价值观来划分人格类型。他将人的性格划分为6种类型:理论型、经济型、审美型、社会型、权力型和宗教型。这种类型理论(理想)的模型,具体的个人通常是主要倾向于一种类型并兼有其他类型的特点。①理论型:以追求真理为目的,总是冷静而客观地观察事物,关心理论,力图把握事物的本质。对实用和功利缺乏兴趣,缺乏生存竞争能力。②经济型:以经济观点看待一切事物,以实际功利来评价事物的价值,重视人的能力和资力。③审美型:以美为人生最高境界,对实际生活不大关心,总是从美的角度来评价事物的价值。⑤社会型:重视爱,以爱他人为人生的最高价值。有献身精神,有志于增进他人或社会福利。⑤权力型:重视权力,并努力去获得权力。凡是他所做的均由自己决定,有强烈的支配和命令他人的欲望。⑥宗教型:坚信宗教,生活在信仰中,总感到上帝的拯救和恩惠;富有同情心,以慈悲为怀,以爱人爱物为目的。

(三)职业人格问卷

职业人格问卷(OPQ)由英国人Saville和Hol-dsworth编制。OPQ的5.2版本应用最广泛,该版本共有248个项目、31个因子,每个因子由8个项目组成。31个因子分别是说服(persuasion)、控制、独立、好交往(outgoing)、亲和(affinitive)、社交自信(socially confident)、谦虚(modest)、民主、同情(caring)、实际(practical)、理性(datarationaly)、艺术(artistic)、行为(behavioral)、传统(tradition)、适应变化(change oriented)、概念(conceptual)、创新(innovative)、计划(forwardplanning)、关心细节(detail conscious)、尽责(con-scientious)、放松(relaxed)、焦虑(worrying)、坚定(tough minded)、情绪控制(emotional control)、乐观(optimistic)、批判(critical)、活跃(active)、竞争(competitive)、成就动机(achieving)、决策(decis-ive)、令人满意(socially desirable)。有研究者发现,248个项目的OPQ提取21个因子、6个维度更加合适,其中5个维度分别对应"大五"模型的情绪稳定性(emotional stability)、外倾性(extraver-sion)、经验开放性(openness to experience)、宜人性(agreeableness)和尽责性(conscientiousness),外加一个活动水平(activity level)维度。效标中心职业人格量表(COPS)是为了预测特定工作行为的个体差异而编制的一系列人格量表的总称。

(四)其他的职业兴趣类型划分

罗伊(Roe)根据职责、能力和技能的程度,将各种职业兴趣分为8类:艺术类、服务类、商业类、组织类、技术类、户外类、科学类、传统类。哈佛商学院心理学博士蒂莫西·巴特勒(Timothy Butler)和詹姆士·沃尔德罗(James Waldroop)经过研究,形成了他们的评估工具"职业兴趣目录",将职业兴趣分为3类8种。①对专门技术应用的兴趣:技术应用、定量分析、理论研究与概念思考、创造性过程。②与人相处的兴趣:咨询及指导、管理人和处理人际关系。③对控制与影响的兴趣:企业管理、通过语言及思想影响他人。Prediger根据工作任务的性质,把职业兴趣分成4种类型:数据型、观念型、事物型、人物型(吴冬梅,2007)。

显然,以上几种职业倾向理论对人格类型的划分既有一致的地方,又有不一致的地方。由于中西方文化的差异,至今还未能证实这些职业兴趣结构和理论跨文化的普适性。

(五)国内的职业倾向人格测量工具

许志超等根据评估和发展中心(ADC,1996)编制的题库,选取与中国人工作相关人格特点有关的题目,删去不适合中国工作和文化情境的"异性恋"和"攻击性"维度,代之以针对具体工作情境的"服务取向(CSO)"和"管理素质(OMR)"维度,并保留了其余13个维度:个人成就动机(ACH)、对权威的遵从(DEF)、计划性和条理性(ORD)、寻求注意(ATN)、自主性(AUT)、友谊的需要(AFF)、人际省察性(INT)、寻求支持(SUP)、支配性(DOM)、温顺和谦卑(NAB)、关怀和助人(NUR)、创新和求变(CHG)、执着性(TNC),共计15个维度,构成了适用于我国的工作相关人格量表。量表共有225对句子,每个人格维度由14对句子组成,其中有15对句子重复出现,以测定回答者的一致性。寸晓刚在借鉴MBTI内容的基础上,通过问卷调查的方式,探讨荣格的心理类型在中国企业人群的因素结构,并建构中国人职业个性测量工具。CVPS由102个题目、4个维度组成,外倾-内倾维度(extroversion/introversion,EI)、感觉-直觉维度(sensing/intuition,SN)、理性-感性维度(thinking/feeling,TF)和决断-观察(judging/perception,JP)维度包括的题目数分别为25、25、26和26。

此外,顾海根等还编制了一套适合中国国情,包括职业兴趣、职业人格和职业能力倾向的职业心理综合测验。其中,职业人格测验共有120个项目,涉及8种人格特质:责任感、进取心、创新性、诚信、聪慧性、宜人性、内外向和情绪稳定性,它们是在借鉴大五人格理论、吸收专家意见和工作分析基础上归纳出来的。

三、职业人格特征述评与研究意义

进行职业人格研究需要一定的理论和结构依据,职业人格既受到职业环境的影响,又会受到文化背景的影响。西方的人格理论和职业人格理论并不完全适合于中国。本研究尝试构建中国职业适应性人格的基本结构,进行职业适应性人格的中国化研究,并依据理论建立"中国职业适应性人格词表"和编制标准化的"中国职业适应性人格形容词评定量表"。用所编制的量表为工具,调查分析不同被试群体的职业适应性人格特征。

当前的社会越来越重视个体的差异和个体的发展,职业人员的选拔和配置除了要考虑其年龄、学历和经历外,还要考虑其职业素质。对我国职业适应性人格的研究和问卷编制,能帮助不同类型的人进行职业指导参考,对个人发展和社会进步具有现实意义。因此,本研究试图编制职业适应性人格形容词评定量表,为功能性人格量表的编制提供基础。

第二节 中国职业适应性人格特征形容词量表的建立

一、研究方法

(一)对象

根据职业和年龄进行分层取样,共发放问卷 3 000 份,最终得到有效问卷 2 983 份,有效率为 99%。其中,男性 1 516 人,占 51%;女性 1 467 人,占 49%。按照分层整群取样的方法选取学生样本,获得小学生样本 539 个,中学生样本 543 个,大学生样本 1 024 个。按照分层取样的方法抽取社会人士样本,获得全国 30 个大中小城市及其乡镇的有效样本 877 个,被调查者的职业包括工人、农民、教师、公务员、商业服务者和警察等。

(二)开放性问卷的编制

自编的开放性职业适应性人格特征词汇描述调查问卷要求被调查者分别对科学家、艺术家、文学家、政治家、企业家、工程师(工程技术人员)、宗教大师、平庸者和失败者 8 种类型目标人物的人格特征进行词汇描述。问卷指导语:“尊敬的朋友,本问卷的目的是想了解不同职业领域人士的人格特点,请您根据自己的生活经验和观察,对所列出的不同职业领域人士的人格特征,用合适的词汇进行描述。”

(三)调查过程与词汇整理程序

组织心理学和管理学的 19 名研究生和 30 名本科生作为调查人员。课题组集中对调查人员进行培训,向调查人员说明问卷调查的指导语、注意事项、目的及意义,培养调查人员的职业素质。问卷分发前由课题组人员统一进行编号,然后分发给每位调查人员若干份,利用调查人员暑假期间回到个人家庭居住地的机会对社会人士进行调查,并在开学后 1 周内将调查的问卷交回课题组。课题组人员对某省地区两所小学、三所中学进行调查,大学生被试的调查,课题组与各院系辅导员取得联系,在辅导员的帮助下按照分层整群取样的方法进行调查。所有调查工作均采用被试匿名的方式进行。

调查问卷回收后,将收集到的词汇录入 Excel 工作表中。由课题组讨论确定资料整理原则。共得到描述 8 类目标人物人格特征词汇 62 724 个;通过课题组专家讨论法制定了删除、筛选和合并形容词的原则,共得到描述 8 类目标人物人格特征词汇 1 023 个;最终合并整理后得到职业适应性人格形容词 158 个。

删选与合并的具体过程和原则：第一，去掉词语中出现的程度副词；第二，将词组或短语拆开；第三，长句转换成词语，不能转换的句子则删除；第四，将“不”字开头的词，尽量用其反义词替代；第五，将调查数据中出现的部分英文词翻译成中文；第六，将数据中出现的人名删除；第七，将方言、病名、口语、生僻的词汇删除；第八，意义相近的词用一个出现频率较高的词汇替换其他词。遵循上述原则，分别将不同被试群体的词汇描述按照出现频数高低进行合并，将频数低于 10 次以下的词汇删除。共得到描述科学家人格特征的词汇 180 个，描述艺术家和文学家人格特征的词汇 185 个，描述政治家人格特征的词汇 191 个，描述企业家人格特征的词汇 133 个，描述工程技术人员人格特征的词汇 105 个，描述宗教大师人格特征的词汇 155 个，描述平庸者人格特征的词汇 126 个，描述失败者人格特征的词汇 133 个。最后，将 8 种类型的人格特征词汇合并在一起，将重复、同义的词汇合并和替代，共得到描述这 8 类人士人格特征的词汇 158 个。

二、词汇的整理原则与结果

Anderson 最早对 555 个人格形容词开展喜好度（likableness）研究，Bochner 对 110 个人格特质词汇的好恶度进行评定，王登峰和崔红对 1 520 个中文人格特质形容词好恶度、意义度、熟悉度和现代性进行了研究（沐守宽，2007）。本研究的目的是删除明确度较低、评价度过高、对称性较低的词汇，有效地筛选出合适的词汇。

用 158 个形容词编制明确度、褒贬性评价度和反义词对对称性评定问卷，其中有 11 个词汇重复，分别是热情的、冷漠的、开放的、活泼的、公正的、勤奋的、有激情的、有进取心的、善于交际的、堕落的、古板的；在 158 个形容词中挑选出 45 对反义词组，编制对称性评定问卷。要求被试对每个形容词的明确度、褒贬评价度，以及反义词组的对称性做出评定。其中形容词明确度评定问卷采用 30 ~ 100 分评分，评分越高表明词义的明确度越高；形容词褒贬评价度采用 0 ~ 80 分评分，评分越高表明词汇的褒贬性越强；反义词组对称性评定问卷采用 40 ~ 100 分之间，评分越高表明词组的对称性越强。

其学科专业属性为被试为某高校在校本科生 110 人，其中男生 23 人、女生 78 人、未注明性别 9 人；理科生 40 人、医学生 50 人、文科生 20 人。在辅导员的帮助下，课题组调查人员提前和学生的授课老师预约，利用课余时间，由调查人员向学生说明本问卷调查研究的目的、意义及指导语，表明遵循问卷调查评定的道德和保密原则。

职业适应性人格特征形容词明确度、褒贬评价度结果，即“中国职业适应性人格词表”和反义词组对称性的评定结果。明确度评定得分最高的 10 个形容词分别是善良的、勤奋的、坚持不懈的、有爱心的、有亲和力的、思维敏捷的、有主见的、善辩的、坚强的、自信的；得分最低的 10 个形容词分别是务虚的、超脱的、淡泊的、敏锐的、脆弱的、安于现状的、功利的、偏执的、古板的、迟钝的。褒贬评价度得分最高的 10 个形容词分别是坚强的、善良的、积极的、虚伪的、无私的、自私的、真诚的、自信的、消极的、心胸狭窄的；得分最低的 10 个形容词是安静的、内向的、敏感的、爱冒险的、外向的、有好奇心的、安于现状的、依赖的、多愁善感的、不善言谈的。反义词组对称性得分最高的 10 个词组分别是乐观的–悲观的、积极的–消极的、细心的–粗心的、外向的–内向的、心胸宽广的–心胸狭窄的、自制力强的–自制力差的、勤奋的–懒惰的、认真的–马虎的、自信的–自卑的、情绪稳定的-情绪不稳的。得分最低的10个词组是合作的-竞争的、古板的-活泼的、沉稳的-浮躁的、安于现状的-敢于挑战的、执着的-半途而废的、谨慎的-鲁莽的、忠厚的-狡猾的、有耐心的-急躁的、温和的-暴躁的、有礼貌的-粗鲁的(表1-1)。

从数据结果上看,对称性平均分均在76.88分(>40分)以上,这和课题组删除和挑选词汇的原则是一致的,说明这些词汇的使用是有价值的。

表1-1　中国职业适应性人格特征形容词的反义词组对称性的平均数与标准差

反义词对	平均数	标准差	反义词对	平均数	标准差
积极的-消极的	93.12	11.364	乐观的-悲观的	94.05	8.446
坚强的-脆弱的	87.49	13.745	吃苦耐劳的-好逸恶劳的	85.68	13.764
执着的-半途而废的	80.08	14.287	合作的-竞争的	76.88	18.346
自制力强的-自制力差的	90.41	12.090	敢于承担的-逃避的	84.71	11.985
健谈的-不善言谈的	86.44	13.142	独立的-依赖的	85.96	13.418
安于现状的-敢于挑战的	79.33	13.340	聪明的-愚笨的	88.10	12.778
低调的-张扬的	85.56	13.399	无私的-自私的	89.16	11.561
勤奋的-懒惰的	90.36	11.302	外向的-内向的	90.82	12.804
沉稳的-浮躁的	78.71	14.149	胆小的-胆大的	88.47	12.782
谨慎的-鲁莽的	81.96	12.579	果断的-优柔寡断的	88.37	10.432
古板的-活泼的	77.00	16.239	务实的-务虚的	86.70	12.999
敢闯敢干的-畏首畏尾的	85.42	13.474	自律的-放纵的	84.55	12.274
有耐心的-急躁的	82.82	13.460	诚信的-欺骗的	87.85	9.880
淡泊的-功利的	85.78	11.284	有礼貌的-粗鲁的	83.46	11.943
有远见的-目光短浅的	89.21	11.834	勇敢的-怯懦的	87.02	11.784
保守的-开放的	88.70	11.717	温和的-暴躁的	82.85	12.472
冷漠的-热情的	87.38	12.707	忠厚的-狡猾的	82.19	13.405
敏锐的-迟钝的	86.76	11.885	认真的-马虎的	90.28	10.654
真诚的-虚伪的	88.47	11.712	细心的-粗心的	92.50	8.736
好高骛远的-脚踏实地的	86.95	13.124	谦虚的-骄傲的	89.31	12.914
自信的-自卑的	89.83	11.929	冷静的-冲动的	86.35	10.884
心胸宽广的-心胸狭隘的	90.52	11.236	合群的-孤僻的	87.75	11.148
情绪稳定的-情绪不稳的	89.71	13.058			

第三节　中国职业适应性人格特征形容词量表的编制

一、研究方法

（一）被试

按照分层后方便取样方法，选取全国19个省、自治区和直辖市的4 000名被试进行了评定，收回问卷3 850份，回收率为96.25%，删除无效问卷505份，得到有效问卷3 345份，有效率为86.26%。按性别分：男性1 730人，占51.72%；女性1 594人，占47.65%；未注明性别21人，占0.63%。问卷的基本情况包括被试的年龄、居住地、职业、成就等级、收入等级、心理健康水平等级等。

（二）问卷的编制

在158个形容词中出挑选出45对反义词组和68个单个词汇，一共组成113个形容词项目，编制成职业适应性人格初步评定量表，其中有3个词汇重复，分别是勤奋的、古板的、坚强的。自我评定调查问卷采用7级评分，其中反义词组1分表示完全符合，2分表示基本符合，3分表示有点符合，4分表示不确定，5分表示有点不符合，6分表示基本不符合，7分表示完全不符合；单个词汇1分表示完全不符合，2分表示基本不符合，3分表示有点不符合，4分表示不确定，5分表示有点符合，6分表示基本符合，7分表示完全符合。要求被试根据自己的实际情况，判断自己的人格特征与问卷形容词所描述内容的符合程度。

（三）测评过程

组织28名研究生和40名本科生为调查员，集中进行问卷调查的注意事项和基本素养的培训，统一指导语，最后分发给每名学生若干份问卷，利用暑假期间回乡对社会人士调查。学生被试为某高校在校本科生，调查采用分层整体取样的方法，由课题组人员提前和任课教师取得联系，在任课教师的帮助下利用课余时间进行。所有问卷均采用被试匿名的方式调查，表明对被试的调查资料遵循保密原则。

二、研究结果

（一）分析中国职业适应性人格结构

首先对3 345个样本数据进行因素分析的适合性检验，KMO值为0.959，Bartlett球形检验的显著性达到0.00水平，表明样本数据适合进行因素分析。

经过对113个形容词项目的探索性因素分析,根据以下删除词汇原则:第一,删除共同度、负荷度小于0.3的形容词项目;第二,删除2个或2个以上因素在项目上的负荷均在0.3~0.4的形容词项目;第三,删除在3个因素上均有负荷度的形容词项目;第四,删除在2个因素上的负荷度均在0.3之上且差值小于0.03的项目。共删除形容词项目59个,剩余54个形容词项目,可以由8个因素进行解释,解释量为总方差的54.151%,这表明因素分析的结果能较好地代表原始变量。因素一包含的项目数和所解释总方差的百分比分别是13个、12.825%;因素二包含的项目数和所解释总方差的百分比分别是10个、10.054%;因素三包含的项目数和所解释总方差的百分比分别是11个、8.799%;因素四包含的项目数和所解释总方差的百分比分别是5个、5.589%;因素五包含的项目数和所解释总方差的百分比分别是5个、5.052%;因素六包含的项目数和所解释总方差的百分比分别是4个、4.743%;因素七包含的项目数和所解释总方差的百分比分别是3个、3.921%;因素八包含的项目数和所解释总方差的百分比分别是3个、3.166%。因素分析的碎石图检验见图1-1。

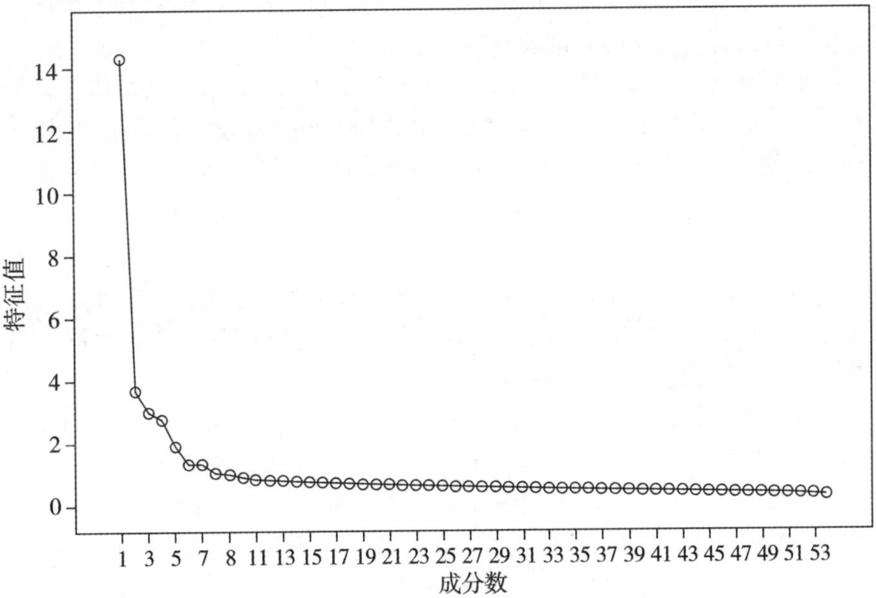

图1-1 54个形容词项目的资料特征

从图1-1中可以看出,从第八个因素之后,坡线变得较平坦,因此保留8个因素较适合。

根据因素所包含的形容词项目表述的内容,把因素一命名为成熟性或社会成熟性,因素二命名为探究性,因素三命名为非理性,因素四命名为谨慎性,因素五命名为外向性,因素六命名为诚信性,因素七命名为坚持性,因素八命名为保守性。

因素一(成熟性)包含的形容词项目是公正的、顾全大局的、豁达的、乐于奉献的、平易近人的、勤奋的、善良的、实事求是的、随和的、有爱心的、有亲和力的、有责任感的、正直的;因素二(探究性)包含的形容词项目是博学的、洞察力强的、善于观察的、善于思考的、善于探索的、善于钻研的、思维敏捷的、心思缜密的、有创新精神的、有谋略的；因素三（非理性）包含的形容词项目是盲目的、迷信的、偏执的、颓废的、武断的、狭隘的、忧郁的、怨天尤人的、自暴自弃的、自负的、自以为是的；因素四（谨慎性）包含的形容词项目是沉稳的-浮躁的、谨慎的-鲁莽的、有耐心的-急躁的、细心的-粗心的、冷静的-冲动的；因素五（外向性）包含的形容词项目是健谈的-不善言谈的、外向的-内向的、合群的-孤僻的、安静的、善于交际的；因素六（诚信性）包含的形容词项目是真诚的-虚伪的、忠厚的-狡猾的、务实的-务虚的、诚信的-欺骗的；因素七（坚持性）包含的形容词项目是积极的-消极的、坚强的-脆弱的、执着的-半途而废的；因素八（保守性）包含的形容词项目是安于现状的-敢于挑战的、古板的-活泼的、保守的-开放的。

根据 Gorsuch 的观点，做探索性因素分析时，样本量与变量数的比例应在 5∶1 以上，实际理性的样本容量应为变量数的 10～25 倍，5～10 倍略显不足，但一般情况下也会得到较好的结果；另外，样本不能少于 100，而且原则上越大越好（沐守宽，2007）。本研究的样本容量为 3 345，变量数为 122，包括被试的基本信息调查 8 个项目，样本容量是变量数的 27.42 倍，因此，符合因素分析的要求。

在 158 个形容词中挑选出 45 对反义词组和 68 个单个词汇，一共组成 113 个形容词项目。对 113 个形容词项目进行因素分析，根据上述的因素分析删词原则，最终得到剩余 54 个形容词项目，包含 8 个大因素，可以解释总方差的 54.15%。根据因素所包含的形容词项目表述的内容，把因素一命名为成熟性（包含 13 个形容词项目），因素二命名为探究性（包含 10 个形容词项目），因素三名为非理性（包含 11 个形容词项目），因素四命名为谨慎性（包含 5 个形容词项目），因素五命名为外向性（包含 5 个形容词项目），因素六命名为诚信性（包含 4 个形容项词目），因素七命名为坚持性（包含 3 个形容词项目），因素八命名为保守性（包含 3 个形容词项目）。

从量表的信度上看，量表的重测信度在 0.560～0.860，内部一致性信度在 0.621～0.919。由于测试的样本量较少，以及时间间隔略长，分量表探究性及量表总分的重测相关系数分别为 0.560、0.624，相关系数不太高，但其他分量表的重测信度，以及内部一致性信度均在 0.600 以上，达到较好的接受水平。说明本研究所编制的职业适应性人格形容词量表，其结构模型是比较稳定和可靠的，具有一定的代表性。

（二）项目负荷度、共同度和区分度的分析结果

基于 3 345 份有效数据，对职业适应性人格形容词评定问卷各分量表的项目名称及各项目负荷度、共同度、区分度进行分析，其结果（表 1-2）显示，各种指标符合心理测量学的要求。职业适应性人格形容词评定量表由 8 个分量表、54 个项目组成，其中项目“安静的”的计分为“8 分”。

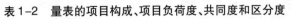

表 1-2　量表的项目构成、项目负荷度、共同度和区分度

因素	项目名称	负荷度	共同度	区分度
F1成熟性	公正的	0.667	0.550	0.707
F1成熟性	顾全大局的	0.613	0.507	0.676
F1成熟性	豁达的	0.574	0.478	0.655
F1成熟性	乐于奉献的	0.632	0.503	0.682
F1成熟性	平易近人的	0.720	0.595	0.741
F1成熟性	勤奋的	0.527	0.494	0.678
F1成熟性	善良的	0.751	0.664	0.779
F1成熟性	实事求是的	0.620	0.537	0.726
F1成熟性	随和的	0.649	0.533	0.697
F1成熟性	有爱心的	0.676	0.555	0.731
F1成熟性	有亲和力的	0.619	0.553	0.692
F1成熟性	有责任感的	0.677	0.593	0.758
F1成熟性	正直的	0.683	0.608	0.755
F4非理性	盲目的	0.612	0.512	0.696
F4非理性	迷信的	0.530	0.398	0.605
F4非理性	偏执的	0.585	0.441	0.648
F4非理性	颓废的	0.584	0.495	0.677
F4非理性	武断的	0.477	0.377	0.522
F4非理性	狭隘的	0.603	0.523	0.713
F4非理性	忧郁的	0.555	0.460	0.612
F4非理性	怨天尤人的	0.630	0.477	0.656
F4非理性	自暴自弃的	0.669	0.568	0.708
F4非理性	自负的	0.669	0.510	0.675
F4非理性	自以为是的	0.534	0.427	0.596
F7外向性	健谈的-不善言谈的	0.730	0.594	0.747
F7外向性	外向的-内向的	0.771	0.660	0.802
F7外向性	合群的-孤僻的	0.627	0.597	0.652
F7外向性	安静的	-0.489	0.388	0.535
F7外向性	善于交际的	0.550	0.600	0.675

因素	项目名称	负荷度	共同度	区分度
F2探究性	博学的	0.527	0.327	0.559
F2探究性	洞察力强的	0.542	0.378	0.617
F2探究性	善于观察的	0.630	0.565	0.713
F2探究性	善于思考的	0.726	0.661	0.776
F2探究性	善于探索的	0.758	0.661	0.783
F2探究性	善于钻研的	0.689	0.565	0.726
F2探究性	思维敏捷的	0.651	0.574	0.707
F2探究性	心思缜密的	0.531	0.371	0.570
F2探究性	有创新精神的	0.627	0.547	0.718
F2探究性	有谋略的	0.625	0.498	0.680
F3谨慎性	浮躁的-沉稳的	0.687	0.613	0.788
F3谨慎性	谨慎的-鲁莽的	0.705	0.605	0.799
F3谨慎性	有耐心的-急躁的	0.668	0.525	0.753
F3谨慎性	细心的-粗心的	0.524	0.480	0.684
F3谨慎性	冷静的-冲动的	0.627	0.497	0.716
F5诚信性	真诚的-虚伪的	0.694	0.581	0.763
F5诚信性	忠厚的-狡猾的	0.739	0.671	0.820
F5诚信性	务实的-务虚的	0.659	0.625	0.801
F5诚信性	诚信的-欺骗的	0.642	0.567	0.755
F6坚持性	积极的-消极的	0.692	0.655	0.813
F6坚持性	坚强的-脆弱的	0.730	0.666	0.849
F6坚持性	执着的-半途而废的	0.702	0.639	0.816
F8保守性	安于现状的-敢于挑战的	0.614	0.524	0.738
F8保守性	古板的-活泼的	0.700	0.635	0.754
F8保守性	保守的-开放的	0.719	0.614	0.775

(三)常模结果

对全国3 324名被试的资料按照量表因子分和总分的计分要求进行统计分析,获得了该量表的因子分和总分的均数及标准差(表1-3)。男性和女性在外向性、诚信性及保守性上均无显著差异($P>0.05$),在成熟性、探究性、非理性、谨慎性、坚持性及总分上均存在显著差异($P<0.05$)。

表1-3 职业适应性人格特征形容词量表的常模($M\pm SD$)

因子	男性(n=1 730)	女性(n=1 594)	总体(N=3 324)	t	P
成熟性	70.48±14.01	71.45±12.08	70.99±13.04	-2.027	0.043
探究性	48.43±10.41	45.58±10.07	46.94±10.33	7.643	0.000
非理性	30.45±11.61	29.45±11.17	29.93±11.39	2.705	0.007
谨慎性	26.35±5.59	25.72±5.62	26.01±5.61	2.629	0.009
外向性	23.13±5.65	23.12±5.59	23.13±5.62	0.001	0.999
诚信性	23.71±3.66	23.85±3.48	23.78±3.57	-1.058	0.290
坚持性	17.20±3.10	16.80±3.14	16.99±3.13	3.486	0.000
保守性	11.01±3.94	11.27±3.81	11.15±3.88	-0.481	0.631
总分	251.38±24.38	247.60±22.38	249.36±23.41	4.428	0.000

(四)信度检验结果

对郑州大学2007级28名本科生进行量表评定,间隔4周后再次评定,其重测相关系数如表1-4所示,分量表探究性及量表总分的重测相关系数分别为0.560、0.624。相关系数不太高,但总体而言,量表2次测量的得分呈现显著正相关,这表明该量表的重测信度较好。使用54个项目的初步量表对全国3 324名被试进行测评,该量表的内部一致性检验,α系数为0.805($P<0.001$),达到了显著水平,说明该量表信度较好。

表1-4 职业适应性人格特征形容词量表的信度分析

因子	重测信度(n=28)	内部一致性α系数(n=3 324)
成熟性	0.810***	0.919***
探究性	0.560*	0.873***
非理性	0.856***	0.859***
谨慎性	0.817***	0.796***
外向性	0.754**	0.709***

续表 1–4

维度	重测信度(n=28)	内部一致性 α 系数(n=3 324)
诚信性	0.849***	0.793***
坚持性	0.768**	0.768***
保守性	0.687*	0.621**
总分	0.624*	0.805***

注：* $P<0.05$，** $P<0.01$，*** $P<0.001$。

(五)效度检验结果

1. 结构效度　8 个因子分数之间的相关见表 1–5。除个别因素间相关性较高以外，绝大部分相关性都比较低，而与总分的相关都比较高，说明 8 个因子之间是独立的，具有较好的结构效度。

表 1–5　职业适应性人格特征形容词量表各因子之间的相关性(n=3 324)

因子	成熟性	探究性	非理性	谨慎性	外向性	诚信性	坚持性
探究性	0.581						
非理性	–0.581	–0.365					
谨慎性	0.346	0.42	–0.404				
外向性	0.198	0.331	–0.253	0.16			
诚信性	0.509	0.288	–0.435	0.471	0.162		
坚持性	0.301	0.38	–0.332	0.434	0.355	0.364	
保守性	–0.184	0.328	0.222	0.017	–0.392	–0.073	–0.199

2. 效标效度　选取 898 名被试，其中 581 名为全国范围的社会人士，317 名为某高校在校大学生，合并使用中国职业适应性人格特征形容词量表和自我职业选择量表(SDS)对被试进行测评，对两者的各个维度分别进行相关分析。SDS 修订版量表可以看作是该评定量表的一种效标，具体结果见表 1–6 和表 1–7。

表 1–6　职业适应性人格特征形容词量表与 SDS 修订版职业能力分量表的相关系数(n=898)

因子	现实型(R)	艺术型(A)	企业型(E)	调研型(I)	社会型(S)	常规型(C)
成熟性	0.029	–0.022	0.093*	–0.055	0.150**	0.036
探究性	0.208**	0.164**	0.345**	0.191**	0.319**	0.175**
非理性	0.005	0.030	–0.108*	0.034	–0.172**	–0.120
谨慎性	0.178**	0.077	0.238**	0.129**	0.225**	0.162**

续表 1-6

因子	现实型(R)	艺术型(A)	企业型(E)	调研型(I)	社会型(S)	常规型(C)
外向性	0.096 *	0.222 **	0.374 **	0.022	0.386 **	0.072
诚信性	0.081	-0.030	0.069	0.010	0.174 **	0.079
坚持性	0.083 *	0.073 *	-0.262 **	0.071 *	0.205 **	0.096 **
保守性	-0.021	-0.144 **	0.221 **	-0.081	-0.175 **	-0.060

注：* $P<0.05$，** $P<0.01$，*** $P<0.001$。

从表 1-6 可以看出，8 个因子与职业能力分量表的 S 因子均呈现显著正相关，达到显著性水平；探究性与职业能力分量表的 6 个因素均呈正相关，达到显著性水平；有 7 个因素与 E 因素均呈显著相关，达到显著性水平。表 1-7 中显示，8 个因素与能力自评分量表的 E 因素和 C 因素均呈显著相关，达到显著性水平；探究性和坚持性与能力自评分量表 6 个因素均呈显著相关，达到显著性水平。总体上来看两个量表显著相关。

表 1-7　职业适应性人格特征形容词量表与 SDS 修订版能力自评分量表的相关系数（n=898）

因子	现实型(R)	艺术型(A)	企业型(E)	研究型(I)	社会型(S)	常规型(C)
成熟性	0.007	-0.032	0.105 *	-0.018	0.073	0.128 **
探究性	0.136 *	0.102 *	0.233 **	0.270 **	0.175 *	0.254 **
非理性	0.000	-0.001	-0.163 **	-0.022	-0.123 **	-0.163 **
谨慎性	0.136 **	0.033	0.176 **	0.176 **	0.182 **	0.208 **
外向性	-0.006	0.093 *	0.228 **	0.008	0.134 **	0.241 **
诚信性	0.021	0.012	0.119 **	0.024	0.063	0.097 *
坚持性	0.068	0.097 **	0.187 **	0.068	0.120 **	0.194 **
保守性	-0.047	-0.051	-0.128 **	-0.081	-0.086	-0.132 **

注：* $P<0.05$，** $P<0.01$，*** $P<0.001$。

职业类型测评工具侧重于对人们职业类型的分析，把人们的职业倾向性分为 6 大类，即现实型（R）、艺术型（A）、企业型（E）、研究型（I）、社会型（S）、常规型（C），属于人格类型理论的研究思想和研究策略；而该研究则是探讨职业适应性包括哪些人格特质。该研究的探索性因素分析获得了 8 种职业适应性人格特质，即成熟性、探究性、非理性、谨慎性、外向性、诚信性、坚持性和保守性。

从使用职业适应性人格量表与职业类型的相关分析结果看，职业适应性人格 8 个维度与 6 个职业类型（SDS 修订版）之间多数呈正相关，与非理性和保守性主要呈负相关。具体地看，现实型主要与谨慎性有关；艺术型主要与探究性、外向性及坚持性特质有关；企业型几乎与所有的职业适应性人格特质都有关系，除了非理性越低越好，其他特质越高越好；研究型主要与探究性及谨慎性有关，这个很容易理解科学家类型的特质；社会型与探究性、非理性、谨慎性、外向性及坚持性特质都有关；而常规型与所有的特质都有关系，这个结果是出人意料的。如果把这个统计结果放在一个坐标中，纵坐标为6个类型，横坐标为8个职业适应性人格维度，将每一个职业类型的8个职业适应性人格维度得分的坐标点相连，就可以看出6个职业类型的6条曲线的走向即差异性和结构性。

第四节　不同群体职业适应性人格特征比较

一、不同年龄人群职业适应性人格8个维度的比较

为了了解不同年龄人群的职业适应性人格结构，对3个职业领域被试的职业适应性人格维度进行比较，结果从表1-8可以看出。将20岁及以上的被试按年龄划分为4个阶段，对不同年龄阶段的职业适应性人格形容词评定量表的因子分和总分进行比较，结果表明，不同年龄阶段的职业适应性人格得分存在显著差异。事后检验表明，在成熟性、诚信性得分上，20～29岁与40～49岁、50岁及以上有显著差异，40～49岁与51岁及以上没有显著差异；在探究性得分上，4个年龄段没有显著性差异；在非理性、坚持性、保守性，以及总分的得分上，20～29岁分别与40～49岁、50岁及以上有显著差异，与30～39岁没有显著差异，30～39岁、40～49岁和50岁及以上两者之间没有显著性差异；在谨慎性得分上，20～29岁分别与30～39岁、40～49岁、50岁及以上有显著差异，30～39岁、40～49岁和50岁及以上两两之间没有显著性差异；在外向性得分上，20～29岁分别与30～39岁、40～49岁有显著差异。

表1-8　不同年龄职业适应性人格因子分及总分比较（$M±SD$）

因子	20～29岁 （n=1 347）	30～39岁 （n=451）	40～49岁 （n=583）	50岁及以上 （n=208）	F
成熟性	69.82±12.57	70.25±15.06	73.29±12.89	74.41±11.27	11.420***
探究性	46.54±9.99	46.77±11.70	47.09±10.03	47.15±10.94	3.061
非理性	30.94±11.13	30.38±11.89	28.39±11.43	27.82±11.44	7.417***
谨慎性	25.38±5.46	26.60±5.89	27.21±5.36	27.21±5.48	17.287***
外向性	22.78±5.49	23.64±5.66	23.49±5.65	23.46±5.61	3.113*
诚信性	23.52±3.32	23.54±4.18	24.29±3.73	24.68±3.42	9.146***
坚持性	16.71±3.04	16.97±3.54	17.41±3.13	17.64±2.88	7.959***
保守性	10.98±3.73	11.42±3.97	11.92±3.94	11.87±3.96	17.246***
总分	247.37±22.53	249.20±28.05	252.86±22.38	254.69±21.64	7.056***

注：* P<0.05，*** P<0.001。

从分析结果看，不同年龄段的职业适应性人格特征存在差异。也就是随着年龄的增长，职业适应性特质也可能发生一些变化。黄希庭认为，后天的家庭环境、社会文化，以及学校教育对个体人格的形成和完善有着深刻的影响（黄希庭 等，2001）。该研究表明，个人的人格建构随着年龄的增长而趋向于更加成熟。具体表现：在社会成熟性和诚信性人格维度，20～29 岁和 30～39 岁这两个年龄组分别低于 40～49 岁、50 岁及以上年龄组。这意味着 40 岁以后，人们的职业发展已渐进成熟，在经历了生活的洗礼和事业的磨炼，他们逐渐成熟起来。较年轻人的浮躁和冲动而言，年长者会更加成熟、面对生活和接受生活，诚信度特质也发生变化。

同样，非理性、坚持性和保守性职业适应性人格维度，也是 20～29 岁年龄组低于其他年龄组。这可以理解为，随着年龄增长，人们会更加理性，做事会更加耐心，也容易保守，缺乏开创性的特质。也就是说人们往往从青年的浮躁、鲁莽、冲动逐步发展出沉稳、耐心和保守的特质。

二、不同居住地人群职业适应性人格 8 个维度的比较

表 1–9　不同居住地适应性人格因子分及总分比较（M±SD）

因子	农村或镇	县城	中小城市	省城	直辖市及沿海发达城市	F
成熟性	70.02±12.76	69.92±13.35	72.49±12.39	69.96±15.35	71.12±13.42	3.322*
探究性	46.23±9.95	46.96±10.55	48.09±10.24	47.94±11.21	49.58±11.21	5.443***
非理性	30.08±11.26	30.11±11.73	29.05±11.16	31.25±11.57	29.84±12.79	1.870
谨慎性	25.86±5.61	25.74±5.74	26.41±5.61	26.27±5.48	25.58±6.20	1.567
外向性	22.55±5.55	23.55±5.90	23.50±5.56	23.58±5.68	25.28±5.09	8.534***
诚信性	23.92±3.50	23.47±3.82	23.90±3.44	23.81±3.42	23.08±2.52	2.708
坚持性	16.97±3.00	17.01±3.26	16.95±3.18	17.02±3.36	17.38±3.27	0.357
保守性	11.26±3.87	10.89±3.93	10.98±3.84	11.45±3.81	10.66±4.09	1.949
总分	248.57±22.73	247.85±24.12	251.40±24.37	250.28±24.37	253.53±27.30	2.450*

注：* P<0.05，*** P<0.001。

为了了解不同居住地人群的职业适应性人格结构，对 5 个居住地被试的职业适应性人格维度进行比较。结果从表 1–9 可以看出，不同居住地被试的职业适应性人格形容词评定量表的得分存在显著差异。在成熟性得分上，县城与中小城市存在显著差异，其他均无显著差异；在探究性与总分上，农村或镇与中小城市及直辖市及沿海发达城市分别存在显著差异，其他均无显著差异；在非理性、谨慎性、诚信性、坚持性及保守性得分上，没有地区差异；在外向性得分上，农村或镇与其他 4 个地区均存在显著差异，县城、中小城市、省城、直辖市及沿海发达城市两两之间均无显著差异。

不同居住地被试的职业适应性人格特征的差异主要体现在探究性和外向性 2 个维度上。从趋势上看，这 2 个维度都是从农村到大城市逐步提高的趋势。探究性的差异可能是随着城市规模的发展，知识分子越多，人们的思想越开放，创造力越高；外向性的差异意味着城市化的发展促使人们更加注重交往，通过适应复杂的人际关系来适应社会。

三、不同职业人群的职业适应性人格 8 个维度的比较

为了了解不同职业群体的职业适应性人格结构，对 13 个职业领域被试的职业适应性人格维度进行比较。结果从表 1-10 可以看出，不同职业群体的职业适应性人格形容词量表的得分上存在显著差异。在成熟性得分上，职业群体之间无显著性差异；在探究性得分上，农民与教师、公务员、企业管理人员之间存在显著差异，公务员与学生之间存在显著差异；在非理性得分上，农民与科技及工程技术人员、学生之间存在显著差异，公务员与工人、个体户、医务人员、科技及工程技术人员、艺术及设计人员、学生之间存在显著差异；在谨慎性得分上，学生与农民、工人、个体户及服务人员、教师、公务员、医务人员、科技及工程技术人员、记者及各类咨询人员之间存在显著差异；企业管理人员与农民、工人、个体户、教师、医务人员之间存在显著差异，公务员与农民、工人、个体户、教师存在显著差异；在诚信性得分上，律师与其他职业存在显著差异；在坚持性得分上，工人与公务员、企业管理人员之间存在显著差异，学生与公务员、企业管理人员之间存在显著差异；在保守性得分上，农民与个体户之间存在显著差异，教师与个体户存在显著差异，企业管理人员与农民、工人、教师、公务员、医务人员之间存在显著差异，记者及各类咨询人员与农民、教师、公务员、医务人员之间存在显著差异，学生与农民、工人、教师、公务员、医务人员之间存在显著差异；在总分上，教师与律师之间存在显著差异，公务员与农民、工人、个体户、教师、医务人员、律师之间存在显著差异，企业管理人员与农民、工人、个体户、教师、医务人员、律师之间存在显著差异，学生与农民、工人、个体户、教师、公务员、企业管理人员之间存在显著差异。

除了成熟性人格维度外，不同职业群体在职业适应性人格 7 个维度上都存在差异。探究性人格维度，教师、公务员、科技及工程技术人员、企业管理人员、记者及各类咨询人员和艺术及设计人员都要高于农民等职业，表明从事脑力劳动者更善于思考、钻研、观察和通过创造性工作解决问题。非理性人格维度，公务员得分高于工人、个体户、医务人员、科技及工程技术人员、艺术及设计人员、学生等群体，表明公务员职业更加理性。在谨慎性人格维度，学生、企业管理人员、公务员等职业组得分更高，表明这几个职业群体的工作更需要谨慎性这个特质，即更需要沉稳、耐心、细心、冷静等人格特质。外向性人格维度，个体户、记者及各类咨询人员和企业管理人员比其他职业群体得分高，表明这几种职业需要更多的人际交往，也可能是职业影响了这种人格特质，也可能是具有这个人格特质的人更容易选择这些职业，或二者兼有。诚信性人格维度，工人、公务员和企业管理人员得分更高，表明这几个职业训练使人更加讲信用和待人真诚。

表 1-10 不同职业的职业适应性人格因子分及总分比较($M±SD$)

职业	成熟性	探究性	非理性	谨慎性	外向性	诚信性	坚持性	保守性	总分
农民	71.78±12.22	45.56±10.52	29.41±11.27	25.99±5.68	22.62±5.51	23.97±3.68	17.03±3.10	11.41±4.00	248.72±22.47
工人	71.38±12.99	46.61±10.89	30.34±11.50	25.96±5.56	22.33±6.24	24.02±3.59	16.68±3.41	11.28±3.92	249.08±24.49
个体户	71.73±12.99	47.04±10.24	29.88±11.27	25.94±5.65	33.29±5.65	23.60±3.49	16.98±3.16	10.92±3.75	248.96±23.43
教师	70.58±13.67	48.26±10.06	29.56±11.27	26.41±5.54	23.24±5.60	23.83±3.44	17.08±2.98	11.47±3.85	250.38±23.57
公务员	73.53±12.80	49.49±9.60	27.60±11.17	27.40±5.30	23.50±5.71	24.33±3.62	17.79±2.92	11.54±3.95	255.85±21.84
医务	70.24±13.75	46.63±10.14	30.56±11.12	26.43±5.72	23.60±5.01	23.71±3.47	17.11±3.01	11.37±3.57	249.72±23.65
科技工程	68.33±14.01	48.75±10.17	31.87±12.38	26.70±5.19	23.26±5.09	23.49±3.88	16.94±2.86	11.01±4.06	250.50±23.28
企管	71.52±14.67	49.50±11.03	28.99±12.18	27.94±4.93	24.71±5.15	24.43±3.16	17.83±2.71	10.42±4.04	256.14±22.72
律师	62.25±16.80	45.25±12.65	32.95±10.26	26.17±6.05	22.16±6.64	20.05±5.40	16.95±2.86	11.32±3.65	238.78±32.20
记者	69.38±15.19	49.00±13.30	28.46±10.42	27.55±5.13	26.12±5.56	23.53±4.07	17.61±3.35	10.07±4.55	251.26±29.88
艺术	67.30±19.98	48.39±11.47	33.13±13.92	25.69±5.55	24.27±5.13	22.52±5.12	16.52±4.13	10.88±3.99	248.94±39.19
学生	70.02±12.26	46.13±9.27	30.88±11.17	24.40±5.71	23.02±5.47	23.42±3.29	16.60±3.01	10.65±3.66	245.61±21.90
F	2.770	4.247***	1.955*	6.920***	3.794***	4.007***	3.344***	2.444***	3.439***

注:1. * $P<0.05$, *** $P<0.001$。

2. 医务为医务人员,个体户为个体户及服务人员,科技工程为科技及工程技术人员,企管为企业管理人员,记者为记者及各类咨询人员,艺术为艺术及设计人员。

四、不同成就水平人群职业适应性人格 8 个维度的比较

为了解不同成就水平的职业适应性人格结构,对 3 个职业成就水平被试的职业适应性人格维度进行比较。结果表明,不同成就水平职业适应性人格得分均存在显著差异(表 1-11)。在成熟性、探究性、非理性、谨慎性、诚信性、坚持性、保守性及总分的得分上,高成就分别与低成就、中等成就存在显著差异,低成就与中等成就没有显著差异;在外向性得分上,高成就与低成就、高成就与中等成就、低成就与高成就均存在显著差异。

表 1-11　不同成就水平职业适应性人格因子分及总分比较（$M \pm SD$）

因子	低等成就水平	中等成就水平	高等成就水平	F
成熟性	70.31±12.90	70.69±12.92	73.84±13.96	7.423***
探究性	46.36±10.60	46.31±9.82	51.97±10.38	33.175***
非理性	30.81±11.66	30.03±11.20	27.64±11.03	7.254***
谨慎性	25.40±5.76	25.95±5.48	28.08±5.32	21.971***
外向性	22.10±5.77	23.33±5.40	25.43±5.33	35.596***
诚信性	23.72±3.33	23.63±3.72	24.44±3.72	5.748***
坚持性	16.65±3.23	16.92±3.06	18.35±2.83	29.255***
保守性	11.10±3.85	11.38±3.82	10.26±4.10	9.399***
总分	246.60±23.67	248.65±22.90	260.62±22.62	28.812**

注：** $P<0.01$，*** $P<0.001$。

除了非理性和保守性 2 个维度外，其他 5 个职业适应性人格维度都是高成就者高于中等成就者和低等成就者。这个结果清楚地表明，一个人越是成熟、越是善于创造性解决问题、越是理性、越是认真谨慎、越是外向和诚信、越是坚持克服困难和有毅力、越是面向未来，就越是容易成功；反之，越是做事循规蹈矩、思想保守、情绪化、做事马虎、缺少诚信和毅力等，就越是不容易成功。

五、不同收入水平的职业适应性人格 8 个维度比较

为了了解不同收入水平群体的职业适应性人格结构，对 3 个不同收入水平被试的职业适应性人格维度进行比较。结果表明，不同收入水平职业适应性人格得分之间存在显著差异（表 1-12）。在成熟性得分上，低收入与高收入存在显著差异；在探究性、谨慎性、外向性及总分的得分上，三者之间均存在显著差异；在非理性、坚持性、保守性得分上，高收入分别与低收入、中等收入存在显著差异。

表 1-12　不同收入水平职业适应性人格因子分及总分比较（$M \pm SD$）

因子	低收入水平	中等收入水平	高收入水平	F
成熟性	70.52±13.02	70.97±12.94	72.35±14.26	1.712*
探究性	46.07±10.44	46.85±9.98	51.65±10.67	23.756***
非理性	30.55±11.56	30.01±11.23	28.23±11.33	4.139**
谨慎性	25.36±5.74	26.22±5.46	27.69±5.74	15.108***
外向性	22.17±5.74	23.43±5.32	25.79±5.60	37.053***

续表 1–12

因子	低收入水平	中等收入水平	高收入水平	F 值
诚信性	23.72±3.38	23.75±3.70	23.96±3.94	1.058
坚持性	16.78±3.18	16.98±3.14	18.04±2.79	13.018***
保守性	11.12±3.85	11.34±3.79	10.32±4.28	5.879**
总分	246.32±23.20	250.16±23.22	258.08±24.67	17.860***

注：* P<0.05，** P<0.01，*** P<0.001。

除了诚信性维度和非理性外，其他 5 个维度都是高收入水平组者高于中等收入水平组和低收入水平组。这一统计结果清楚地表明：一般来说，高收入者更加成熟、更善于创造性地解决问题、更理性、做事更认真谨慎，也更外向和注重社会交往、重诚信和诚实，做事也更耐心和善于克服困难即意志坚强，更加开放和善于创新，这些品质与成功者的品质一致；反之，低收入组人群思想保守和做事循规蹈矩、遇事容易情绪化、做事不细致、缺少诚信和毅力等，这些人格品质与低等水平成就组所表现的人格特质基本一致。

六、不同心理健康水平的职业适应性人格 8 个维度的比较

为了了解不同心理健康水平群体的职业适应性人格结构，对 3 个心理健康水平被试的职业适应性人格 8 维度进行比较。结果表明，不同心理健康水平的职业适应性人格得分均存在显著差异（表 1–13）。在成熟性、探究性、非理性、谨慎性、外向性、坚持性得分上，三者之间均存在显著差异；在诚信性得分上，高心理健康水平分别与中、低心理健康水平存在显著差异；在保守性得分上，高心理健康水平与低心理健康水平存在显著差异。

表 1–13　不同心理健康水平职业适应性人格因子分及总分比较（M±SD）

因子	低心理健康水平	中心理健康水平	高心理健康水平	F
成熟性	66.79±14.29	69.46±13.01	73.47±12.57	43.654***
探究性	43.03±11.40	46.42±10.12	48.32±10.22	26.949***
非理性	36.43±13.63	31.34±11.13	27.37±10.67	77.111***
谨慎性	23.73±6.36	25.34±5.57	27.17±5.35	54.949***
外向性	21.53±6.21	22.42±5.58	24.27±5.38	47.629***
诚信性	22.86±4.07	23.24±3.62	24.57±3.31	57.057***
坚持性	15.29±4.12	16.60±3.12	17.77±2.78	84.029***
保守性	11.80±4.00	11.19±3.74	10.99±4.02	3.710**
总分	241.25±26.76	246.43±23.24	254.26±22.43	43.696***

注：** P<0.01，*** P<0.001。

在非理性和保守性 2 个维度，高心理健康水平组低于中、低心理健康水平组，其他 5 个维度都是高心理健康水平组高于中心理健康水平组和低心理健康水平组。这一统计结果清楚地表明：一般来说，高心理健康水平的人更加成熟、更善于创造性地解决问题、更理性、做事更认真谨慎，也更外向和注重社会交往、重诚信，做事更耐心和善于克服困难即意志坚强，也更加开放和善于创新。有意思的是，这些品质与高等成就水平者及高等收入者的品质一致；反之，低心理健康水平的人显得有些幼稚，做事要么容易冲动，要么保守和循规蹈矩，遇事容易情绪化，做事不细致，缺少诚信和毅力等，有意思的是这些人格品质与低等成就水平者及低等收入者所表现的人格特质基本一致。

七、结论

第一，该研究采用自下而上的研究策略，通过开放性大样本自我评定，获得了职业适应性人格特质词汇库，并压缩为由 158 个词汇组成的"中国职业适应性人格特质词表"。

第二，对大样本数据的探索性因素分析，显示中国职业适应性人格特质结构为 8 个维度，分别是成熟性、探究性、非理性、谨慎性、外向性、诚信性、坚持性、保守性。

第三，"职业适应性人格特征形容词量表"有较高的信度和效度，可以作为我国城乡居民职业适应性人格的评定工具。

第四，职业类型（现实型、艺术型、企业型、研究型、社会型、常规型）与职业适应性人格特征的 8 个维度（成熟性、探究性、非理性、谨慎性、外向性、诚信性、坚持性和保守性）中的非理性和保守性维度主要呈负相关，与其他维度呈正相关。表明每一种职业类型的职业适应性人格维度不同，呈现的结构不同。

第五，对不同群体比较分析显示，不同年龄群体之间、不同居住地群体之间、不同职业群体之间、不同成就水平的群体之间、不同收入水平群体之间、不同心理健康水平群体之间的职业适应性人格特征的 8 个维度存在不同水平的差异，提示职业适应性人格特质的 8 个维度与年龄、职业类型、成功水平、收入水平及心理健康水平关系密切。

参考文献

高允锁，等. 2005. 人格测验的研究进展[J]. 中国临床康复，9(12)：151-153.

贺琮. 2009. MBTI 人格理论在企业招聘中的应用[J]. 人口与经济，(S1)：107-108.

胡旦. 变革环境下我国公务员职业适应性水平的实证研究：以广州市 291 名公务员为例[D]. 广州：暨南大学，2007.

黄希庭，等. 2001. 人格研究中国化之思考[J]. 西南师范大学学报（人文社会科学版），27(6)：45-50.

金怡. 2006. 中职毕业生职业适应性问题及对策研究[D]. 上海：上海师范大学.

金瑜. 2001. 心理测量[M]. 上海：华东师范大学出版社.

李永鑫. 2003. Holland 职业兴趣理论及其中国化研究[J]. 华北水利水电学院学报（社科版），19(3)：11-13.

刘广珠.2000.职业兴趣的测量与应用[J].青岛化工学院学报(社会科学版),53(2):49-52.

刘红燕.2002.简介“大五”人格因素模型[J].陕西师范大学学报(哲学社会科学版),31(1):89-91.

刘运芳.2002.卡特尔人格特质理论述评[J].孝感学院学报,20(2):48-51.

吕国富.2007.霍兰德人格类型理论与大学生职业生涯辅导[J].贵州师范大学学报(社会科学版),(4):95-99.

沐守宽.2007.美德形容词评定量表的建立及其应用研究[D].上海:上海师范大学.

王登峰,等.1995.中国人人格的词汇研究[J].心理学报,27(4):400-406.

王登峰,等.2005.解读中国人的人格[M].北京:社会科学文献出版社.

王晓均.1994.现代心理测量研究中几个引人注目的问题[J].陕西师范大学(哲学社会科学版),23(3):50-56.

吴冬梅.2007.西方职业测评理论综述[J].当代财经,12(277):125-128.

叶奕乾.1997.普通心理学[M].上海:华东师范大学出版社.

张作记.2005.行为医学量表手册[M].北京:中华医学电子音像出版社.

RONALD B, et al. 2004. Big five or big two? Superordinate factors in the NEO five factor inventory and the antisocial personality questionnaire [J]. Personality and individual differences, (37):957-970.

SHAO L, et al. 2006. A cross-cultural test of the five-factor model of personality and transformational leadership[J]. Journal of business research, (59):936-944.

第二章

当代中国人职业适应性人格结构初探

1. 研究结果

(1)通过对3 190份有效量表因素分析,获得7个因素(含60个项目)组成的职业适应性自评量表。

(2)量表各因素的重测信度系数在0.706~0.931($P<0.01$),内部一致性系数在0.737~0.915。

(3)量表的7个因素与艾森克人格评定量表(EPQ-RSC)的4个因素除个别相关不显著外,其余因素皆存在显著性相关($P<0.05$)。量表的7个因素与霍兰德自我职业选择量表(SDS)修订版大部分维度呈显著性相关($P<0.05$)。

(4)两性被试的职业适应性人格因素比较结果:在创新性、情绪稳定性、人际关系性上没有显著差异;在外向性、诚信性坚持性和传统性上存在显著性差异($P<0.05$)。

(5)不同年龄阶段被试在情绪稳定性、诚信性、人际关系性、坚持性和传统性上存在较显著性差异($P<0.01$);在创新性、外向性上没有显著性差异。

(6)不同居住地被试除了在情绪稳定性上没有显著性差异外,其余因素都存在显著性差异($P<0.05$)。

(7)不同职业群体在7个因素中都存在显著性差异($P<0.05$)。

2. 主要观点和结论

(1)中国人具有一个相对稳定的7个维度的职业适应性人格结构。

(2)中国职业适应性人格结构的7个维度分别为创新性、情绪稳定性、外向性、诚信性、人际关系性、坚持性和传统性。

(3)新编制的职业适应性人格问卷有较好的信度和效度,进一步标准化后可以运用于职业咨询,职业指导和人才选拔。

(4)不同被试群体在不同的人格因素上存在不同水平的差异。

第一节　研究背景

在工业化进程中，社会变革加剧，以及市场经济带来的激烈竞争导致很多人面临职业的不稳定性，同时也产生了很多职业适应问题。在农业社会，土地是主要的生产要素，由于土地的不可流动性，劳动者必须附着在土地上进行工作。工业化的进程改变了土地在生产过程中的决定性作用，工厂和机器设备成为生产活动的基础，劳动者可以脱离土地在不同的工厂之间流动。由于劳动资料和劳动工具的改变，劳动者面临着新的职业转化和职业适应。并且，随着技术革命的发展，机械化、电气化、自动化和信息化在不断地改变着产业的结构形态，与之相适应的组织结构也发生了很大的变革。很多人面临更激烈的职业竞争，被迫学习新的专业知识和技能，以适应社会的发展。在严酷的就业环境下，很多个体面临职业不适应现象。解决职业适应问题，使社会处于稳定而充分的就业水平，是很多国家尤其是发展中国家面临的现实问题。

20 世纪末和 21 世纪初，信息技术的发展使经济发展进入知识经济时代，以通信和互联网为核心的信息技术重新整合各种生产要素并对各种行业的发展产生深远的影响。为适应信息化带来的变革，各种组织在结构上更趋于弹性化、扁平化。灵活、高效、虚拟、分散成为组织的结构特征。个体面临着组织内部结构的变化和外部的竞争压力，稳定而单一的传统职业生涯逐渐向进入无边界职业生涯过渡，无边界职业生涯成为个体职业发展的一个主要特征。

美国学者 Arthur(1996)最先提出无边界职业生涯的概念，即个体在职业发展过程中超越单一就业环境边界，进而尝试更多的就业机会。Bake 和 Aldrich 进一步丰富了无边界职业生涯的内涵，他们认为无边界职业环境下个体表现出 3 种职业特征：丰富的职业知识积累，对不同职业的认同程度和有多个雇主的经历。无边界职业生涯环境下的组织为从业者提供了更多职业经历，但也迫使从业者不断提高自己的职业适应能力，进而在心理结构上发展出各种职业适应性人格特征。

职业适应性是指一个人从事某项工作时必须具备的生理、心理素质特征。它是先天因素和后天环境相互作用的基础上形成和发展起来的。西方对于职业适应性的研究，更多强调生理功能和心理功能的发展与职业之间的匹配。因此，研究的重点也多集中于青年在职业适应中出现的问题。Supper(1955)拓展了职业适应的范围，发展出职业成熟度的概念，即指个体心理方面和生理方面的成熟度能匹配不同职业发展阶段的任务。Crites(1974)进一步丰富了职业成熟度的概念，发展出生涯成熟度一词，进一步拓展了职业发展问题的范围。Supper(1981)通过综合以往研究的结果，提出职业生涯适应这个概念，并以此来研究整个职业发展过程中影响职业适应的因素。同时职业生涯适应研究的重点，从为职业生涯发展提供依据的职业成熟度评估，进而转向适应职业条件变化而应具有的职业适应特征。

我国学者田燕秋等(1999)结合本国职业情况给出的职业适应性的概念为：个体与职

业环境互动的过程中,围绕职业活动而表现出的身心活动一致性和稳定性的能力特征。这样的表述强调了职业适应是个体适应社会环境的一种能力,是个体社会化的结果。综合国内外提出的职业适应力概念,两者都强调了生理因素和心理因素对职业适应能力的影响,以此为出发点提出了不同的理论来指导个体职业生涯的发展和解决职业生活中出现的问题。赵小云、郭成等(2010)通过研究,得出了如下几种主要影响职业适应的因素:个体的人格特质、个体的性别和年龄、个体的家庭环境、个体的受教育程度。这 4 种影响因素中,人格因素是心理学关注的重点,稳定的人格因素对职业适应有很好的解释力,同时也可以对个体的职业适应性进行很好的预测。

在心理学领域,研究人格和职业适应之间的关系由来已久,霍兰德的人格和职业匹配理论使该项研究趋近成熟,并在职业指导活动中得到广泛的应用。Tokar 和 Knasel(1998)通过研究 1993—1997 年的论述"大五"人格特质因素和职业适应关系的文献,结果一致表明:"大五"人格中的神经质、严谨性和外向性与职业适应呈显著相关,但宜人性和开放性则出现了不一致甚至相反的结果。通过研究上述出现的一些问题,可以看出"大五"人格的普适性是值得怀疑的,以此来预测个体的职业适应性应该谨慎,这是因为"大五"人格研究是在西方文化背景下展开的,目前它在东方文化下的适用性还有待进一步证明。所以以"大五"人格作为理论依据研究中国人的职业适应性效度就值得怀疑。因此,开展我国职业群体适应性人格研究,提高人格特质因素对我国职业指导的可靠性,是我们当前面临的问题。这也是本研究的目的和出发点。

第二节　国内外研究现状

一、职业适应性人格研究现状

职业适应性研究是从美国的职业指导运动中产生的。在对个体职业适应性的研究中,人格因素对职业适应的影响越来越被研究者所关注。前期的研究者试图从生理因素、智力因素和非智力人格因素来考察个体对职业的适应性。1909 年,Parson 出版了一部用于学生职业辅导的专著《职业的决策》,对学生就业过程中应考虑的问题进行了总结。在这本书中,作者提出了人格因素对职业选择和适应具有重要作用。从 1934 年开始,美国劳工部就业保险局用了 10 多年时间,研究出了人力系统评价层次结构模型,并编制了《普通能力倾向成套测验》,又称为《通用资质测验组系》(*General Aptitude Test Battery*,GATB),这种测验能对许多职业群体同时检查,筛选出各种职业不适合者。

20 世纪 70 年代,研究者对 GATB 进行了修订。在当时,这套测验是职业咨询和就业安置中最有效的一套测验,是在对各种职业团体进行几十次测验后,进一步进行因素分析的基础上编制的,被美国各州就业办事机构所采用,并为其他国家制定能力倾向成套测验所借鉴。由于这套测验在许多国家被广泛使用,因而备受推崇。1969 年,日本劳动省将 GATB 引入日本并进行了本土版的标准化工作,编制成《一般职业适应性检查》

(1969 年订版)。这套测验主要用于测查众多职业领域中所必需的能力。它由 15 种测验项目构成,其中 11 种是纸笔测验,余下 4 种是操作测验。两种测验可以测定 9 种能力倾向。系统评价层次结构模型下的一般能力测验,其测评内容比较侧重人所具备的基本能力,测评对象局限于普通的就业者。为了提高对现代社会不同职业测量的包容性,需要对测验内容方面做进一步的改进。职业选择中的非智力心理因素,如动机、意志和性格应该受到更多关注。

1966 年,美国职业指导专家霍兰德(J. L. Holland)在《职业决策》一书中提出了人格与职业匹配的理论模型。根据个体在职业生活中的自然表现,他把职业分为 6 种:实际型、调查型、艺术型、社会型、事业型和常规型。同时他认为个体能适应两种相近的人格类型的工作。他认识到人格类型和职业类型是一种相互匹配的关系,并且这种匹配表现出 3 种不同的形式:非常匹配、一般匹配和不匹配。将不同职业取向和人格特质进行匹配,进而将职业适应人格进行分类是职业与人格关系认识的进一步深化。

在人格心理学领域,人类拥有普遍性的共同性人格特质似乎被很多心理学家所认可。在这样一种假设前提下,很多学者进行了长时间的研究,试图找到能够解释人类行为的更为一般性的人格特质。美国伊利诺伊州立大学人格及能力研究所卡特尔(Raymend B. Cattell)认为,人的行为之所以具有一致性和规律性,就是因为每一个人都具有特定的根源性特质。于是他采用系统观察法、科学实验法以及因素分析法,经过二三十年的研究,确定出 16 种根源性人格特质,并据此编制了测验量表 16PF(Personality factor test)。随着 16 种人格特质与职业适应关系进一步具体化,人格特质对职业适应性的预测更加科学,16PF 测验已被广泛应用于职业指导和选拔之中。

20 世纪 80 年代,人格维度研究在心理学领域又一次掀起高潮。诺曼吸取前人的研究经验,最早提出了人格"大五结构"的概念,从词汇学的研究中概括出了描述人格的 5 个维度,包括外向性、随和性、尽责性、情绪性和智慧性。经过众多学者重复验证性研究,大五人格结构在 1990 年左右终于取得心理学界的认可并产生了很大的轰动效应,后继的研究者围绕大五的跨文化研究迅速展开。

McCrae 和 Costa(1992)综合人格特质理论和人格维度理论,在参考卡特尔、艾森克、罗杰斯等人强调的不同人格因素的基础上,形成了自己"大五"因素中 NEO 的最初 3 个因素框架。随着"大五"人格结构研究的进展,McCrae 和 Costa(1996)认识到大五结构中随和性和尽责性 2 个因素的重要性,吸收了这 2 个因素之后形成了大五人格因素模型。虽然也有理论家在此基础上提出一些个别不同的因素,但这些因素很大程度上都能被"大五"因素包括或和"大五"因素中的某一因素存在很高的相关。因此,"大五"被认为具有普遍包容性人格结构,是人格的海洋。

在"大五"因素与职业适应性的研究中,刘玉凡等(2000)提出尽责性能够很好地预测个体的工作绩效,尤其对周边绩效具有更好的解释作用,并且尽责性是解释各种职业适应中最好的维度。外向性、开放性、宜人性在不同种类的职业适应中有不同的表现,比较一致的研究是在外向性特质上得分高的人适合管理工作并有较高的宜人性;在宜人性人格特质上得分高的人适合服务工作;具有开放性人格特质的人适合对创新有较高要求的工作。钟建安等(2004)的研究指出情绪性在职业适应中普遍具有负相关,说明在职业适应中培养稳定的情绪对人的发展和生存具有很重要的意义。

早在“大五”人格被关注之前，20 世纪 80 年代，我国香港学者张妙清和中国科学院心理研究所张建新等认识到，西方人格量表对中国文化下的被试测量具有局限性，他们开始探索中国人自己的人格测量工具，编制出中国人人格测量表（Chinese personality assessment inventory，简称为 CPAI）。这个量表包含了许多西方文化下不曾有的而中国文化特有的人格特征描述。他们选取国内被试进行取样测量，因素分析的结果发现，在众多描述中国人人格的词汇背后隐藏着 4 个共同因素，分别为可靠性、个人性、领导性及人际关系性。尤其是人际关系性因素里面，包含了许多中国文化下特有的处事行为方式和理念，如注重人际来往中的人情、在与他人互动中要避免当面冲突、维持表面的平衡、大家都有面子等。由于上述研究者的研究资料公开程度较低，后续的验证性研究较少。但 4 个因素中的人际关系维度揭示了中国人有别于西方人独特的人格倾向，这种特质可能对中国人的职业适应性产生重要影响。

“大五”人格理论引起心理学界的广泛关注后，对“大五”因素进行本土化研究成为各国人格心理学家研究的重点。北京大学心理学系教授王登峰等借鉴“大五”人格研究的方法，通过一系列的实证研究后，提出了中国人人格结构中的 7 种因素：外向性、人际关系、行事风格、才干、情绪性、善良和处世态度，并在此基础上编制了中国人人格量表（QZPS）。围绕中国人“大七”人格因素的验证性研究正在进行。

进入 20 世纪 90 年代，随着知识经济的进一步发展，社会职业环境和职业内容发生了巨大的变化，职业市场充满不确定性，对人才的要求也发生了新的变化。工业和组织行为学家对职业适应性的研究，由原先关注具体的能力因素和人格特质，逐渐发展为研究个体普遍具有的能力和人格维度，希望找到更加一般性的影响职业适应性的因素来指导个体应对不断的职业变化。

在影响职业适应性因素的研究中，Herr 认为职业适应性包含以下 5 个要素：职业计划性、职业探索行为、职业信息搜集、职业决策以及人格的现实取向。Sarah 等通过进一步研究，认为主动性人格这一人格维度也是职业适应性的重要维度。研究者 Seibert、Bateman 和 Crant 的研究结果和之后 Seibert、Crant 和 Kraimer 通过进一步实证研究结果都表明：积极主动的个体能够主动适应环境的变化，进而通过努力改变环境的不利因素，能够减少环境对自己的约束。

组织行为学家 Savickas（2005）通过长期对职业适应性的研究，建构了一个四因素的职业适应因素模型：职业生涯的关注（career concern）、职业生涯的控制（career control）、职业生涯的好奇（career curiosity）和职业生涯自信（career confidence）。每一个维度都包含一个个体需要解决的核心问题。个体围绕这些问题发展自己职业适应中的规划、决策和调整能力，同时也形成了自己稳定的态度和信念等人格特征。这些因素对职业适应具有调节功能，影响个体在面临职业任务、职业转换、职业困境时的应对行为。

国内对职业适应性人格的研究较少，大部分的研究对象局限在进城工作的农民工、因国家大型工程项目导致的移民、城镇青年或独生子女及大学生群体。研究的内容也多是人口学变量上的差别，对原因的分析处于表面现象的概述，没有对影响这些群体职业适应性的深层原因进行分析（雷洪 等，2002；田凯，1995）。

二、职业适应性人格测量工具研究现状

在西方众多研究职业和人格关系的量表中，斯特朗-坎贝尔的个人兴趣调查表（SCII）、爱德华编制的个人爱好量表（EPPS）、Cattle的16种人格测验（16PF）、英国艾森克的人格问卷（EPQ）及日本的矢田部——吉尔福特Y-G性格测验比较著名并得到广泛的应用。以上量表在我国都有修订后的版本，并且也得到了广泛的使用。

我国的研究者在西方一些经典测量职业人格量表的基础上，进行了大量本土化的研究，产生了很多可喜的成果。其中，在研究华人群体基础上编制的华人工作相关人格量表（CPW）和中国人职业个性测量量表（CVPS）是两个优秀的代表。许志超等（2000）在评估和发展中心题库中，选取了与华人人格和工作相关的题目，删除了一些与中国文化不匹配的题目如“攻击性”和“异性恋”等，增加了一些反映职业情境维度的题目，最后编制成含15个维度的测量华人工作和人格关系的量表。该量表共包含225项测试题，每个人格维度分别由14对句子组成，有15对句子作为测谎题重复出现（王登峰 等，2007）。

寸晓刚等对MBTI问卷内容进行改进，编制新的测题，对中国企业人群进行验证性研究，以验证荣格人格结构理论在中国群体中的适用性，进一步探索性因素分析后，编制了中国本土化的职业个性测量量表（CVPS）。此量表有102道测试题，分为4个维度。另外，顾海根等综合其他问卷，编制了一套适合中国文化的综合职业测量问卷，包括职业人格、职业兴趣、职业能力倾向。该量表吸收了Cattlel 16项人格调查问卷和西方“大五”人格理论中人格特质因素。

综合不同取向的国内外研究者的文献，发现在职业适应性人格的研究中存在如下不足。第一，缺乏对职业适应性人格全面的、系统的研究。一些研究发现了一些职业适应性的人格因素，但不够全面；另一些研究试图从更高的层面上寻找人类普适性的人格因素，但往往对职业适应缺少针对性（廖全明，2007）。第二，在职业适应性人格研究中，大部分的研究工具采用的是修订过的西方人格或职业适应性量表。这些量表对于东方文化下的中国被试来说，研究结果的效度将会降低（黄希庭，2001）。第三，目前国内对职业适应性人格的研究还比较少。对职业适应性人格的研究多为定性研究，仅有的定量研究由于采用的测量工具不同，测量结果的指标也不统一，研究结果无法很好地总结。

三、研究目的与研究方法

随着我国市场经济的进一步发展，人力资本开始在各个行业迅速流动，职业经常性转换已经成为人们必须面对和接受的事实。个人职业的适应性水平直接关系到个人的经济收入和在社会中的地位，职业已经成为个人拥有社会资源的标志，影响个体的生存质量和发展空间。从人格的角度研究职业适应性，能够对个体职业生涯发展做出比较稳定的解释和预测，从而指导个体在职场竞争中克服劣势，发挥优势，培养自己优秀的职业适应人格，从而获得较好的职业回报。

以往对职业适应性人格的研究，或者视野过于单一，无法相对全面地找到当前背景下的职业适应性人格；或者范围过于宽泛，缺乏影响人格因素对职业适应的解释力度，导

致在应用层面上不够具体和有针对性。本研究尽可能全面系统地找到影响我国职业群体的人格因素,构建适合不同职业群体的职业适应性人格理论模型,弥补职业适应性人格研究中存在的不足。

(一)研究目的

为克服以往职业适应性人格研究中的零碎现象,减少因依赖西方职业人格理论而产生的文化差异,避免一般性人格特质对职业适应解释的宽泛性,增加职业适应性人格在职业规划中的针对性。

本研究试图更全面地构建隐藏在众多人格特征中的职业适应性人格因素。构建相对完善的职业适应性人格理论,并在此基础上编制"中国人职业适应性人格量表",为后面的验证性研究做好基础准备。

(二)研究方法

本研究采用艾森克人格问卷简式量表(EPQ-RS)、霍兰德自我职业选择量表(SDS)自编职业适应性人格自评量表作为研究工具。依据分层取样原则进行简单随机取样,在22个省、自治区、直辖市发放问卷3 500份,对不同职业和不同年龄的人群进行调查,最后收集到有效问卷3 190份,问卷有效率91.14%。其中,男性1 533人,占48.06%;女性1 628人,占51.03%,另有29人问卷性别未填写,但其他变量数据完整,占0.91%。使用数据质量控制软件Epidata对数据录入,采用SPSS 22.0软件进行统计分析。使用探索性因素分析对获得的问卷数据进行因子提取;使用多变量相关法对问卷的信度和效度进行检验;使用独立样本 t 检验对男女性别在因子上的得分差异进行分析;使用方差分析对不同年龄阶段、不同居住地和不同职业的群体得分差异进行分析。

第三节　当代中国职业适应性人格结构的探索

一、职业适应性人格因素的获取和命名

对3 190份有效问卷进行因素分析,先对数据进行KMO检验,结果KMO测度值为0.953,Bartlett球形检验结果存在显著性差异($P<0.01$),说明样本数据适合进行因素分析。

在3 190个样本中选取2 137个样本数据进行探索性因素分析,130道测试题中的各个因子特征值在碎石图上的第7个点处发生明显转折(图2-1),拐弯后的特征值成为一个平滑的下降曲线,因此,选取7个因子是恰当的。另外,对负载量小于0.3的测试题目进行删除,同时删除在两个因子上负载量差距<0.03的测试题共计70个,最后获得60个题目包含7个因素的量表(表2-1),7个因素解释总方差的变异量的50.588%。

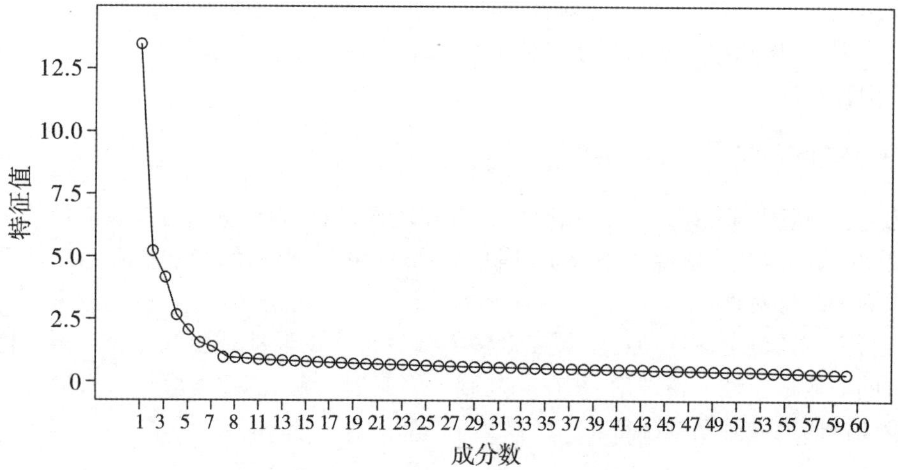

图 2-1　130 个项目包含因素的变化趋势

表 2-1　职业适应性人格 7 个因素的负荷矩阵

题目	因素						
	1	2	3	4	5	6	7
在工作中，我经常能提出独特的方案	0.701						
我善于将不同的方法应用到工作中	0.670						
朋友们都说我是个很有责任心的人	0.659						
我喜欢有创造性的工作	0.659						
解决问题时，我善于变通	0.639						
我经常能想出新奇的点子	0.625						
我总能发现一些东西的新用途	0.624						
我总能冷静地处理一些很棘手的问题	0.615						
我的思维很活跃	0.614						
我善于带领别人工作	0.608						
我常能提出解决问题的新方法	0.600						
我善于判断事物发展的趋势	0.580						
我善于活学活用	0.568						
我善于抓住事物的本质	0.564						
周围的人常说我头脑灵活	0.563						
我很容易接受新思想	0.550						

续表 2-1

题目	因素						
	1	2	3	4	5	6	7
我的提议往往能得到更多人的响应	0.534						
遇到问题我经常会从不同的角度去思考	0.521						
遇到突发事件我能保持冷静	0.508						
我对未来失去了信心		0.793					
我总是无缘无故地担忧		0.769					
我经常感到心情压抑		0.764					
我经常会莫名其妙地不安		0.728					
我常常为一点小事而烦恼		0.726					
一点小事就使我坐立不安		0.695					
我常为一些还没发生的事情忧虑		0.637					
我常常感到沮丧		0.634					
我总是害怕会发生什么不幸		0.626					
我总是高兴不起来		0.621					
我总觉得自己很倒霉		0.608					
我做什么事情都没有信心		0.515					
朋友们都说我是活跃分子			0.778				
在集体活动中我总是很活跃			0.765				
我是一个活泼好动的人			0.758				
我总能使气氛活跃起来			0.696				
我是一个爱说爱笑的人			0.679				
朋友们都夸我能说会道			0.572				
即使和陌生人在一起,我也有很多话题可谈			0.502				
我认为滴水之恩当涌泉相报				0.682			
我会为自己的行为负责				0.649			
对别人给予的帮助,我总是铭记在心				0.601			
我对做过的事情敢于负责				0.578			
我始终坚守自己的做人原则				0.565			
即使有困难,我也一定会及时还钱				0.530			
大家都说我很好相处					0.730		

续表 2-1

题目	因素						
	1	2	3	4	5	6	7
我是个很容易亲近的人					0.688		
我和周围的人关系很融洽					0.687		
别人都认为我和蔼可亲					0.660		
周围的人很乐意和我交往					0.592		
我是一个友善的人					0.521		
我对所有的人都能以礼相待					0.480		
我做事总能够持之以恒						0.749	
我是一个锲而不舍的人						0.680	
为了实现目标,我总是坚持不懈						0.667	
我绝不会半途而废						0.645	
做任何事情我都能善始善终						0.581	
我总喜欢按老规矩办事							0.769
我喜欢按祖辈传下来的习俗处事							0.735
我喜欢照章办事							0.714
我不愿意打破常规							0.684
特征值	8.127	6.044	3.989	3.524	3.413	2.834	2.395
解释的方差值/%	13.544	10.073	6.649	5.874	5.688	4.723	3.992

其中因素 1 的解释率为 13.544%,因素 2 的解释率为 10.073%,因素 3 的解释率为 6.649%,因素 4 的解释率为 5.874%,因素 5 的解释率为 5.688%,因素 6 的解释率为 4.723%,因素 7 的解释率为 3.992%。

参照各因素中载荷量最大的题目内容和各因素中所有试题表述的内容,对各个因素进行命名。

因素 1 命名为创新性(含 19 个试题项目),是指个体不拘泥于固有的模式和规范,敢于突破,勇于创造新方法和新思维的表现。个体以已有的知识为基础,结合面临问题的实际环境,独立思考,大胆探索,往往有新的成果出现。这里的创造性和"大五"人格里的开放性在富于想象、寻求变化方面相似,但更加强调个体的自主能力和支配性。在以信息技术为核心的知识经济时代,创新是国家和社会发展的原始动力,创新是解决全球、地区、国家、地方和个人面临问题必不可少的先决条件,也是个体在职业竞争中获得优势的基础。

因素 2 命名为情绪稳定性(含 12 个试题项目),反映个体在人际交往和做事的过程中表现出的急躁和直爽的程度。中国的文化不鼓励个体表现,所以个体对自己的言行控制和对他人的言行认知是评价个体成熟程度的标准。尽管个体非常希望表达自己的意愿,但这些意愿可能违背潜在的社会规范或他人的意愿,所以间接含蓄地表达自己的意愿是最好的方式。那些急于表达个人意见或直接、坦率表达自己的看法和要求的人往往被看作是幼稚和不成熟的表现。这种表现会影响自己的社会角色适应和职业发展,所以情绪稳定性对中国的职业群体来说具有很重要的职业适应功能。已有的研究证明,情绪认知和控制能力在个体职业成功中所起的作用要大于智力所起的作用,这个结论也说明了情绪稳定性对个体职业适应的重要性。

因素 3 命名为外向性(含 7 个试题项目),反映人际情境中主动、活跃、积极和易于沟通的特点,同时还体现个人内在的乐观和积极心态。在外向性人格特质上,中西方有很多相同的地方。但总的来看,在内容上,西方的外向性比我国的外向性人格特征更加丰富,其中西方的"寻求刺激"这个小因子是我国外向性人格特征小因子中所没有的。研究结果显示,外向性和个体的职业适应及职业成就有很高的相关。另外,不同的职业对外向性格和内向性格有不同的要求。

因素 4 命名为诚信性(含 6 个试题项目),是个体对自我需求控制的程度,以及与他人利益冲突中推迟自我满足的能力,反映个体在处理人际关系中随意性与谨慎性,冲动性与稳定性的关系。在我国集体主义文化中,诚信体现更多的是对上级、长辈和权威的忠诚,而市场经济背景下的诚信性要求平等关系的各个方面都要遵守相互的承诺与规则。诚信对于构建正常的合作与竞争关系非常重要,诚信的缺失会让个体丧失可信赖性,从而逐渐失去有利的社会关系。在职业生涯中,诚信性高的人往往为自己带来更多的人际关系,这更加有利于自己的职业发展,而诚信性低的人则处处受到防范,自己的职业发展也受到抑制。

因素 5 命名为人际关系性(含 7 个试题项目),反映个体处理人际关系的方法和态度。在人际关系上得高分者待人友善、温和,乐于与人沟通和交流。得分低者把人际关系看成是达到目的的手段,自私、冷漠和计较个人得失。人际关系性是人格研究本土化过程中,在中国被调查者身上发现的一个独特的人格特质,体现的是个体对待他人的态度。张妙清和张建新及王登峰等人的研究都证明了中国人人格结构里人际关系性的存在。说明了在中国这个以集体主义文化为核心的社会里,处理人际关系,照顾大家的面子和人情会对自己的职业生涯有很大的影响。

因素 6 命名为坚持性(含 5 个试题项目),是指个体做人做事的态度和行为习惯,表现为严谨、沉稳、细心和坚持不懈。这些品质是中国人人格结构中比较特殊的特质,也是个体获得职业成功和成就的重要条件。坚持性与西方"大五"人格中的尽责性及王登锋"大七"人格中的行事风格比较相似。但"大五"人格中的尽责性表现的是个体在社会规则下的自我约束,而"大七"人格中的行事风格更多地体现了中国文化下的个体受内化观念影响而对自我行为的抑制。

因素 7 命名为传统性(含 4 个试题项目),是指个体对固有规范的沿袭和不愿改变现状的心理定势,表现为因循守旧、安于现状、害怕变革、不愿重新承担新的角色。在不断变化的职业生涯环境下,传统性是一种很被动的人格特质,往往不能适应现代社会变革的速度。中国几千年的传统文化积淀是导致传统性的主要原因,人们在接受新事物和接受变革方面往往非常被动。传统性在相对封闭的社会环境里有很好的适应意义,但在开

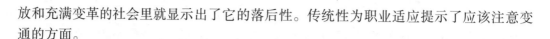

放和充满变革的社会里就显示出了它的落后性。传统性为职业适应提示了应该注意变通的方面。

二、职业适应性人格问卷的常模

选取 3 161 个样本数据进行分析，进一步得到各个因素的均值（M）和标准差（SD）（表 2-2）。在性别差异上，男女在外向性、诚信性、坚持性和传统性上没有显著性差异，在其余因素上存在显著性差异（$P<0.05$）。

表 2-2　各因素常模及性别差异检验（$M\pm SD$）

样本	创新性	情绪稳定性	外向性	诚信性	人际关系性	坚持性	传统性
总样本（n=3 161）	65. ±10.79	30.4±9.15	22.6±5.49	24.8±3.47	27.6±4.15	18.5±3.33	12.68±3.10
男（n=1 533）	67. ±10.64	29.5±8.94	22.6±5.48	24.9±3.57	27.3±4.18	18.6±3.32	12.6±3.08
女（n=1 628）	64.2±10.70	31.3±9.27	22.7±5.49	24.8±3.38	27.9±4.11	18.4±3.34	12.7±3.11
t	8.302***	-5.163***	-0.711	0.666	-3.544***	1.464	-1.201

注：男女性比较，$***P<0.001$。

三、职业适应性人格问卷的信度分析

使用 130 个题目的职业适应人格量表对 77 人间隔 2 周进行测试，量表各因素重测相关系数在 0.706～0.931（表 2-3），说明量表的重测信度较好。对 3 190 个样本测试结果的内部一致性分析，各因素相关系数大于 0.737（表 2-3），总量表的内部相关系数为 0.876，说明该量表的内部一致性信度良好。

表 2-3　重测信度系数（n=77）和内部一致性信度系数（n=3 190）

信度系数	创新性	情绪稳定性	外向性	诚信性	人际关系性	坚持性	传统性	总体
重测信度系数（n=77）	0.842**	0.853**	0.706**	0.798**	0.931**	0.744**	0.830**	
内部一致性信度系数（n=3 190）	0.915	0.898	0.855	0.776	0.834	0.813	0.737	0.876

注：$**P<0.01$。

四、职业适应性人格问卷的效度检验

（一）问卷的结构效度

选取 1 053 个样本数据进行验证性因素分析，去除有缺失值的样本后样本大小为 1 040 个，采用最大概似法进行参数估计，耗费 8 次迭代。在 Λx 矩阵的参数估计中，t 值在 16.95～31.16，均达显著水平（$P<0.001$），参数估计的标准误在 0.02～0.04，表明没有模型识别错误的问题；在 Θδ 矩阵的参数估计中，t 值在 13.87～22.15，均达显著水平（$P<0.001$），参数估计的标准误在 0.01～0.05，表明没有模型界定错误的问题；整体模型的各项拟合指标均得到了统计上的支持，表明模型的结构效度良好。

（二）问卷的校标效度

在全国分层取样选取 277 名被试，让被试同时对职业适应性人格自评量表和艾森克人格问卷简式量表中国版（EPQ-RSC）进行自我评定，对两者各因素的相关分析（表 2-4），显示职业适应性人格 7 个因素与艾森克人格问卷简式量表中国版 4 个因素除个别相关不明显外，其余皆存在显著性相关。说明艾森克人格问卷简式量表中国版可作为职业适应性人格量表的效标。

表 2-4　各因素与艾森克人格问卷简式量表中国版（EPQ-RSC）各维度的相关性（n=277）

量表	创新性	情绪稳定性	外向性	诚信性	人际关系性	坚持性	传统性
EPQ-P	-0.252**	0.083	-0.139*	-0.554**	-0.546**	-0.379**	-0.263**
EPQ-E	0.539**	-0.207**	0.642**	0.316**	0.403**	0.298**	-0.015
EPQ-N	0.539**	0.542**	-0.132*	-0.167**	-0.183**	-0.124*	0.040
EPQ-L	-0.287**	-0.136*	-0.167**	0.154*	0.136*	0.271**	-0.028

注：* $P<0.05$，* * $P<0.01$。

选取 122 名被试同时对职业适应性人格量表和霍兰德自我职业选择量表进行自我评定，对两者进行因素相关分析发现（表 2-5），除霍兰德的实际型职业类型和适应性人格的传统性因素之外，其他各因素都存在不同程度的显著相关，说明适应性人格在不同的职业类型上就有特别的意义。因此霍兰德自我职业选择量表可作为职业适应性人格量表的校标。

表 2-5　各因素与霍兰德职业倾向性量表各维度的相关系数（n=122）

因子	创新性	情绪稳定性	外向性	诚信性	人际关系性	坚持性	传统性
实际型（R）	0.192	-0.102	0.026	0.092	-0.034	0.203*	-0.062
艺术型（A）	0.409**	-0.14	0.272**	0.292**	0.265**	0.327**	-0.046

续表 2-5

职业类型	创新性	情绪稳定性	外向性	诚信性	人际关系性	坚持性	传统性
调研型(I)	0.375**	-0.138	0.006	0.061	0.003	0.303**	-0.051
社会型(S)	0.580**	-0.267**	0.471**	0.253**	0.278**	0.390**	-0.064
事业型(E)	0.630**	-0.206*	0.465**	0.237*	0.225*	0.368**	-0.043

注：* $P<0.05$，* * $P<0.01$。

(三)问卷的构想效度

通过对7个因子(即因素)与量表总分间的相关分析，检验量表内部一致性，结果见表2-6。因素分析理论认为，量表的各个因子之间应具有中等程度的相关性，如果相关性太高则表明因素之间可能有重合，有些因子可能并非必要；如果因子之间相关性太低，说明有的因素可能实际测到的与所想测量的内容间存在不一致。本量表各因子均具有中等程度的相关性且相关性显著($P<0.01$)，说明量表的构想效度较好。

表2-6　各因子及总量表间相关系数(n=3 190)

因子	创新性	情绪稳定性	外向性	诚信性	人际关系性	坚持性	传统性
情绪性	-0.261**						
外向性	0.507**	-0.181**					
诚信性	0.442**	-0.235**	0.159**				
人际关系性	0.430**	-0.293**	0.305**	0.566**			
坚持性	0.484**	-0.313**	0.215**	0.515**	0.445**		
传统性	-0.158**	0.230**	-0.108**	0.050*	0.067**	0.060**	
总量表	0.790**	0.153**	0.582**	0.561**	0.575**	0.538**	0.178**

注：* $P<0.05$，* * $P<0.01$。

五、职业适应性人格各因素在不同年龄阶段的差异

分别将3 190个被试划分为4个年龄阶段(30岁以下、31～40岁、41～50岁、51岁及之上)，删去未写年龄样本(162人)，对各种年龄阶段的职业适应性人格进行方差分析(表2-7)。结果显示，每种职业适应性人格特质在不同的年龄阶段有不同的表现。其中创新性、外向性，在不同的年龄阶段没有明显差异，情绪稳定性、诚信性、人际关系性、传统性在不同年龄阶段存在显著差异。

表2-7 各因素常模及年龄差异检验($M±SD$)

样本	创新性	情绪稳定性	外向性	诚信性	人际关系性	坚持性	传统性
总样本(n=3 028)	65.7±10.79	30.4±9.11	22.58±5.47	24.85±3.46	27.61±4.13	18.49±3.31	12.67±3.06
18~30岁(n=1 421)	66.01±9.92	31.13±9.00	22.66±5.4	24.62±3.38	27.33±3.91	18.00±3.26	11.85±2.85
31~40岁(n=482)	65.2±11.68	30.1±9.41	22.52±5.29	24.53±3.65	27.55±4.56	18.52±3.50	12.83±3.11
41~50岁(n=932)	65.7±11.35	29.83±9.10	22.47±5.59	25.30±3.46	28.02±4.15	19.07±3.13	13.60±3.01
51~60岁(n=193)	65.0±12.02	29.43±8.91	22.69±5.94	25.21±3.37	27.92±4.38	19.22±3.40	13.83±3.02
F	0.936	4.819**	0.278	9.203***	5.632**	23.182***	76.671***

注:**$P<0.01$,***$P<0.001$。

对各年龄阶段的数据通过方差分析和事后检验发现,创新性作为一个影响职业成就的重要因素,在各个年龄阶段没有明显差异。这样的结果提示,在我国文化背景下,创新能力的发展还比较弱,人们更趋向于用相同的思维方式思考问题,价值观方面也趋于相同,这是东方国家缺少创新成果的原因,也是我们的教育必须面对的问题。

情绪稳定性因素在30岁以下的年龄段和30岁以上年龄段存在显著差异,并且随年龄的增加而差异增大。30岁以上各年龄段之间不存在差异。这样的结果显示情绪会随着年龄的增长而趋于稳定。30岁以下群体的心理结构还不够完善,情绪管理的能力还不成熟,这中间还要不断地适应工作和社会环境,个体在应对问题的经验方面还比较欠缺。30岁以上的人已经进入职业稳定期,长时间的工作历练能使他们应付各种环境的变化,心理功能也变得更加成熟和完善,自我调节能力得到提高。

外向性因素在各个年龄阶段并没有显著差异,这样的结果解释了我国民族性格整体具有的隐忍性和含蓄性,不讲究锋芒毕露和出人头地,个人的处事风格和为人方式在某种程度上是经过掩饰的。王登峰等对各年龄段在外向性表现上的差异研究与我们的结果一致。

诚信性在中国的环境下主要指个体遵守中国的道德传统,诚实待人,知恩图报。过河拆桥的人总是受到谴责,并在职业发展中受到排斥。40岁以下和以上两个年龄段存在显著性差异,说明40岁以下的人群对诚信的理解及对自己名誉的关注不如40岁以上的人。现实中,40岁以上的人基本具有稳定的职业和社会地位,非常注重别人对自己的评价,所以不会轻易做损人利己的事情。

人际关系性是中国人人格因素中比较有特色的因素。中国人很讲究人际关系的好坏对自己事业发展的影响。40岁以下的被试在人际关系上还不够成熟,得分较低,和40岁以上的群组有明显差异。40岁以上的群体之间没有显著差别。说明人际关系的成熟度会随年龄的增加而增加,40 岁年龄的人对人际关系的理解已经很圆融,能够轻车熟路地驾驭人际关系的变化。

坚持性主要体现在个体对所从事职业的持续努力,不轻易放弃自己的工作。30 岁以下的群体与其他年龄阶段相比,在坚持性上存在明显差异。得分明显低于其他群体,说明年轻人在职业生涯方面还没有详细的规划,职业兴趣还不稳定,容易产生经常换职业现象。30 岁以上的年龄群体,通过一段时间的历练后找到了自己的职业志趣,即使面对一些工作上的困难,也会积极克服,直到最后达成目标。坚持性整体上随年龄的增加而增加。

传统性作为影响职业适应的因素,30 岁以下群组和其他群组之间存在显著性差异,说明这两个年龄段的人在遵循传统上的表现是不一样的,年龄低的群组更倾向于打破传统的束缚,追求个性的发展,而年龄较高的被试更多遵守传统的文化和社会规则。

六、职业适应性人格各因素在家庭居住地的差异

方差分析显示(表 2-8),在不同的居住地,除去情绪稳定性方面没有显著性差异外,其余 6 个因素都存在显著差异。情绪稳定性没有显著差异的原因可能是情绪特质跟遗传有关,而受环境的影响不大有关。

表 2-8　各因素不同居住地差异检验(*M*±*SD*)

样本	创新性	情绪稳定性	外向性	诚信性	人际关系性	坚持性	传统性
总样本(n=3 018)	65.82±10.75	30.42±9.09	22.67±5.49	24.89±3.43	27.67±4.14	18.52±3.31	12.68±3.09
农村或镇(n=1 239)	64.62±10.39	30.81±8.98	22.48±5.40	24.95±3.26	27.54±4.11	18.72±3.16	12.82±3.16
县城(n=531)	66.18±10.99	30.22±9.08	22.58±5.71	24.98±3.33	28.15±3.71	18.57±3.34	12.85±3.12
中小城市(n=634)	66.79±10.73	30.03±9.39	22.56±5.45	25.05±3.35	28.00±3.72	18.29±3.28	12.50±2.87
省城(n=472)	68.21±10.66	29.92±9.30	23.57±5.57	25.37±3.02	28.26±3.97	18.77±3.35	12.50±3.21
直辖市(n=142)	62.68±11.28	31.19±7.84	22.20±5.04	21.78±5.10	23.62±5.82	16.74±3.83	12.21±2.88
F	13.234***	1.458	3.811**	32.501***	40.361***	12.785***	2.781*

注:* P<0.05, ** P<0.01, *** P<0.001。

创新性因素在城乡之间存在明显的差异,这种差异跟文化和经济传统有关,居住在农村和城镇的群体在受教育程度及社会阅历的丰富性方面明显较弱,这可能是导致创新性较低的原因。而居住直辖市的居民表现出明显低于其他城市的创新性,这样的结果跟预期有出入,可能跟样本取样时直辖市的被试较少有关系。

外向性方面，省城居民明显高于直辖市的得分，可能的原因也是和直辖市的样本较少有关。

诚信性方面，直辖市和省城存在显著差异，这些差异的产生除了跟样本取样有关外，还跟直辖市独特的政治文化背景有关系，两者的差异导致价值认同上的差异。

人际关系性方面，显示农村和其他城市都有差异，说明了城乡二元文化仍然影响着农民和城市市民的行为方式。表现在人际关系处理上有明显差异。一般来看，农民处理人际关系比较感性和直率，而市民处理人际关系比较理性和功利性。

坚持性方面，直辖市居住的群体得分较低，与其他居住地有明显差异，可能是直辖市的经济社会发展比较完善，居民可供选择的职业机会较多。其他居住地的群体由于就业范围比较狭窄，岗位竞争激烈，比较珍惜就业的机会，所以在工作上表现出更大的坚持性和耐力。

传统性方面，农村、乡镇和县城的群体和其他城市群体差异明显，说明县城以下的居民仍然相对封闭和落后，居民还受到旧的规范和思维方式的束缚，对比而言，城市的开放程度较高，现代性远远高于传统性。

七、职业适应性人格各因素在不同职业中的差异

对不同职业的职业适应性人格因素分析显示（表2–9），不同的职业在职业适应性人格因素上存在着显著性差异。说明职业适应性自评量表在职业测评中有比较好的区分性。

表2–9　各个因素职业差异检验（$M±SD$）

职业	创新性	情绪稳定性	外向性	诚信性	人际关系性	坚持性	传统性
总样本（n=2 410）	65.91±11.23	30.38±9.39	22.69±5.57	24.88±3.57	27.72±4.30	18.67±3.35	12.93±3.12
农民（n=642）	63.18±11.01	30.69±9.22	22.51±5.28	24.72±3.49	27.39±4.32	18.70±3.28	13.38±3.14
工人（n=376）	64.41±11.47	31.33±9.75	21.83±5.62	25.01±3.51	27.80±4.15	18.38±3.49	13.38±3.02
个体及服务（n=405）	66.56±11.55	31.25±9.33	23.37±5.83	24.77±3.49	27.88±4.23	18.57±3.21	12.61±3.14
教师（n=250）	67.97±10.87	29.26±9.16	22.42±5.77	25.59±3.45	28.47±4.25	19.21±3.33	12.81±3.14
公务员（n=167）	68.02±9.71	29.32±9.47	22.89±5.68	24.60±3.77	27.24±4.42	18.42±3.18	12.81±2.98
医务（n=207）	65.86±10.89	29.79±9.59	23.15±5.57	24.70±3.75	27.57±4.52	18.28±3.54	12.63±3.05
科技工程（n=133）	69.37±10.48	28.49±9.00	22.57±5.05	25.26±3.24	28.16±3.94	19.40±3.17	12.11±2.91

续表 2-9

样本	创新性	情绪性	外向性	诚信性	人际关系性	坚持性	传统性
企业管理（$n=146$）	70.40±10.65	29.06±9.13	23.49±5.46	25.57±3.36	28.14±3.94	19.39±3.07	12.90±3.24
律师（$n=10$）	67.63±12.18	35.56±11.86	23.78±6.65	21.70±3.5	25.00±6.3	15.67±4.42	12.30±2.00
自由职业（$n=28$）	62.58±10.06	30.00±9.28	21.30±5.30	23.36±5.14	27.26±5.00	16.71±4.47	11.96±2.70
艺术设计（$n=46$）	66.93±11.57	32.67±8.89	23.69±6.22	23.35±4.05	26.72±5.28	18.23±3.42	11.76±3.45
F	9.467***	2.748**	2.385**	4.234***	2.336*	4.422***	4.686***

注：* $P<0.05$，* * $P<0.01$，* * * $P<0.001$。

在创新性方面，自由职业得分最低，而企业管理人员得分偏高。主要原因是自由职业受职业要求限制。新闻报道要求客观公正，要准确地描述所发生的事件和社会现象，尽量不加入主观评价成分，所以创新性不高。而作为企业管理人员，工作性质本身要求他们积极创新，用新思维和方法解决面临的问题，只有不断创新才能在激烈的竞争中获得优势。另外，艺术设计职业在创造性上也显示了比较高的分数，说明了艺术设计职业本身对创新的要求。霍兰德 6 种职业类型中，艺术类职业被试者在创新性人格因素上得分最高，很好地验证了本研究的结果。

在情绪稳定性方面，教师和企业管理人员得分较低而律师得分较高。可能的原因是，教师的职业要求传播理性观念，看待问题要有根据和思路。律师职业社会开放性较高，他们与社会上发生的各种法律事件联系密切，这些事件的处理常常要求综合各方面的关系，内心冲突比较多，因此情绪会经常受刺激而处于波动状态。在情绪稳定性上，霍兰德 6 种职业类型中调查型职业得分较低，验证了教师职业情绪比较稳定的特征。

在外向性方面，自由职业得分较低而律师的得分较高，可能的原因是前者工作侧重于对知识的获得和传授，而后者的工作对象更强调人际关系的沟通。在外向性上，霍兰德 6 种职业类型中调查型得分最低，验证了教师职业外向性较低的特征。

在诚信性方面，教师得分较高而律师得分较低。这说明教师被赋予了道德性和神圣性。在大众眼里，教师是社会的标杆，是值得信赖的，同时教师在工作中也表现出了很强的职业自律性。律师的职业功利性比较强，这可能是得分较低的原因。

在人际关系性方面，教师和律师在得分上存在着明显的差异。教师的高得分显示教师的职业关注人本身的价值和意义，注重人与人之间的情感交流。而律师的工作并不要求和工作关系当事人有更深层的情感交流，保持独立性是他们的客观立场的表现。

在坚持性方面，律师和教师两者显示出明显的差别。律师的工作是围绕个案展开的，具有短期性，在明确的法律范围内不需要加入更多的个人主观意志。但教育事业是一项长期的事业，教师除了传授知识之外，还要付出更多耐心进行学术研究和培养学生健全的人格,因此教师坚持性的特征比较明显。霍兰德6种职业类型中艺术型被试表现出了较高的得分,这可能跟从事艺术的人有偏执性倾向有关。

在传统性方面,工人和农民得分较高,艺术设计得分较低。说明工人和农民在现代社会中还是一个相当保守的群体,他们喜欢沿袭旧的文化传统,不喜欢大的变革。而艺术设计职业往往喜欢追逐和创造时尚,经常突破原有的传统。霍兰德6种职业类型中常规型职业被试在传统性上得分较高,说明喜欢常规型工作的人缺少变革精神,喜欢稳定而具体的工作。

八、霍兰德6种职业类型被试在七因素上的均分曲线

霍兰德6种职业类型在职业适应性人格各因素上的均分显示(图2-2),6种不同的职业类型存在不同的人格结构特点。

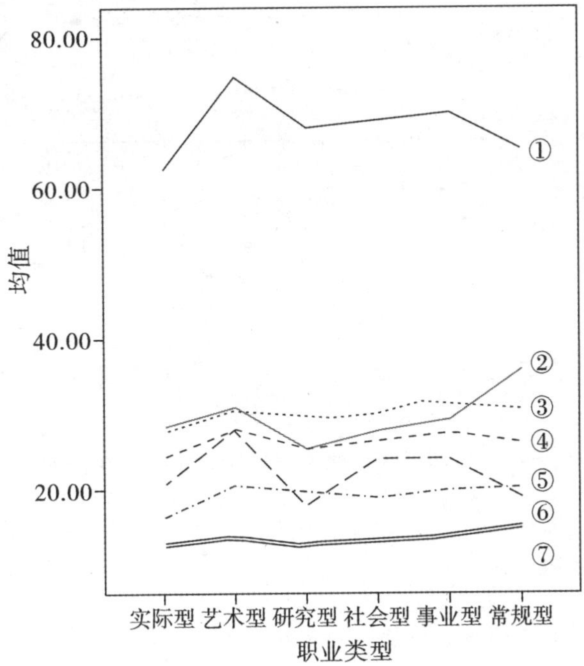

①创新性;②情绪稳定性;③外向性;④诚信性;⑤人际关系性;⑥坚持性;⑦传统性。

图2-2 霍兰德6种职业类型被试在七因素上的均分曲线

九、中国不同职业类型被试者在七因素上的均分曲线图

对比中国不同职业类型在职业适应性人格各因素上的均分显示(图2-3),中国不同的职业类型存在不同的人格结构特点。

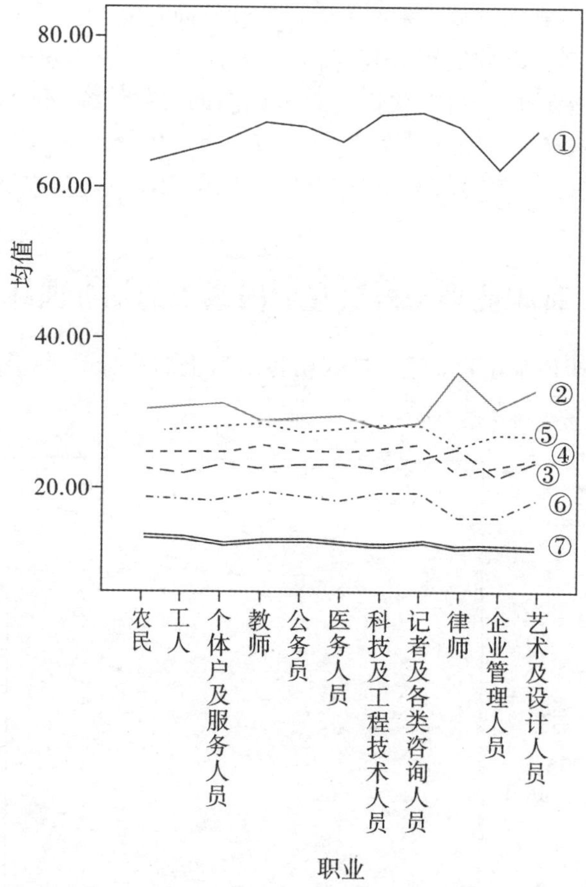

图 2-3　中国不同职业类型被试在七因素上的均分曲线

十、结论及展望

本研究编制的职业适应性量表有较好的信度和效度，可以作为职业适应人格的评定工具。通过对问卷数据进行探索性因素分析，找到了职业适应性人格结构的 7 个维度：创新性、情绪性、外向性、诚信性、人际关系性、坚持性和传统性。7 种职业适应性人格因素人口学变量比较后的结论：在性别上，男女在外向性、诚信性、坚持性和传统性之间没有显著性差异，在创新性、情绪稳定性、人际关系性之间存在显著性差异。在不同年龄段，不同年龄人群在创新性、外向性之间没有显著性差异，不同居住地人群情绪稳定性、诚信性、人际关系性、坚持性和传统性存在显著性差异。在居住地上，情绪稳定性不存在显著性差异，创新性、外向性、诚信性、人际关系性、坚持性和传统性上存在显著性差异。在不同职业上 7 个因素上皆存在显著性差异。

本研究由于受到经费和人力方面的限制，样本代表性上还不够理想。另外本研究是一种整体性研究，在找到 7 个职业适应性人格因素的基础上，还要进行适应性人格因素在具体职业上影响性的研究，以便使研究的结果更加具有针对性。更为重要的是，目前中西方的研究还都没有弄清人格因素是通过什么机制对职业适应发生影响的，这需要我们在相关研究的基础上做更深入的研究，以便使研究结果更加具有实用性和可操作性。

参考文献

黄希庭，等. 2001. 人格研究中国化之思考[J]. 西南师范大学学报(人文社会科学版)，27(6)：45-50.

雷洪，等. 2002. 三峡移民社会适应中的主观能动性[J]. 华中科技大学学报，(11)：94-133.

廖全明. 2007. 对中国人人格结构模型研究的评价与反思[J]. 涪陵师范学院学报，23(2)：133-134.

刘玉凡，等. 2000. 大五人格与职务绩效的关系[J]. 心理学动态，8(3)：23-80.

田凯. 1995. 关于农民工城市适应性的调查与思考[J]. 社会科学研究，(4)：132-135.

田燕秋. 1999. 论职业的适应性[J]. 广西民族学院学报，(3)：93-95.

王登峰，等. 2006. 解读中国人的人格[M]. 北京：社会科学文献出版社.

许志超，等. 2000. "华人工作相关人格量表"的编制、意义与效度[J]. 心理学报，32(4)：234-235.

赵小云，等. 2010. 国外生涯适应力研究综述[J]. 心理科学进展，9(18)：1503-1510.

钟建安，等. 2004. "大五"人格模型及其在工业和组织心理学中应用[J]. 心理科学进展，12(4)：578-583.

ARTHUR M B, ROUSSEAU D M. 1996. The boundaryless career as a new employment principle. In M. B. Arthur&D. M. Rousseau(Eds.). The Boundaryless Career[M]. New York: Oxford University Press.

CRITES J O. 1974. Problems in the measurement of vocational maturity[J]. Journal of Vocational Behavior, (4): 25-31.

MCCRAE R R, et al. 1992. An introduction to the five - factor model and its applications[J]. Journal of personality, (60): 175-215.

MCCRAE R R, et al. 1996. Toward a new generation of personality theories: theoretical contexts for the five-factor model. In: J S Wiggins(Ed.) The five-factor model of Personality: Theoretical perspectives[M]. New York: Guilford Press.

SAVICKAS M L. 2005. The theory and practice of career construction. In S. D. Brown & R. W. Lent(Eds.), Career development and counseling: Putting theory and research to work[M]. Hoboken: NJ Wiley.

SUPER D E, et al. 1981. Career development in adulthood: some theoretical problems and a possible solution[J]. British Journal of Guidance & Counseling, (9): 194-201.

SUPER D E. 1955. The dimensions and measurement of vocational maturity[J]. Teachers College Record, (57):151-163.

TOKAR, et al. 1998. Personality and vocational behavior: A selective review of the literature[J]. Journal of Vocational Behavior, (53):115-153.

第三章

中国人人格结构分析与七因素人格量表的编制

1. 本章主要研究结果

为了探讨当代中国人的人格特质和结构,我们编制了中国人人格量表并完成了2项研究。

(1)研究一:依据QZPS、CPAI-2及CPFFI的小因素命名词汇,编制出包含116个项目的人格词汇自评调查量表,通过对1 455名被试的自评结果进行探索性因素分析和平行分析。结果获得了7个因素包含52个项目的人格词汇评定量表(VBCP)。7个因素累计解释变异量为51.63%,各因素的内部一致性信度在0.663~0.912,总量表的内部一致性信度为0.800;7个因素重测信度在0.700~0.874。

(2)研究二:将包含7个因素52个人格词汇组成的中国人VBCP转化为以语句形式呈现的中国人人格量表;应用层面理论的映射语句技术进行项目生成和等值的量化操作,经探索性和验证性因素分析,获得7个因素共130个条目的中国人7因素人格测评量表(CSPI),7个因素分别为情绪性、开创性、坚持性、德性、外向性、宜人性和传统性,共解释总方差的42.27%;总量表α系数为0.902($P<0.001$);CSPI的7个因素与EPQ-RSC各分量表存在显著相关。

2. 本章主要研究结论

外向性和情绪性是跨文化的人格特质内容。该人格因素结构可以包含QZPS、CPAI-2及CPFFI这3个模型的绝大多数人格因素内容,且结构更加清晰和完整。CSPI获得7个因素共130个条目,7个因素分别为情绪性、开创性、坚持性、德性、外向性、宜人性和传统性。VBCP和CSPI结构清晰,解释率较高,信效度符合测量学的要求。研究的亮点是发现了区别于西方的五因素人格因素的德性和传统性,这2个维度符合中国传统文化和现实社会对人评价的内容特征。

第一节　中国人人格结构探讨及人格词汇评定量表的编制

一、研究背景与现状

在杨国枢等一批心理学家倡导心理学研究本土化的影响下，我国心理学研究者采用词汇学分析方法编制中国人人格量表，以探讨中西方人格结构的差异性，取得了丰硕的成果。香港中文大学和中国科学院心理学研究所（宋维真 等，1993）以人格结构的词汇学研究范式为基础协作编制了“中国人个性测量表（CPAI）”，随后张妙清、张树辉和张建新（2004）对 CPAI 中的 7 个量表重新命名，并添加了 6 个新量表，形成了包括 28 个一般个性量表、12 个临床量表和 3 个效度量表共 541 个项目的 CPAI-2。另一项本土化的人格结构研究，是由王登峰和崔红（2003，2004）依据人格结构研究的词汇学假设，从词典中选取描述中国人行为特点的人格特质形容词，并对这些形容词进行了探讨和分析，由此建立了中国人的七因素人格结构：外向性、人际关系、行事风格、才干、情绪性、善良、处世态度，最终编制了包含 7 个大因素共 18 个小因素的中国人人格测评量表（QZPS）。目前这两个人格量表作为研究工具已用于我国心理学的多项研究。考虑到从词典中选择出的人格词汇对当代国人人格特质的局限性（王中杰，2012），王宇中 等（2011）通过对 2 718 名被试的有关人格词汇描述资料的整理和分析，获得由 295 个形容词构成的自然语言人格词表，并在此基础上编制出由 5 个因素构成的“中国人 5 因素人格词汇量表（CPFFI）”。

以上 3 个测量工具都是以本土化的研究理念和人格词汇描述与分析方法为基础对中国人人格结构进行探索的重要成果。但所采用的具体方法和路径如人格词汇来源或选取方法等有所不同，其结果自然不同。QZPS 的人格词汇主要来源于汉语词典，CPFFI 的人格词汇主要来源于现实的自然语言，而 CPAI 的人格词汇来源比较多样。哪一种研究结果与中国人的真实的人格结构更契合呢？检验其契合性不是一件易事。从逻辑上说，将 3 个测评工具合并后的项目要比单独 1 个工具的项目更能全面地测得中国人的人格特质和结构，但 3 个测量工具合并后有 800 多个项目，进行施测是困难的。如何找到一个简便的方法来检验这一思想呢？如果将 3 个测评工具的小因素命名词汇合并形成一个人格词汇评定表进行施测，进一步探讨中国人的人格特质结构，可能是一种较简便的方法，这是一项尝试性的工作。

二、研究方法

（一）研究对象

根据性别、年龄、居住地和职业类型采用分层取样法，抽取全国 17 省（包括 3 个直辖市）的 30 个城市（包括村镇）1 570 名被试，收回有效问卷 1 455 份，问卷有效率为 92.7%。其中，男性 704 名，占 48.4%；女性 738 名，占 50.7%；未注明性别者 13 名，占 0.9%。被试年龄在 16～80 岁，平均年龄为（28.86±9.78）岁。

(二)研究程序

1. 人格词汇评定调查表的编制与数据处理 第一步,将 CPAI-2、QZPS 和 CPFFI 这 3 个测量工具的所有小因子命名词汇提取出来,用 Excel 表格对词汇进行频数排列以合并相同的词汇。第二步,将所有的词汇匹配一个反义词,获得了包含 114 个人格词汇的人格词表。第三步,增加 2 个重复词汇作为效度题;据此编制成包含 116 个条目的人格词汇自我评定表。将每一个人格词汇按照"完全符合"到"完全不符合"5 级评分标准,要求被试根据词汇描述的含义与自己性格的符合程度进行评定。第四步,使用婚姻主观感受量表(MPS)(王宇中 等,2012a)和 90 项症状自评量表(SCL-90)对同一组被试进行测评(童辉杰,2010)。

2. 数据录入与分析 用 EpiData 3.1 进行数据录入和质量控制,采用 SPSS 22.0 对数据进行统计分析和处理。

三、研究结果

(一)因素分析及命名

1. 探索性因素分析 对数据进行 Bartlett 检验显示,$\chi^2 = 28\ 183.409$($P = 0.001$),KMO 测度为 0.937,说明数据适合做因素分析。选用"主成分分析法"抽取因素的特征根限定大于 1,选用方差最大法进行正交旋转。根据 Cattell 倡导的碎石图检验法及平行分析的结果(图 3-1)共提取 7 个因素,7 个因素共解释数据总变异的 51.63%,各因素的解释率分别是 14.60%、7.52%、7.35%、6.48%、6.32%、5.06%、4.29%;包含的项目数分别为 16、7、6、6、7、5、5 个。

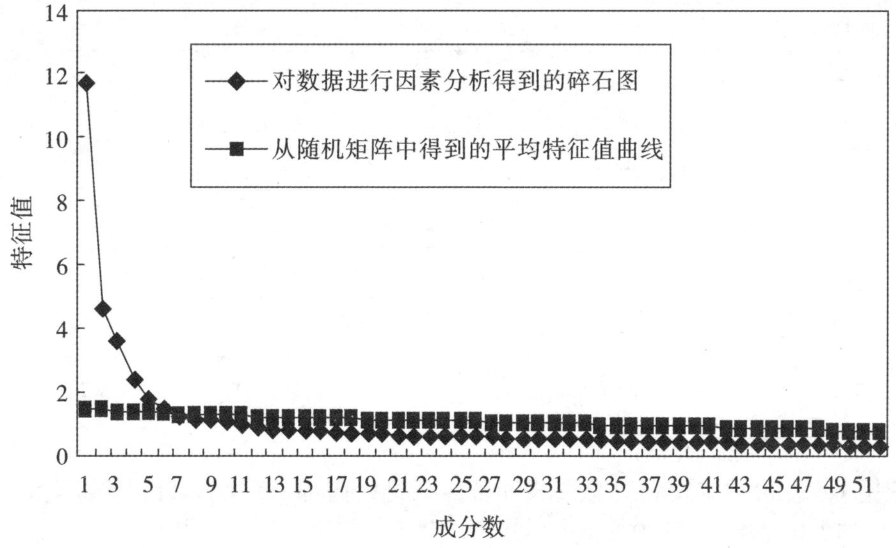

图 3-1 人格词汇问卷评价分析结果

根据项目内容对因素命名。第 1 个因素为“德性”，主要包括善良、诚信、真诚、友好、公平、正直、有责任感等；第 2 个因素为“外向性”，主要包括热情、活跃、健谈、爱交际等；第 3 个因素为“开创性”，主要包括善于探索、洞察力强、有领导力、思路敏捷及灵活等；第 4 个因素为“浮躁性”，主要包括浮躁、自负、鲁莽等；第 5 个因素为“坚持性”，主要包括勤奋有恒、有始有终等；第 6 个因素为“传统性”，主要包括保守、传统及安于现状等；第 7 个因素为“情绪性”，主要包括易焦虑和易抑郁的消极情绪及情绪易波动等。

2. 验证性因素分析　验证性因素分析的结果表明，各项拟合指标良好，说明对于人格词汇评定量表七因素的结构假设能够很好地拟合观察数据（表 3-1）。

表 3-1　验证性因素分析的各项拟合指标

χ^2	自由度	χ^2/自由度	GFI	AGFI	RMSEA	NFI	CFI
5 412.18	1 853	2.92	0.92	0.9	0.063	0.94	0.95

（二）常模及各维度的性别比较

对来自全国 1 455 名被试测评资料的统计分析，获得了总样本及两性的均数（表 3-2）。性别比较结果显示，男女在开创性、坚持性和情绪性上有显著性差异，即男性的开创性和坚持性得分显著高于女性，女性的情绪性得分显著高于男性。

表 3-2　人格词汇评定量表常模及性别差异检验（$M \pm SD$）

因素	总样本	男	女	t
德性	92.87±11.65	92.66±11.73	93.11±11.58	-0.718
外向性	30.29±5.69	30.15±5.66	30.44±5.74	-0.965
开创性	28.17±5.79	29.11±5.63	27.29±5.80	6.052**
浮躁性	17.88±6.86	18.05±7.06	17.68±6.65	1.031
坚持性	37.54±6.47	38.25±6.33	36.86±6.53	4.114**
传统性	19.57±5.19	19.31±5.23	19.79±5.11	-1.779
情绪性	15.89±5.16	15.46±5.10	16.28±5.16	-3.035**

注：* * $P<0.01$。

（三）信度检验

使用 1 455 份样本资料对总量表和各因素进行内部一致性分析，其 α 系数分别为 0.800、0.912、0.689、0.818、0.816、0.835、0.663 和 0.700。

对 44 名被试间隔 2 周后重测，7 个因素的重测信度分别为 0.801、0.874、0.870、0.700、0.752、0.840 和 0.846。

(四)效度检验

1. 结构效度和构想效度　量表7个因素的α系数及总解释率表明该量表的结构效度良好。通过对7个因素及量表总分间的相关分析,检验量表的构想效度。本问卷各因素间相关系数的绝对值在0.031～0.668,各因素与量表总分相关系数的绝对值在0.059～0.719,除个别相关系数未达统计学显著性水平外,整体来看量表的构想效度良好(表3-3)。

表3-3　各因素及总量表间相关系数(n=1 455)

因素	德性	外向性	开创性	浮躁性	坚持性	传统性	情绪性
外向性	0.174**						
开创性	0.421**	0.416**					
浮躁性	-0.410**	-0.031	-0.117**				
坚持性	0.668**	0.181**	0.548**	-0.427**			
传统性	-0.037	-0.275**	-0.157**	0.166**	-0.031		
情绪性	-0.361**	-0.420**	-0.362**	0.424**	-0.373**	0.356*	
总量表	0.719**	0.375**	0.653**	0.078**	0.666**	0.252*	-0.059*

注:* P<0.05,** P<0.01。

2. 与婚姻主观感受量表的相关分析　同时使用该量表和婚姻主观感受量表(MPS)对331位已婚者进行评定,该量表的7个因素与MPS总分及因子分的相关分析表明,除了传统性与夫妻互动、家庭关系及MPS总分之间无显著相关性外,其他6个人格因素与MPS总分及其他因子都有显著相关性(表3-4)。其中德性、外向性、开创性和坚持性与MPS的夫妻互动、家庭关系及MPS总分呈正相关,与夫妻冲突呈负相关;相反,浮躁性和情绪性与MPS的夫妻互动、家庭关系及MPS总分呈负相关,与夫妻冲突呈正相关。

表3-4　人格各因素与婚姻主观感受量表总分及各因子的相关系数(n=331)

因子	德性	外向性	开创性	浮躁性	坚持性	传统性	情绪性
夫妻互动	0.381***	0.273***	0.476***	-0.176**	0.493***	0.067	-0.302***
家庭关系	0.399***	0.179**	0.286***	-0.252***	0.404***	0.017	-0.279***
夫妻冲突	-0.342**	-0.180**	-0.231***	0.333***	-0.321***	0.154**	0.394***
总分	0.429***	0.256***	0.412***	-0.274***	0.484***	0.009	-0.369***

注:** P<0.01,*** P<0.001。

3. 与心理健康的相关分析　同时使用该人格词汇评定量表和 SCL-90 对 325 名被试进行评定，相关分析结果表明，7 个人格因素中除了开创性与偏执因子及外向性、传统性与 SCL-90 多数因子和总分间无显著相关外，其他人格因素与 SCL-90 总分和其他因子都有显著相关（表 3-5）。其中，德性、外向性、开创性和坚持性与 SCL-90 各因子及总分呈负相关，浮躁性和情绪性与 SCL-90 各因子及总分呈正相关。

表 3-5　人格各因素与 SCL-90 总分及各因子的相关系数（$n=325$）

因子	德性	外向性	开创性	浮躁性	坚持性	传统性	情绪性
躯体化	-0.223***	0.014	-0.154**	0.174**	-0.152**	0.046	0.320***
强迫	-0.206***	-0.080	-0.215***	0.291***	-0.282***	0.096	0.410***
人际	-0.270***	-0.122*	-0.209***	0.337***	-0.277***	0.096	0.446***
抑郁	-0.237***	-0.111*	-0.225***	0.319***	-0.297***	0.121*	0.503***
焦虑	-0.271***	-0.075	-0.204***	0.298***	-0.264***	0.106	0.439***
敌对	-0.231***	-0.014	-0.141*	0.301***	-0.283***	0.023	0.352***
恐怖	-0.307***	-0.108	-0.200***	0.282***	-0.292***	0.120*	0.379***
偏执	-0.256***	-0.049	-0.104	0.308***	-0.265***	0.109*	0.390***
精神病	-0.310***	-0.057	-0.214***	0.321***	-0.299***	0.069	0.422***
总分	-0.288***	-0.080	-0.218***	0.332***	-0.304***	0.102	0.473***

注：* $P<0.05$，** $P<0.01$，*** $P<0.001$。

四、讨论

本研究将 3 个中国本土化的人格测评量表的小因素命名词汇合并形成一个人格词汇评定表，通过大样本的施测来探讨中国人的人格特质结构，这在方法学上是一种尝试性的工作。

将因素分析结果与西方的“大五”人格结构相比较，本研究所获得的七因素模型与西方的五因素模型有较多相容或交叉的内容。首先，本研究的七因素模型中的外向性及情绪性与西方的五因素模型中的外向性及情绪性是对应的和相容的，揭示了艾森克所构建的三因素模型中的外向性和情绪性这两个人格维度具有文化普适性。其次，本研究的七因素模型中的德性、开创性、坚持性与西方五因素模型中的宜人性（愉悦性）、开放性和严谨性也有相对应和相交叉的内容。但进一步分析发现，该七因素模型中的德性除了具有友好、真诚、温和和有亲和力等与宜人性相容的内容外，还包含有善良、正直、知恩图报、诚信和有责任感等与道德评价有关的内容；开创性除了包含善于探索、洞察力及灵活性这些与开放性相容的人格内容外，还包含有影响力和领导力等内容，这可能与中国文化中的人贵言重及对权力重视的观念有关；同样，坚持性除了包含自制力、有思想和严谨等与五因素模型中的严谨性相重叠的内容外，还包含有恒心、勤奋、有始有终和意志坚强等内容，显然，这是中国文化中所推崇的人格品质（如文学作品《三国演义》中关羽的人格品质）。最后，除了以上5个与西方五因素相容或相交叉的因素外，该模型还有传统性和浮躁性两个因素。按照进化心理学理论的解释，只要与我们的生存密切相关的行为特质，随着时间的推移，在语言中我们就会用相应的词汇来代表该特质。某一人格特质与生存环境联系得越紧密，该人格特质就越有可能在语言中出现。在中国近现代艰难迈向现代化的进程中，尤其是近30年的改革开放生活中，观念上的传统与现代、行为上的浮躁与沉稳这两组人格特质一直是中国人的适应性问题，也是中国人评价个体或群体的重要人格内容。进一步验证了西方人的人格结构更多地体现理性的引导，而中国人的人格结构更多地体现了德行的规范。

由于本研究的人格七因素结构模型的项目来源是CPAI、QZPS和CPFFI 3个人格测评量表的小因素命名的词语，所以，该人格因素模型与3个人格测评量表的因素结构有高度的相容性。首先，该模型中的外向性和情绪性两个因素，在CPAI、QZPS和CPFFI中都有对应的因素内容，这再一次证明了人类共有的人格特质的存在，从巴甫洛夫的早期实验到艾森克的研究结果及最适宜刺激水平理论（optimum stimulation level，OSL）（Eysenck，1981）来看，这两个人格特质具有生物学的基础。其次，该模型中的德性与CPAI中的亲情、人情、和谐性小因素内容有交叉性，与QZPS中的善良更相容，与CPFFI的德性一致。第三，本研究的七因素结构模型中的开创性与CPAI中的领导性、冒险性及灵活性相容，也与CPFFI中的聪慧性相容，但只与QZPS中的机敏小因素内容有部分交叉。第四，本研究的七因素结构模型中的坚持性和浮躁性与CPAI中的严谨性及QZPS中的行事风格（严谨、自制和沉稳）相容或交叉，与CPFFI中的成熟性相容或交叉。最后，本研究的七因素结构模型中传统性与CPAI中的现代性内容是相容的；而QZPS和CPFFI中都无传统性的内容。

本研究通过探索性因素分析获得了中国人七因素人格结构模型，并通过对全国的1 455名被试的测评与统计分析获得常模，形成了中国人七因素人格量表（VBCP）。对性别样本的7个因素均数进行比较发现，男性的开创性和坚持性高于女性，而女性的情绪性高于男性。也就是说，男性更善于探索、思维灵活且更具恒心和坚强的品质，而女性做事更显情绪化。两性的人格特质差异既有生物学的基础，又有环境与文化影响的作用。

VBCP与婚姻主观感受量表（MPS）相关分析结果表明，七因素中的德性、开创性、坚持性及外向性对婚姻质量的提高具有促进作用，而浮躁性和情绪性则对婚姻质量具有的破坏作用。人格七因素与SCL-90总分及各因子分的相关分析表明，德性、开创性、坚持性属于人格结构中的积极因素，而浮躁性和情绪性则属于人格结构中的消极因素。

VBCP的七因素模型拟合指标良好，且每个因子项目含义清楚，解释力强，更切合当代中国人的人格特质，VBCP的内部一致性和重测信度均达到了心理测量学的指标，表明量表的结构效度良好。本量表对婚姻质量和心理健康水平有较高的预测作用，也是效度的一个佐证，为进一步探索中国人的人格结构提供了基础。

第二节　中国人人格结构的探讨与七因素人格量表的编制①

一、研究背景与现状

相对于人格类型来说，人格特质论研究在人格理论和实证研究中具有明显的优势。从 Cattell(1945)以人格词汇分析方法为基础编制的 16PF，到 Norman(1963)重复阿尔伯特和卡特尔的研究步骤、运用人格词汇学方法获得的五因素模型；从 Costa(1989)等编制的被广泛应用的 NEO PI-R(NEO personality inventory revised)到 Goldberg(1990)编制的“50 对形容词双极评定量表(50-item bipolar rating scale)”等所获得的研究成果，标志着人格特质论研究的优势地位。

在本土化研究趋势的推动下，我国心理研究者通过词汇学分析的方法构建出中国人的人格结构。台湾的杨国枢和彭迈克(1984)让 2 000 名大学生使用 150 个人格形容词对不同的目标人物进行描述，通过因素分析获得了 3 个因素；香港中文大学和中国科学院心理学研究所协作编制的“中国人个性测量表(CPAI)”也是在词汇分析的基础上进行的(宋维真 等，1993；张妙清 等，2004)；紧接着王登峰和崔红(2003，2004)参照西方学者的研究策略，从《现代汉语词典》和中小学语文课本等途径共抽取 7 794 个人格特质形容词作为研究资料进行分析，并最终编制出含有 7 个大因素 18 小因素的“中国人人格量表(QZPS)”。王宇中等(2011)采用开放性问卷，将全国 2 718 名不同年龄阶段的被试对目标人群及自己的人格特点进行描述获得的人格词汇资料整理成由 295 个词汇组成的“当代中国人人格词表”，并以此为“人格词汇评定调查表”，通过对全国 3 345 名被试的自我评定资料的统计分析，获得了由 5 个大因素 26 个小因素共 150 个词汇条目所组成的“中国人 5 因素人格词汇量表(CPFFI)”。

这 3 个测量工具都是以本土化的研究理念和人格词汇描述与分析方法为基础对中国人人格结构进行探索的重要成果。但所采用的具体方法和路径如人格词汇来源或选取方法等有所不同，哪一种研究结果与中国人真实的人格结构更相契合呢？如何依据以上 3 个测评工具进一步探讨中国人人格结构？如果能将 3 个测评工具所包含的信息综合在一起，形成一个中国人人格测评工具，不失为一项很好的尝试。因此，王宇中、王中杰和贾黎斋(2012b)依据 QZPS、CPAI-2 和 CPFFI 的小因素词汇，编制出 116 个人格评定词汇，经探索性和验证性因素分析，获得 7 因素共 52 个人格词汇的“中国人人格词汇评定量表(VBCP)”。人格词汇作为人格特质，属于实验心理中的潜变量，如善良、独立、热情、有恒心、内向等。而作为人格测验，更希望诱发出被试具体的情境行为，如“我喜欢清静的环境”“我做完工作后总是仔细检查”等这种描述性的句子更容易诱发

①　本研究得到教育部人文社会科学基金项目(10YJAXLX020)的资助。

出被试的行为倾向,即容易将潜变量转变为显变量。本研究的目的就是将 VBCP 所构成的 52 个人格词汇转化为描述具体行为的语句,以完成中国人人格七因素量表(CSPI)的编制。

依据以上 52 个人格词表和七因素结构编制成以语句形式呈现的 CSPI 是本研究的主要目标。

二、第一阶段:条目的编制与人格自评量表的预测验

(一)量表条目编制的思想、原则与方法

本量表条目的编制结合了逻辑分析法和因素分析法,即在整合人格因素结构与要素结构的理论基础上,应用层面理论的映射语句技术(赵守盈 等,2007)来进行项目生成和等值的量化操作(表 3-6)。在以上编制思想与策略的基础上,确定了编制条目的六原则。第一,以 VBCP 的 52 个人格词汇为基础,每个人格特质编制 6 个条目;第二,依据层面理论参考了国内外成熟量表中部分条目;第三,条目表达用陈述句并以第一人称为主;第四,题意简洁明确、通俗易懂,避免使用专业术语和俗语;第五,条目避免暗示或启发等诱导性倾向,尽量控制社会赞许效应;第六,设置了效度条目和正反向陈述条目。

表 3-6　人格特质术语的映射语句

评价者层面	情境层面	程度的频率层面	程度的心理过程层面	正反叙述层面
自评	在……时间	总是	认知过程(感知、思维、信念等)	正向陈述
他评	在……地方	经常	情感过程(情绪、情感体验)	反向陈述
	在……情境下*	有时	意志过程	
		偶尔		
		从未		

注:* 这一情景允许是假设的。

按照以上原则共编制出 452 个条目,采用 Likert 5 点计分法设置选项。采用专家评定法由 5 位心理学教师(2 位教授、3 位副教授)和 10 位心理学研究生对条目的通顺性、通俗性和歧义性进行了 3 轮评定和修改,最终确定 347 个条目,由此组成“中国人人格评定量表初稿”。

预测对象:采用方便取样法,共发放问卷 800 份,收回 783 份,有效 772 份,问卷有效率为 96.5%。其中,男性 399 人,占总数 51.7%;女性 358 人,占总数 46.3%;未注明性别 15 人,占总数 2.0%。年龄在 16～54 岁,平均年龄为 25.29 岁。

（二）结果

使用 Excel 2003 进行数据管理，根据预测问卷所设置的 5 对效度条目进行问卷有效性检验；使用 SPSS 22.0 进行统计分析，结合项目分析和因素分析结果来删除题项，最终得到包含 7 个因素 172 个条目的“中国人人格评定量表测试版”。

三、第二阶段：中国人人格七因素量表常模建立及信效度检验

（一）对象与方法

1. 对象　根据性别、年龄、地区和职业采用分层取样法，选取全国 22 个省、直辖市的大中小城市和村镇 3 400 名被试，对回收的问卷根据卷面情况进行初步删选，录入计算机后再根据 10 个（5 对）效度题目的得分情况进行删选，保留效度分≥4（共 5 分）的问卷，最终确定有效问卷 3 190 份，有效率为 93.82%。性别比例为：男性占 48.05%，女性占 51.03%，未注明性别的占 0.92%；平均年龄为（34.66±12.15）岁；居住地包括村镇、县城、中小城市、省城、直辖市等；职业包括农民、工人、教师、公务员、在校大中专各类学生等职业类型。

2. 测量工具与施测　测量工具共包括以下 3 个部分。

（1）由预测验获得的“中国人人格评定量表测试版”，172 个条目，其中包含有由 2 对相反题意和 3 对相同题意所组成的效度条目。

（2）艾森克人格问卷简式量表中国版（EPQ-RSC）（钱铭怡 等，2000）。

（3）婚姻主观感受评定量表（MPS），包含 3 个因子，由 20 个项目组成，3 个因素解释总变异量的 51.26%（王宇中 等，2009）。

对测评员进行培训并发放测验指导手册，采用个别施测的方式。严格按照规定程序进行测验。对 67 名被试间隔 2 周进行了重复测验。使用 EpiData 3.1 进行数据录入与质量控制，使用 SPSS 22.0 进行数据整理与统计分析。

（二）结果

1. 探索性因素分析结果及命名　把样本按 2 : 1 的比例随机分成两部分，2/3 样本数据做探索性因素分析以探求中国人人格的因素结构，1/3 的数据用于验证性因素分析。因素分析的 KMO 测度达到 0.958，Bartlett 球形检验结果在 0.001 水平上具有显著性差异，说明样本数据适合进行因素分析。根据特征值、因子负荷及碎石图（图 3-2）最终确定了 7 个因素，共包含 130 个条目。7 个因素的特征根在 4.23 ~ 13.96，贡献率在 3.25 ~ 10.69，累计贡献率为 42.27%（表 3-7）。

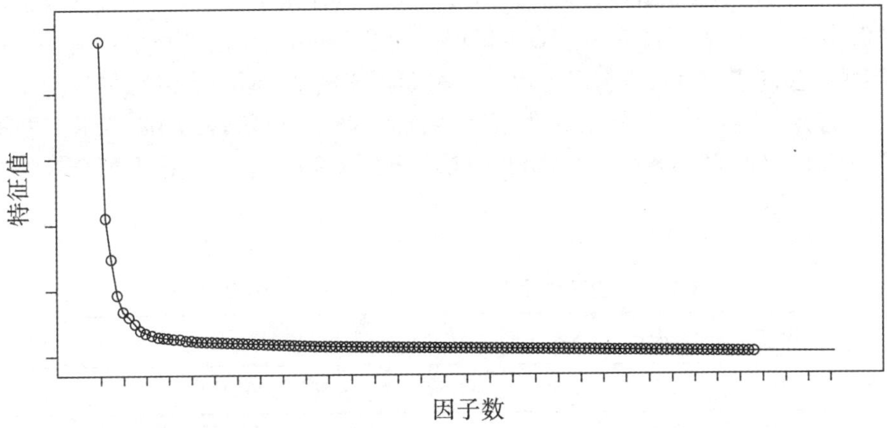

图 3-2 中国人人格结构量表 130 个项目的因素分析陡阶检验

表 3-7 各因素特征根及方差贡献率

单位:%

因素	特征值方差贡献率	方差贡献率	累计方差贡献率
1	13.96	10.69	10.69
2	12.35	9.50	20.19
3	7.18	5.52	25.71
4	6.80	5.23	30.94
5	5.33	4.10	35.04
6	5.17	3.98	39.02
7	4.23	3.25	42.27

根据每个因素所涵盖题目的内在含义,将 7 个因素分别命名为情绪性、开创性、坚持性、德性、外向性、宜人性和传统性。情绪性包含 30 个条目,高分表示其情绪不稳定,容易悲观、失望、焦虑和抑郁;低分表示其情绪稳定和乐观等。开创性包含 28 个条目,高分表示其善于探索和解决问题、对他人有影响力等;低分表示其兴趣缺乏、不爱钻研、消极被动。坚持性包含 17 个条目,高分表示其善于坚持、有毅力、勤奋而严谨;低分表示其做事容易虎头蛇尾、半途而废和马虎等;德性包含 17 个条目,高分表示其重亲情、感恩、情感丰富、公正负责等;低分表示其情感淡漠、理性、有马基雅维利主义倾向等。外向性包含 13 个条目,高分表示其外向、活泼好动、喜欢与人交往、谈笑风生等;低分表示其安静、少言寡语等。宜人性包含 14 个条目,高分表示其和蔼可亲和热情礼貌;低分表示其严肃刻板和挑剔等。传统性包含 11 个条目,高分表示其思想观念传统、按部就班、喜欢安定的生活等;低分表示其思想激进、希望变革、喜欢挑战性的工作等。

2. 验证性因素分析　用包含 1/3 样本的数据做验证性因素分析,采用最大概似法(maximum likelihood)进行参数估计。Λ_x矩阵的参数估计中,t 值在 4.62 ~ 38.41,均达显著性水平($P<0.001$),参数估计的标准误在 0.02 ~ 0.04,表明没有模型识别错误的问题;

Θ_δ矩阵的参数估计中，t 值在 17.60～22.87，均达显著性水平（$P<0.001$），参数估计的标准误在 0.01～0.05，表明没有模型界定错误的问题；整体模型的各项拟合指标均得到了统计学上的支持（表 3-8），根据温忠麟和侯杰泰提出的拟合指数标准，χ^2/自由度（df）的值在 2～5 表示模型可以接受，值越小模型拟合越理想；$RMSEA\leqslant 0.08$ 表示模型拟合良好，GFI、AGFI 分别为 0.89 和 0.87，NFI、CFI 的值在 0.90 以上表示模型拟合良好。该因素结构效度良好。

表 3-8　验证性因素分析的各项拟合指标（n=980）

χ^2	自由度	χ^2/自由度	GFI	AGFI	RMSEA	NFI	CFI	CN
24 811.92	7658	3.24	0.89	0.87	0.06	0.9	0.92	224.16

注：df　　　　。

3. 常模及性别分数差异性检验　以 3 161 名被试为常模样本，统计出 7 个人格维度的均数及标准差，以此构成该量表常模；然后，对两性在 7 个因素上的得分进行差异性检验，结果表明，女性在情绪性、德性和宜人性上的得分显著高于男性；男性在开创性上的得分显著高于女性；两性在坚持性、外向性和传统性上不存在显著差异（表 3-9）。

表 3-9　男女被试在量表 7 个因素上的分数分布与差异性检验（$M\pm SD$）

因素	总体（N=3 161）	男性（n=1 530）	女性（n=1 631）	t
情绪性	72.63±19.40	70.15±18.70	73.33±19.51	−4.00***
开创性	96.96±14.64	99.55±14.40	95.26±14.50	7.14***
坚持性	59.94±7.85	60.05±7.64	59.80±7.77	0.78
德性	68.23±8.00	67.81±7.67	69.39±7.29	−5.10***
外向性	41.99±5.46	41.81±5.43	42.06±5.19	−1.14
宜人性	52.86±7.47	52.68±7.55	53.34±7.02	−2.17*
传统性	37.94±6.57	37.50±6.32	37.96±6.70	−1.71

注：* $P<0.05$，*** $P<0.001$。

4. 信度检验　对量表 7 个维度及总量表进行内部一致性检验，其 Cronbach's α 系数依次为 0.947、0.922、0.893、0.850、0.834、0.869、0.794 和 0.902（$P<0.001$）。对 67 名被试 2 周后重测，7 个维度的重测信度值分别为 0.832、0.843、0.696、0.788、0.921、0.734 和 0.820（$P<0.001$）。

5. 效度检验　通过对 7 个因素与量表总分间的相关分析，检验量表内部一致性。各分量表与总量表的相关系数在 0.193～0.715（$P<0.05$ 或 $P<0.01$），表明量表的构想效度较好（表 3-10）。

表 3-10 各因素及总量表间相关系数

因素	情绪性	开创性	坚持性	德性	外向性	宜人性	传统性
开创性	-0.277**						
坚持性	-0.446**	0.548**					
德性	-0.152**	0.436**	0.486**				
外向性	-0.216**	0.341**	0.062*	0.058*			
宜人性	-0.428**	0.470**	0.547**	0.542**	0.174**		
传统性	0.151**	-0.023	0.186**	0.250**	-0.166**	0.188**	
总量表	0.193**	0.715**	0.543**	0.650**	0.307**	0.530**	0.385**

注：* $P<0.05$，** $P<0.01$。

6. 不同职业各人格维度分数分布及差异性检验　按职业将被试分为农民、工人、个体户及服务人员、教师、公务员和学生共 6 大类，对各职业类型被试的 7 个维度分数分布进行比较，结果表明，6 大类职业类型在量表 7 个维度上均具有显著性差异（表 3-11）。教师和公务员的情绪性低于其他群体，其开创性和坚持性高于其他群体；教师的德性和宜人性高于其他群体；学生的外向性和传统性低于其他群体。

表 3-11 不同职业各人格维度分数分布及差异性检验（$M\pm SD$）

职业	情绪性	开创性	坚持性	德性	外向性	宜人性	传统性
农民（n=422）	71.00±20.19	93.99±14.84	62.13±9.54	67.91±7.08	40.74±8.22	52.05±7.73	39.47±6.08
工人（n=250）	71.25±20.24	95.36±15.22	61.92±10.12	68.60±8.08	39.15±8.68	52.62±7.20	39.12±6.58
个体户及服务人员（n=274）	72.92±19.79	97.29±15.79	61.05±9.16	69.10±7.80	40.61±9.05	52.80±7.65	37.32±6.43
教师（n=186）	66.62±20.60	101.39±14.16	66.13±9.27	70.87±7.95	39.43±8.60	54.60±7.65	39.33±6.06
公务员（n=111）	65.89±20.88	100.82±14.06	63.46±8.47	68.36±7.43	40.44±8.42	53.11±7.40	38.69±6.18
学生（n=603）	69.74±18.12	96.69±12.37	60.21±8.60	68.41±6.77	38.69±7.61	53.07±6.36	35.46±6.05
F	3.725**	9.582***	13.112***	4.599***	4.213**	3.438**	28.519***

注：* * $P<0.01$，* * * $P<0.001$。

四、讨论

将由因素分析所获得的七因素人格结构模型与中国人人格词汇量表(VBCP)所得到的人格结构模型(王宇中 等,2012b)进行比较,其中6个因素是一致的或完全相容的,仅有浮躁性维度其内容转化为宜人性了,其原因是浮躁性因素中的反向内容主要为宜人性,在编制语句形式的条目时,更多地使用了正向语句表述这一人格特质,如"我总能心平气和地与人谈话"等,比较而言,这一转化更合理,内容更贴近人际交往的内容。所以整体上来看,CSPI所获得的七因素内容比VBCP中的因素内容更容易理解、更贴近现实,内容效度更高。

将CSPI的七因素模型与NEO PI-R的五因素模型(Costa et al.,1989)进行比较,可以看出,CSPI中的情绪性、外向性和宜人性与NEO PI-R的五因素模型中的情绪性、外向性和愉悦性内容有较大程度的相容性;这一结果再一次揭示了情绪性和外向性因素具有文化普适性的特征。随着我国社会经济文化的发展,宜人性这一人格维度也与西方文化背景下的人格特质开始逐渐相容。本模型中的开创性纬度内容与NEO PI-R的五因素模型中的开放性内容有部分相容或重合,坚持性维度的内容与其严谨性维度的内容有部分相容或重合。过去一般认为这2个因素可能仅仅与西方文化背景下心理积淀有关。但本文认为,开创性和严谨性是西方较早地进入工业化和城市化后所塑造的人格特质,因为工业化和城市化使人们的受教育程度普遍提高,科学研究中的开放性思维和工业化生产的严格程序化工作环境塑造了开放性和严谨性这2个人格特质。对于中国人来说,在改革开放的早期只是作为一种隐性的人格特质,在工业化和城市化快速发展的今天,开放性人格特质已经在本次研究中显现出来。更有意思的是CSPI中的开创性这一因素,既包含着西方人格结构中的开放性(观念开放,想象力、艺术领悟等)的内容,又包含着人际影响力和领导力这一代表着中国文化传统的人格特质内容,标志着我国在向现代化发展的过程中其人格特质也经历着被塑造的过程。预示着在不久的将来,开放性因素会从开创性这一特质中分离出来成为独立的完全显性的人格特质。最后,该模型中的德性和传统性维度是该模型中独有的人格特质内容。尽管西方大五模型中也有道德评价的内容,如NEO PI-R中有关道德评价只存在于愉悦性因素中(诚实与利他);而本模型有关道德评价性内容相对较多,在人格结构中的比重较大。总体上看,西方的人格结构更注重气质和性格的评价,而中国的人格结构更注重道德性评价。西方的人格结构更注重个体与自我有关的特征的描述,而中国人的人格结构更注重与社会相联系的特征的描述。表明两种文化环境对人的行为的塑造,致使中西方一些认知和思维方式的差异。所以人们意识到"西方人的人格结构更多地体现理性的引导,而中国人的人格结构更多地体现了德行的规范"(张新建 等,2006)。

将本研究的七因素结构模型与QZPS的七因素结构模型比较可以看出,该模型的外向性与QZPS的外向性维度内容吻合;德性维度与其善良维度内容吻合;坚持性维度包含其行事风格维度(严谨、自制和沉稳)的部分内容,但坚持性中还有其坚忍不拔、善始善终等人格特质内容;宜人性维度与其人际关系维度内容有较大的相容性;开创性维度与才干维度有部分内容相容；两个模型中的情绪性维度内容基本相容；最后，CSPI 模型的传统性维度中的“容易满足”和追求安定生活“与 QZPS 模型中的处世态度维度（崔红 等，2003；王登峰 等，2004）中部分内容相容，但 CSPI 模型中的传统性更多地包含观念和行为上的保守与传统。

从 CSPI 的 7 个维度分与 EPQ-RSC 各分量表分之间的相关分析结果看，CSPI 的情绪性与 N 量表相容；CSPI 的探索性、外向性和宜人性与 E 量表相容；CSPI 的宜人性和传统性与 P 量表的反向内容相容。同时也表明 CSPI 的相容效度较高。

使用 CSPI 对不同人群测试及比较结果发现：首先，就性别而言，一般来说女性比男性更容易情绪化，男性比女性有更高的开创性和坚持性；其次，从不同职业群体被试的比较来看，农民、工人、个体户及服务人员、教师、公务员和学生 6 种职业类型的人格特质有差异。结果提示职业对人格特质具有塑造作用，也表明 CSPI 对不同群体具有一定的敏感性。

人格测评工具一直在追求一种类似于物理学的标准化过程，但人格测量工具永远达不到那种精确的水平，因为在追求客观标准的过程中，不同程度地会掺杂着研究者的主观因素。编著者的编制思想、理念、知识结构和生活经验等都会影响课题设计、条目的编写及因素命名等。从编制人格量表的过程和技术要求来看，测量工具的研究是一个从定性到定量的过程，统计分析的基础是模糊数学。比如，因素分析时对因素数量的选取并不是绝对的，有时选取 5 个或 6 个或 7 个或 8 个，从统计学的角度来看都说得通。纵观近半个世纪的研究结果发现，绝大多数研究的因素分析其人格维度数量大致在（5±2）的范围内。所以人格维度的数量并不是人格模型的本质特征，人格结构中的特质和内容差异才是本质的。

从信效度来看，CSPI 的 7 个因素共解释总方差的 42.27%，内部一致性和重测信度都达到了测量学的要求，该测量可以作为中国人人格测评工具使用。

参考文献

崔红，等. 2003. 中国人人格结构的确认与形容词评定结果[J]. 心理与行为研究，(1)：89-95.

钱铭怡，等. 2000. 艾森克人格问卷简式量表中国版(EPQ-RSC)的修订[J]. 心理学报，32(3)：317.

宋维真，等. 1993. 编制中国人个性测量表(CPAI)的意义与程序[J]. 心理学报(25)：400-407.

童辉杰. 2010. SCL-90 量表及其常模 20 年变迁之研究[J]. 心理科学，33(4)：928-930.

王登峰，等. 2003. 中国人人格量表(QZPS)的编制过程与初步结果[J]. 心理学报，(35)：127-136.

王登峰，等. 2004. 中国人人格量表的信度和效度[J]. 心理科学，(36)：347-358.

王宇中,等.2009.婚姻主观感受量表(MPS)的编制[J].中国健康心理学杂志,(17):112-114.

王宇中,等.2011.汉语自然语言人格词表的编制及中国人人格结构的探讨[J].社会心理研究,(85):24-41.

王宇中,等.2012a.婚姻主观感受量表(MPS)的编制[J].健康心理学杂志,17(1):112-114.

王宇中,等.2012b.基于人格词汇评定方法的中国人格结构再探讨[J].中华行为医学与脑科学杂志,21(12):10-13.

王中杰.2012.以自然语言为基础的当代中国人人格结构探讨[J].教育研究与实验,(4):89-91.

吴胜涛,等.2009.农民工的应对方式、传统人格与贫困归因风格[J].中华行为医学与脑科学杂志,(18):930-934.

杨国枢,等.1984.中国人描述性格所采用的基本向度:一项心理学研究中国化的实例[M].台北:桂冠图书公司.

杨永杰,等.2010.受虐待小学生人格的善良维度特点[J].中华行为医学与脑科学杂志,(19):66-68.

张妙清,等.2004.什么是"中国人"的个性?--《中国人个性测量表 CPAI-2》的分组差异[J].心理学报,(36):491-499.

赵守盈,等.2007.测验项目编制与等值的一种有效策略:层面理论[J].考试研究,3(2):62-70.

CATTELL,et al. 1945. The description of personality principles and findings in a factor analysis[J]. American Journal of Psychology,(58):69-90.

COSTA,et al. 1992. Revised NEO Personality Inventory(NEO PI-R) and NEO Five-Factor Inventory(NEO-FFI)[M]. New York:Springer New York.

EYSENCK H J. 1981. Behavior therapy and the conditioning model of neurosis[J]. International Journal of Psychology,(16):343-370.

GOLDBERG, et al. 1990. An alternative "descriptive of Personality": the big five structure[J]. Journal of Personalities and Social Psychology,(59):1216-1229.

NORMAN,et al. 1963. Toward an adequate taxonomy of personality attributes[J]. Journal of Abnormal and Social Psychology,(66):574-583.

第二篇

个人职业兴趣分析与职业量表的修订及编制

第四章

个人球形职业兴趣量表信效度检验

1. 本章主要研究结果

(1)采用 Randall 软件、专家分析法、SPSS 进行分析,对原量表条目(3、4、5、8、19、20、24、40 题)重新命题。

(2)在个人球形职业兴趣量表兴趣部分、能力部分及整体部分,高中生和大学生群体、高中生男性和高中生女性群体、大学生男性和大学生女性群体均显示出具有八边形环形结构的 8 种基本职业兴趣类型(P=0.004);同时各个样本包含了 Holland 的 6 种职业兴趣,并且 6 种基本职业兴趣类型构成六边形的环形结构(P=0.0167)。

(3)个人球形职业兴趣量表简版中国版(PGI-SC)显示出良好的内部一致性、分半信度和重测信度。

(4)在职业兴趣类型上,无论是在兴趣部分、能力部分,还是在整体部分上,男性在社会促进、管理、艺术、助人的职业兴趣类型上的得分均显著低于女性(P<0.05 或 P<0.01);在商业细节、数据加工、机械、户外、低名望的职业兴趣类型上的得分显著高于女性(P<0.01)。

(5)高中生 3 个年级之间,在兴趣部分、能力部分及整体部分的类型上,3 个年级在社会促进、管理、商业细节及高名望的量表中的得分均存在显著性差异(P<0.05 或 P<0.01)。

(6)大学生 4 个年级之间,在兴趣部分,社会促进、数据加工、低名望的兴趣量表得分存在显著性差异(P<0.05,P<0.01);在能力部分,在数据加工、高名望和低名望的兴趣量表的得分上,4 个年级存在显著性差异(P<0.05);在整体部分,4 个年级在社会促进和数据加工的职业兴趣类型得分上存在显著性差异(P<0.05)。

2. 本章主要研究结论和观点

(1)PGI-SC 是职业兴趣领域最新的测量工具,显示出良好的信效度,符合心理测量学理论要求;在兴趣部分、能力部分及整体部分,高中生和大学生群体及各个性别的群体,均显示出具有 8 种基本职业兴趣,并且构成八边形的环形结构,同时该环形结构包括了六边形的环形结构,且环形结构在跨群体中存在一致性。八边形职业兴趣结构优于六边形的职业兴趣结构。

(2)女性在社会促进、管理、艺术、助人的职业兴趣显示出更大的优势,而男性在商业细节、数据加工、机械、自然户外、低名望的职业兴趣显示出更大的优势。

(3)高中3个年级及大学4个年级,无论从对职业兴趣的兴趣程度及能力程度,7个年级是不同的。

(4)在本次研究中,SDS的6种基本职业兴趣类型未呈现六边形的结构。

选择职业和就业是每个人都要经历的过程。从20世纪90年代初开始,我国的大学毕业生数量越来越多,研究生比例也大幅增加;随着我国经济改革的进一步深化、经济结构调整力度的进一步加大,以及国际竞争、金融危机的影响,这些客观的原因使大学生的就业难度变得越来越大。另外,大学生毕业后多次更换工作的现象也越来越多,究其原因要么是不喜欢这个职业,要么是自己不适合这个职业,多种理由让大学生的工作处于不稳定状态。所以,大学生在高压的就业环境下,个体如果没有正确认识自己的性格特点、职业兴趣特点,不能科学地选择一个符合自己的职业,就会走很多弯路。

一个人只有对自己从事的职业有执着的、浓厚的兴趣,对自己的专业产生高度的承诺感情,才能主动地、积极地、创造性地学习和工作,才能充分发挥个人的力量实现自己的人生。“人适其职”“人尽其才”,这是每个人梦想的生涯状态。这样,不仅个人有着高度的工作满意感,在工作中激发出创造性的劳动,对于组织来说,它们也能够获得更好的收益。这对个人和组织都是双赢的结果。反之,一个对自己专业或工作毫无兴趣的人,即使聪明能干,也只能是事倍功半。李翔宇(2005)认为,在校大学生尚不能完全了解自己的职业兴趣倾向。因此,对在校学生进行一定的职业指导显得尤为重要。高中生了解自己的职业兴趣可以为将来选择一个良好的专业打下基础;大学生了解自己的职业兴趣特点,能够为将来选择一个合适自己的职业做好充分的准备。

欧美发达国家对职业兴趣类型的测评与工作效率关系有大量的研究,其中一些理论和测量工具在职业领域影响深远;我国学者,结合中国的文化背景,引进国外关于职业兴趣理论、测量工具,并且对一些测量工具进行中国版的修订,用这些工具对我国的职业兴趣进行了本土化的研究。

通过对国内外关于职业兴趣理论及测量工具的研究发现,关于职业兴趣的理论结构有了最新的进展,当前在职业兴趣领域应用最广的职业兴趣六边形环形结构被一些研究者认为不适合某国家的群体;国外研究者Tracey(1993,1996,2002)对职业兴趣结构进行了深入的探索研究,提出了职业兴趣的三维结构。这是职业兴趣领域关于职业兴趣结构最新的理论。根据这个理论,Tracey(2002,2010)分别编制了具有三维结构的个人球形职业兴趣量表(personal globe inventory,PGI)和个人球形职业兴趣量表简版(personal globe inventory-short,PGI-S)。本课题研究设想不少研究者对Holland职业兴趣六边形结构的普适性提出了争议。那么,Holland六边形结构的职业兴趣在我国的样本当中是否稳定呢?同时,职业兴趣的球形结构也被跨文化的研究表明其具有一致性和稳定性。本研究拟修订个人球形职业兴趣量表简版,作为测量我国学生职业兴趣类型的最新测量工具,根据测验结果为高中生和大学生进行择业和就业指导,帮助高中生和大学生认清自己的职业兴趣特点,并且在今后的专业学习及就业中能够最大地实现自我价值,最后也希望能够为本土化的职业兴趣的研究做出一点点贡献。

第一节　国内外研究现状与述评

Tracey 和 Rounds(1993,1996)早已开始对职业兴趣进行深入探究,两人评估了Holland 的六边形模型和 Gati 的层级模型的适合度,同时验证了 Prediger(1982)的二维模型和 Roe 的职业兴趣 8 种类型的圆形结构。随后 Rounds 和 Tracey(1995,1996a,1996b)进一步对职业兴趣的结构进行探讨,让被试对多种多样的职业名称做出偏好反应。在这一系列的研究中,他们发现了两个重要的结果。一是 Rounds 和 Tracey(1995)发现这些条目都均匀地排在环形的周围。如果职业类型如 Holland 所提出的,分为 6 种类型,那么这些条目应该在 6 个点上集群分布,但研究发现事实并非如此。也就是说,由于是均匀分布,如果把它切成任何数量的类型都是可行的。因此,Rounds 和 Tracey 提出用八类型代替六类型,因为八类型更好地代表了圆的特征,而且与 Prediger 的两维度匹配得更好。但是,在这里采用的 8 种基本职业兴趣类型区别于 Roe 的 8 种基本职业兴趣类型,它们之间有相似的地方,但是 8 种职业兴趣的排列顺序同 Roe 的排列顺序不一致。二是第三个维度的存在,职业兴趣的结构是一个由三个维度构成的球形结构。这三个维度构成了个人球形模型(personal globe inventory)发展的基础。

Tracey 和 Rounds(1996a,1996b)认为,其中两个维度和 Prediger(1982)的人物/事物和资料/观念一样,第三个维度是名望。他认为,以往的职业兴趣结构中忽视了第三个维度的原因有二。第一,一般认为名望是职业的属性而不是兴趣的属性;第二,研究者在方法学上没有将名望整合到职业兴趣的评估中。例如,研究者可能从有限的名望领域中搜集测验项目,即使测验项目中包含了不同名望的项目,不同的 RIASEC 类型之间的关系也没有在名望的水平上得以考察。Tracey 和 Rounds 基于这些考虑及他们的一系列研究,证实名望是职业兴趣的一个必要的维度。例如,儿科医生(社会科学型)、股票经纪人(财务分析型)等属于高名望的职业;而公交车司机(手工劳动型)、服务员(基础服务型)等属于低名望的职业。如果名望维度确实是存在的,那么职业兴趣的三维度模型的出现就是必然的。

为了将名望同另外两个维度结合在一起,Tracey 和 Rounds(1996b)编制了包含 24 项目的量表(inventory of occupational preferences,IOP),他们通过对 7 个不同的大学生样本和高中生样本进行研究,证明了职业兴趣的球形结构的存在。在提出这个理论后,Prediger(1996)在一篇对球形结构批判的文章中声称,名望只有在同职业相关的条目上面才能成为一个具有功能的类型。为了回应这个说法,同时也为了检验自我效能感的结构,Tracey(1997)编制了 PI(the preference inventory),通过检验对活动的喜好程度和对活动的完成能力来评价球形结构。他发现,活动的喜好量表和完成能力的评估量表同职业兴趣的球形模型的结构匹配得很好。在 PI 和 IOP 中,内部存在着一些问题,比如 2 种测量都有重叠的项目,在每个量表中都存在着大量的条目,还有些尽管代表了球形的不同方面但是有着相似的量表名字、量表里边有一些不一致的内容、在 PI 中活动偏好和能力偏好中使用的各种活动是不一致的。因此，Tracey（2002）仍然以职业兴趣的球形结构为理论基础，结合两个量表，编制了个人球形职业兴趣量表（Personal Globe Inventory，PGI）。

一、个人球形职业兴趣量表的结构

PGI 以职业兴趣的球形模型结构为理论基础编制而成，球形模型为三维结构：处于赤道的人物/事物维度，数据（资料）/观念维度，处于南北两极的名望维度，三个维度两两正交构成了三维结构模型。该问卷分为两部分，第一部分为 108 个与职业相关活动的条目［每个条目回答 2 次，一次为对这个活动的喜欢程度作 1 ~7 点（1 为非常不喜欢，7 为非常喜欢）评分；一次为对这个活动的胜任力的程度作 1 ~7 点（1 为完全不能胜任，7 为完全能胜任）评分］；第二部分为 108 个职业条目（对每个职业类型作喜欢程度 1 ~7 点评分）；每部分单独检验其结构，两部分职业兴趣结构相同。这里介绍第一部分的结构。该问卷有 4 个因子，在验证因子结构时采用不旋转的因素分析方法。在因子 1 上，所有的条目都在这个因子上高负荷；因子 2、因子 3 包括了人物/事物，数据（资料）/观念维度，这两个维度同 Prediger（1982）职业兴趣的两个维度等同；因子 4 为名望维度。经过一定的数学运算，通过对 PGI 的作答可以得到 18 个兴趣量表：其中属于人物/事物、数据（资料）/观念的有 8 个基本职业兴趣量表；属于名望维度的有 10 个兴趣量表（5 个高名望职业兴趣量表，5 个低名望职业兴趣量表），每个兴趣量表包括 6 个条目。其中，8 种基本职业兴趣类型是社会促进类职业兴趣、管理类职业兴趣、商业细节类职业兴趣、数据加工类职业兴趣、机械类职业兴趣、自然户外的职业兴趣、艺术和助人类职业兴趣。高名望维度上的兴趣有 5 种：影响类职业兴趣、社会科学类职业兴趣、商业系统类职业兴趣、财务分析类职业兴趣、科学类职业兴趣。低名望维度上的兴趣有 5 种：手工劳动类职业兴趣、质量控制类职业兴趣、人事服务类职业兴趣、建筑/修理类职业兴趣、基础服务类职业兴趣。8 个基本职业兴趣均匀地排在球形的赤道，包括了人物/事物，数据（资料）/观念两个维度，并且呈八边形排列；第三个维度的 10 个职业兴趣构成了名望维度，高低名望则在南北两极，北极为高名望，南极为低名望，名望与人物/事物、数据（资料）/观念两两正交（图 4-1、图 4-2）。而在人物/事物、数据（资料）/观念维度中的 8 种基本职业兴趣同时包括了 Holland 的 6 种基本职业兴趣类型（RIASEC）（Tracey，2002）。

图 4-1　上半球（高名望）

该问卷具有良好的信效度。内部一致性系数在 0.69 ~ 0.93，重测信度在 0.77 ~ 0.88，效标关联系数在 0.45 ~ 0.86。

图 4-2　下半球（低名望）

（一）PGI 的作答方式及结果解释

该量表包括两个部分，第一部分为描述不同职业相关的活动的 108 个条目，采用 1 ~ 7 点 7 级评分，对每一个条目，回答 2 次，一次从“非常不喜欢”到“非常喜欢”作 7 级评分，一次从“完全不能胜任”到“完全能胜任”作 7 级评分。第二部分为职业偏好，分别从 1 ~ 7 点的“非常不喜欢”到“非常喜欢”的 7 级回答，包括 108 个职业条目。这样经过施测，PGI 将一共形成 31 个分数：18 个职业兴趣量表分数（8 个基本职业兴趣量表分数，10 个名望维度的职业兴趣量表分数），6 个 RIASEC 分数，3 个人物/事物维度、数据（资料）/观念维度、名望维度分数，4 个人物、事物、数据（资料）、观念分数。

它提供给你三个信息：一是你喜欢的职业，二是你能够胜任的职业，三是你的职业类型。如果结果显示在 A 职业类型上，你的喜欢程度高但是胜任力分数不高，则今后你可以将这类职业作为你的兴趣爱好，不宜作为你的职业。如果你真的喜欢这类职业，那么你就要在这类职业上提升自己的能力。如果你不喜欢这类职业，但是却显示出你有高的胜任力，那么你要认识到这点，提高对这类职业的兴趣。

（二）PGI 中采用 Randall 软件的介绍

Randall（randomization test of hypothesized circular order relations）软件是对具有顺序关系的任何相似或者相异的矩阵的假设关系进行验证。该验证方法包括了指定环形结构的预测顺序（相邻两个类型的关系大于相间两个类型的关系，相间两个类型的关系大于相对两个类型的关系，又大于移走中间三个的关系，依次类推），并且给出录入的相关矩阵同假设顺序的吻合程度。这个软件接受假设存在环形关系的几个量的相关矩阵的录入。报告提出假设具有环形结构的预测顺序的种类（假设顺序）和根据相关矩阵实际验证出的预测顺序的种类（预测顺序），以及相应的指标。需要采用的指标为：CI（correspondence index）和 P 值。CI 值表示实际预测顺序比例减去丢失的预测顺序比例的大小，大小值在-1（没有一个符合）到1（完全符合）之间，0表明假设被否定，同时每个CI值会报告相应的显著性水平 P 值，CI越大越好。例如，CI为0.5则表明假设有75%被肯定能够解释，25%被否定。在六边形的假设预测顺序中，有72种预测顺序，而在八边形中，有288种假设预测顺序（Tracey & Rounds，1993），这个方法被频繁地用在对职业兴趣的环形结构的验证上（Hansen et al.，1993；Rounds et al.，1993，1996；Tracey et al.，1993，1994，1995），在球形结构当中，有9 476种假设预测顺序。

在检验PGI的结构时，最关键的是要检验出：①赤道表面8种基本职业兴趣类型是否呈八边形，并且是否包括了Holland的六边形；②检验18个量表分数是否能够构成一个球形结构。

Tracey（2002）证明了PGI具有良好的信效度，随后PGI被广泛地在世界各国进行初步应用。PGI的理论结构在日本（Long et al.，2005；Tracey et al.，1997）、克罗地亚（Sverko，2008）、爱尔兰（Darcy，2005）、中国（Long et al.，2005）、塞尔维亚（Hedrih，2008）、伊朗（Akbarzadeh et al.，2010），新加坡（Caulum，et al.，2011）的跨国的研究中得到了很好的支持。

二、个人球形职业兴趣量表简版

PGI的最初版本包含108个职业项目和216个活动项目（108个活动偏好的条目和108活动能力的条目）。虽然最初的版本PGI信效度很高，但条目太多，被试容易感到疲倦而不愿配合，且计分、计算烦琐。因此，Tracey（2010）做了PGI的一个内部拓展研究，在原有理论结构的基础上，以项目反应理论（IRT）为基础，将原来的8个基本职业兴趣量表的条目从每个量表6个条目缩减到4个条目，将原量表高低名望各5个分量表共60个条目缩减成只代表高名望的4个条目和低名望的4个条目共8个条目。编制了简版的PGI（personal globe inventory-short，PGI-S），在美国的样本和群体中并没有改变原有理论的结构。在答题形式上和原问卷保持一致。这样，PGI-S共40道条目，采用7级评分（1～7）。对每个条目进行两次回答：一次为喜欢程度的1～7级从“非常不喜欢”到“非常喜欢”回答，一次为1～7级从“完全不能胜任”到“完全能胜任”的回答。这样，PGI-S包括8个基本职业兴趣量表（社会促进，管理，商业细节，数据处理，机械，自然户外，艺术，和助人）和高、低名望量表，共产生10个量表分，并且给出了计算同于Holland的RIASEC 6个基本职业兴趣量表的计算公式。8种基本职业兴趣类型及6种基本职业兴趣类型分别构成八边形和六边形的环形结构。

三、问题的提出和研究思路

由于Holland的职业兴趣理论提出后，陆续被其他研究者实证研究支持，因此，很多新编制的职业兴趣量表在分数合成或结果解释上，都以Holland的职业兴趣理论为基础。比如：Strong-campbell的职业兴趣量表1974年的修订版、Kuder的职业兴趣量表，除此之外，还有美国大学测验服务社的职业兴趣量表（ACT-VIP）、兴趣测查量表（ACT-AV）、UNCEX版的兴趣量表、Jonason的职业评价量表（CAI）和Harrington和Oshea的职业决策量表(CDM)等。这些量表的编制,都以 Holland 的职业兴趣六边形理论为基础,把职业兴趣的结构定义为六边形结构(Prediger,1993)。1996 年,学者白利刚(1996)对 Holland 职业兴趣理论进行详尽的评述,并且对 Holland 的职业兴趣六边形理论结构进行了中国化的验证。杨琴(2007)采用凌文辁等人编制的凌式中国职业兴趣问卷(Ling's Chinese vocational interest test,简称 LCVIT)进行了研究;温暖(2008)、王金吉(2007)以 Holland 六边形职业兴趣为理论,编制了相应的有利于初中升学指导和高中升学指导的量表。石莉(2004)自编职业兴趣问卷,探索当代中国大学生的职业兴趣结构,中国大学生的职业兴趣为六边形结构;李逢玉(2005)编制了职业兴趣问卷,探讨当代中国高中生的职业兴趣结构,中国高中生的职业兴趣为七边形结构;吴俊华(2006)编制了职业兴趣问卷,探讨我国大学生的职业兴趣结构,我国的大学生的职业兴趣为八边形的结构。蔡永红等人(2002)编制了适合中学生的职业兴趣量表,显示职业兴趣结构为六边形,但是六边形的关系与 Holland 的六边形的关系不一致;龙立荣等人(1996)以 SDS 1985 年版为蓝本,进行修订。陈睿(2006)对 SDS 第四版进行中国版的修订。

可以认为,2000 年以前,在职业兴趣研究领域和测量工具使用方面,Holland 的职业兴趣六边形的环形模型占据了主导地位(1985a,1993,1997)。然而,在职业兴趣研究领域,在 Holland 职业兴趣的跨文化的研究中,学者对 Holland 六边形职业兴趣模型结构的普适性提出了争议,有的研究表明该结构效度好(Hansen,1987;Harrington et al.,1993;Holland,1985),有的则相反(Farh et al.,1998;Fouad et al.,1992;Glidden-Tracey et al.,1996;Leong et al.,1998)。而在对职业兴趣结构的元分析当中,Tracey 和 Rounds(1996)研究则发现六边形结构不能在跨文化的研究中得到共识。此外,Farh(1998)发现,六边形的结构不适合中国香港,同样也不适合美国;而在 Rounds 和 Tracy(1996)的研究中,六边形结构不适合中国台湾。

白利刚(1995)根据 Tracey 和 Rounds 的研究,分析了 1965—1985 年的职业兴趣量表,对 11 个职业兴趣量表测量的职业兴趣的 104 个相关矩阵进行分析,职业兴趣存在 6 种类型。但是该研究没有证明 Tracey 的职业兴趣的球形模型。蔡永红等人(2002)编制了适合中学生的职业兴趣量表,显示职业兴趣为 6 种类型,但是六边形的关系与 Holland 的六边形的关系不一致。对我国中学生职业兴趣的研究也表明,Holland 划分的 6 种基本职业兴趣类型并不能完全适用于我国的中学生。究竟六边形的职业兴趣模型适合哪一个群体,不同的研究存在着不一致的意见。龙立荣将 PGI 原版运用于中国样本,研究结果证实 PGI 的球形结构在中国职业兴趣中的存在,但是,相比于美国样本,该量表中的一些项目在它的因子上负荷很小。这里边包含了文化的差异,比如中国的医学生在大学毕业获得学士学位以后能够得到医学的认可,然而这在美国是不能的;有的职业也不适合中学生,比如钓鱼家、狩猎监督官等。最后他认为,在中国文化背景下,名望维度是职业选择当中考虑的一个很大的因素,为了更好地将 PGI 运用于中国这一文化背景下,应将这一研究工具的个别条目进行中国文化下的修订。

PGI 具有良好的信效度,一共有 324 个条目;而 PGI-S 除具有 PGI 同样的优点外,还具有自身的一些优点。①PGI-S 是一个简单有效的测评工具,量表条目量少,共 40 题项,对每个条目分别回答两次,由“喜欢程度”和“胜任力程度”回答两部分组成,计分简洁明了;②量表同样引入了符合职业属性的“名望”维度,测量结果将更真实;③PGI-S 是该研究领域职业兴趣结构最新发展的量表,内容符合时宜,不存在过时的滞后的题项;④量表信效度良好(Tracey,2010)。因此,通过对 PGI-S 进行中国版的修订,并且通过大样本的采集建立中国常模。

第二节　个人球形职业兴趣量表简版中国版的信效度检验

一、研究目的

本研究的主要目的是修订 PGI-S 在中国的试用版,并且建立 PGI-S 的中国常模,从而为研究者提供一个具有较高理论效度和效标标度的当代职业兴趣倾向测评工具,开拓 PGI-S 在中国职业兴趣新的研究领域,扩大 PGI 在中国职业兴趣研究中的影响力。

从理论意义上,该研究可以丰富和完善职业兴趣的理论研究,为我国职业兴趣的研究提供理论和实证数据的支持;从应用价值上,该研究为我国职业兴趣领域的研究提供了最有效的测评工具;同时,有利于我国在职业兴趣同其他领域结合的研究中,获得真实有效且更有预测性的研究结论,最终为高中生的专业选择和大学生的职业指导提供一个有效的测评工具,为我国的人才资源管理服务,为达到“人尽其才”的理想社会而作出贡献。

二、预测验

(一)对象

发放问卷 210 份,其中高中 90 份,大学 120 份(每个年级 30 份),对经过培训的工作人员进行施测,剔除回答不完整的问卷 23 份,回收有效问卷,其中高中生 88 份,大学生 109 份,共 197 份,回收率为 93.8%。

(二)研究工具

采用 Tracey 2010 年编制的个人球形职业兴趣量表简版(PGI-S),此量表共 40 道条目,对每个条目回答两次(活动喜好和活动胜任力),一次为对活动作“非常不喜欢”到“非常喜欢”的 1 ~ 7 级评分,一次为对活动的胜任能力作“完全不能胜任”到“完全能胜任”的 1 ~ 7 级评分,包括 8 个基本职业兴趣量表(社会促进,管理,商业细节,数据处理,机械,自然户外,艺术,助人)和 2 个高、低名望量表,同时给出了 Holland 6 种基本职业兴趣(RIASEC)6 个量表,共得到 16 个量表分。接受 Tracey 的意见,获得 PGI 原版的中文翻译版,找出对应于 PGI-S 的条目,形成 PGI-S 中文版的预测验工具。

（三）数据分析结果

采用 Epidata 录入软件进行数据录入，采用 Randall 软件和 SPSS 对数据进行处理。

1. 检验 8 种基本职业兴趣的结构　对赤道附近的 8 种基本量表的预测的数据，经过 randomization test of hypothesized circular order relations 软件分析，结果 CI = 0.896，P = 0.004，该数据呈显著的八边形环形结构（表 4-1）。

表 4-1　PGI-S 中 8 种基本职业兴趣类型构成八边形结构的检验

样本	预测顺序假设	预测顺序	CI	P
197	288	273	0.896	0.004

根据 Tracey（1996，2002）的职业兴趣球形模型理论，18 个职业兴趣量表包括的 108 道条目，提取的 4 个因子，1 个最基本的因子，特征值非常大，3 个因子，特征值其次，3 个因子代表了人物/事物、数据（资料）/观念、名望维度。根据 Tracey（2010）的研究，PGI-S 是在 PGI 的结构基础上，对每一个量表的条目，采用 IRT 将原有量表的条目从 6 道题减到 4 道题，并且将高名望 5 个分量表合并为 1 个高名望量表，将低名望 5 个分量表合并为 1 个分量表。因此，PGI-S 的模型结构没有改变。在龙立荣等人（2005）的研究中，已经证实了职业兴趣的球形结构在中国样本中的存在。本文研究采用的是 Tracey 编制的 PGI-S（2010），本量表的高低名望维度仅为 2 个量表，包含 8 个条目（原版 PGI 高、低名望各 5 个分量表，每个分量表 6 个条目，总共 60 个条目），总量表条目量少，不适合做因素分析，或者做因素分析时不会得到预期的结果。根据 Tracey 的指导，如果要检验 PGI-S 的球形模型，需要对 PGI 原版的 108 个条目，构成的 18 个分量表进行相关矩阵的录入，再用 Randall 软件进行可能顺序的预测检验。综合以上信息，本课题说明如下：第一，不验证 PGI-S 中国版的球形模型结构；第二，PGI-S 及 PGI-S 中国版不适合做因素分析来验证该问卷的 4 个因子结构；第三，预测部分所做分量表，各个条目的因素分析是为了检验及获得各个量表的高相关项目。

2. 项目的修改及确定　对项目的修改分为三步。第一步，采用专家评定法对项目进行修改，首先在条目描述上要通俗易懂，其次要符合中国存在的职业。第二步，以各个条目在所属职业类型上的相关系数大小来确定。第三步，根据因素分析各个项目在所属职业类型的负载情况来进行修改。修改的原则：改后的条目属于它原属于的职业兴趣类型范围；符合中国的文化背景。

（1）专家分析法：首先，由 10 位心理学专业人士，根据我国文化背景和职业情况，对量表中的每一个条目进行讨论和分析。最终对以下条目进行了不同程度的修改。

第三题，此项翻译原为“准备财务报告”，在商业细节这个基本职业兴趣上，将这个改为“撰写财务报告”更符合我国的语言习惯和文化背景。

第四题，“监督数据分析小组”，属于基本职业兴趣的数据加工类，改为“审查数据分析”更符合我国的国情。

第五题，属于基本职业兴趣，原翻译为“安装电线”。此活动为机械类活动，在我国更容易认作是低名望的职业,对此项,根据我国文化背景,改为“拆卸、安装电器设备”成为基本职业兴趣活动类型。

第八题,属于助人类,原翻译为“帮助儿童解决学习问题”,改成“辅导儿童学习”更符合我国的国情。

第十九题,属于高名望的职业,原翻译为“研究选举的社会影响”,改成“研究政治事件的社会影响”更符合我国国情。

第二十题,属于低名望的职业,原翻译为“装卸集装箱”,改为“装卸货物”,仍然属于低名望的兴趣类型,更符合我国实际情况。

第二十四题,属于基本职业兴趣类,原翻译为“编写商业计算机程序”,为了更符合我国现有的计算机工作者的普遍性及计算机的普遍性,改成“编写计算机程序”。

第四十题,属于名望维度,原翻译为“打磨木制家具”。但是在中国,打磨木制家具是一项木工的活动,属于含有艺术类的活动,在是否属于基础活动和名望活动上,两者都可以进入。因此,为了将这道条目纳入名望维度,将这条目改为“砌墙”,更符合我国的职业情况。

(2)项目分析:理想的问卷所需要的项目和测验之间的相关系数在 0.3 ~ 0.8($P<0.01$),处于这一范围内的题项,为测验提供满意的信效度(戴忠恒,1987)。对每个分量表的项目与该量表总分做相关,10 个量表的各个项目与所属于量表的相关系数均在 0.300 ~ 0.798,平均为(6.61±0.20)。因此,从这些分析结果可以看出,量表的项目良好,没有修改的必要。

(3)因素分析法:为了获得良好的项目,对 8 种基本职业兴趣类型和高名望、低名望各自包含的条目进行内部因素分析。8 个基本职业兴趣和高低名望维度各自包括 4 个条目。本研究中依据因子负荷取舍标准为:负荷低于 0.3 的,删掉;两个载荷同为正,或者同为负,负荷都大于 0.3 以上,二者之间绝对值之差小于 0.15 的予以删除,反之可以保留;如果双重负载,但是方向相反的,予以保留解释。在所有 10 个分量表内部的因素分析上,有 2 个条目属于双负载的,第九题,双负载分别为-0.342、0.493;第十九题,双负载分别为 0.339、0.502,对于这 3 个条目,负载都大于 0.3,且负载绝对值之差都大于 0.13,因此予以保留。

最终获得个人球形职业兴趣问卷简版中国版(personal globe inventory-short-China, PGI-SC),该问卷包括 40 个条目,对每个条目进行两次回答,一次为活动喜欢程度,一次为活动胜任力。将产生 16 个量表分,分别为 8 个基本职业兴趣量表分数、2 个高低名望职业兴趣量表分数、6 个 RIASEC 基本职业兴趣量表分数。

三、正式测验

(一)研究对象

本次取样为全国大范围的取样,取样省份:北京、河北、天津、山西、内蒙古、河南、辽宁、吉林、浙江、安徽、福建、江西、湖南、广西、云南、四川、贵州、山西、甘肃、青海、广西、广东。一共发放正式问卷 3 300 份,回收问卷 2 950 份,剔除回答不完整及回答无效的问卷 383 份,有效问卷 2 567 份,有效率为 77.78%。其中高中生 1 404 份(高一 165 份,高二

415 份,高三 813 份;男生 666 份,女生 713 份。部分问卷没有标注年级和性别),大学生 1 163 份(大一 193 份,大二 384 份,大三 302 份,大四 282 份;男生 580 份,女生 568 份。部分问卷没有标注年级和性别)。

为了考察 PGI-SC 的重测信度,随机选取 3 个班的学生作为重测组,间隔 2 周后再次施测 PGI-SC,获得有效问卷 89 份。

(二)研究工具

1. PGI-SC　采用经过已经修订的 PGI 简版中国版。此量表共 40 道条目,对每个条目回答 2 次(活动喜好和活动胜任力),一次为对活动偏好作“非常不喜欢”到“非常喜欢”的 1 ~ 7 级评分,一次为对活动的胜任力作“完全不能胜任”到“完全能胜任”的 1 ~ 7 级评分。将产生 16 个量表分数,包括 8 个基本职业兴趣量表分数(社会促进,管理,商业细节,数据处理,机械,自然户外,艺术,助人),2 个高、低名望职业兴趣量表分数,6 个 RIASEC 基本职业兴趣量表分数。

2. Holland 职业兴趣量表 SDS　该量表包括能力、技能、兴趣、擅长、喜欢五部分,在能力和技能上,采用对自己的能力 1 ~ 7 级评分,在兴趣、擅长、喜欢部分做出“是”和“否”的两点评分。最后产生现实类(R)、研究类(I)、艺术类(A)、社会类(S)、企业类(E),传统类(C)6 种基本职业兴趣类型。

四、研究结果

(一)PGI-SC 基本职业兴趣结构的检验

1. 八边形的检验　Tracey(2002,2010)的结果表明,构成 PGI 8 种基本职业兴趣在球形结构中排列在赤道表面,并且构成八边形的结构。从喜好部分、胜任力部分和整体部分,对高中生和大学生群体,男高中生、女高中生、男大学生和女大学生的 PGI-SC 测试的 8 种基本职业兴趣采用 randomization test of hypothesized circular order relations 检验,均符合八边形的环形结构(表 4-2)。

表 4-2　PGI-SC 中 8 种基本职业兴趣构成八边形结构的检验

项目	样本	假设预测顺序	实际预测顺序	CI	*P*
喜好部分	所有高中生	288	252	0.75	0.004
	女高中生	288	267	0.86	0.004
	男高中生	288	257	0.76	0.004
	所有大学生	288	265	0.84	0.004
	女大学生	288	272	0.89	0.004
	男大学生	288	231	0.75	0.004

续表 4-2

项目	样本	假设预测顺序	实际预测顺序	CI	*P*
胜任力部分	所有高中生	288	231	0.61	0.004
	女高中生	288	259	0.80	0.004
	男高中生	288	245	0.70	0.004
	所有大学生	288	254	0.76	0.004
	女大学生	288	249	0.73	0.004
	男大学生	288	231	0.61	0.004
整体部分	所有高中生	288	267	0.85	0.004
	女高中生	288	264	0.83	0.004
	男高中生	288	249	0.73	0.004
	所有大学生	288	262	0.83	0.004
	女大学生	288	267	0.86	0.004
	男大学生	288	248	0.72	0.004

2. 六边形的检验　按照 Tracey 的职业兴趣理论（Tracey，2010），8 种基本职业兴趣不仅构成八边形而且 8 种基本职业兴趣包括了 Holland 的 6 种基本职业兴趣，并且构成六边形模型。对高中生和大学生群体、男高中生、女高中生、男大学生和女大学生的 PGI-SC 测试的 8 种基本职业兴趣包括的 6 种基本职业兴趣，采用 randomization test of hypothesized circular order relations 检验，均符合六边形的环形结构（表 4-3）。

表 4-3　PGI-SC 中 6 种基本职业兴趣构成六边形结构的检验

项目	样本	假设预测顺序	实际预测顺序	CI	*P*
喜好部分	所有高中生	72	68	0.89	0.0167
	女高中生	72	68	0.89	0.0167
	男高中生	72	65	0.81	0.0167
	所有大学生	72	68	0.89	0.0167
	女大学生	72	67	0.86	0.0167
	男大学生	72	63	0.75	0.0167
胜任力部分	所有高中生	72	63	0.75	0.0167
	女高中生	72	64	0.78	0.0167
	男高中生	72	63	0.75	0.0167
	所有大学生	72	56	0.56	0.0167
	女大学生	72	47	0.31	0.0500
	男大学生	72	55	0.53	0.0167

续表 4-3

项目	样本	假设预测顺序	实际预测顺序	CI	P
整体部分	所有高中生	72	66	0.83	0.0167
	女高中生	72	66	0.83	0.0167
	男高中生	72	63	0.75	0.0167
	所有大学生	72	65	0.81	0.0167
	女大学生	72	66	0.83	0.0167
	男大学生	72	65	0.81	0.0167

3. 基本职业兴趣结构的差异分析　分别检验了在高中生群体和大学生群体，以及各自群体在性别上的 8 种基本职业兴趣和 6 种基本职业兴趣构成的环形结构。那么，在各个群体中这些结构是否存在差异？这是一个非常重要的研究内容。因此，对各个样本群体的职业兴趣的八边形结构和六边形结构进行了 RAND IF 的分析，这是检验两种模型结构的差异性的分析软件。从表 4-4 中可以看到，在各个群体之间，职业兴趣的结构之间不存在显著性差异（P>0.05）。因此，PGI-SC 的基本职业兴趣的环形结构存在跨群体的一致性。

表 4-4　PGI-SC 基本职业兴趣结构的跨样本差异分析

项目	差异样本	CI	P
八边形结构	高中生 *vs* 大学生	-0.01	0.71
	男大学生 *vs* 女大学生	-0.07	0.94
	男高中生 *vs* 女高中生	-0.05	0.85
	大学男生 *vs* 男高中生	-0.01	0.56
	大学女生 *vs* 女高中生	0.01	0.32
六边形结构	高中生 *vs* 大学生	0.01	0.42
	大学男生 *vs* 大学女生	-0.04	0.80
	男高中生 *vs* 女高中生	-0.01	0.68
	大学男生 *vs* 男高中生	-0.03	0.83
	大学女生 *vs* 女高中生	0.00	0.57

（二）PGI-SC 的信度

信度是指测量结果的稳定性、一致性、可靠性，它是衡量一个量表质量高低的重要指标之一。本研究中考察的信度指标有重测信度、内部一致性信度及分半信度。

1. 重测信度　重测信度是指在规定的间隔时间，用同一研究工具对同一组被试前后施测两次所得结果的一致性程度。一致性程度值越大说明前后两次测量结果比较一致，该测量工具比较稳定。

从学生组中随机选取重测组，间隔2周后再次施测，获得有效问卷89份。在喜欢部分的条目中，8个基本职业兴趣量表的重测信度分别为0.76、0.57、0.64、0.72、0.78、0.70、0.75、0.72。高名望和低名望的重测信度分别为0.65和0.62。平均信度系数为(0.69±0.07)（表4-5）。在胜任力部分的条目中，8种基本职业兴趣类型的重测信度分别为0.70、0.55、0.67、0.71、0.76、0.62、0.72、0.60。高低名望的重测信度分别为0.60和0.58，平均信度系数为(0.65±0.07)。在整体部分的条目中，8种基本职业兴趣类型的重测信度分别为0.76、0.54、0.68、0.74、0.78、0.73、0.78、0.77。高低名望的重测信度分别为0.70和0.63。平均信度系数为(0.71±0.08)。另外，还计算出了该量表所包括的6种基本职业兴趣类型量表的重测信度系数。表中所有系数均为$P<0.01$水平上显著。

表4-5　PGI-SC的重测信度

项目	量表名	喜欢部分	胜任力部分	整体部分
10个兴趣量表	社会促进	0.76	0.70	0.76
	管理	0.57	0.55	0.54
	商业细节	0.64	0.67	0.68
	数据加工	0.72	0.71	0.74
	机械	0.78	0.76	0.78
	自然户外	0.70	0.62	0.73
	艺术	0.75	0.72	0.78
	助人	0.72	0.60	0.77
	高名望	0.65	0.60	0.70
	低名望	0.62	0.58	0.63
6种基本职业兴趣	现实类(R)	0.78	0.76	0.78
	研究类(I)	0.71	0.62	0.73
	艺术类(A)	0.75	0.72	0.78
	社会类(S)	0.78	0.65	0.78
	企业类(E)	0.65	0.64	0.65
	传统类(C)	0.76	0.72	0.75

2. 内部一致性信度和分半信度　PGI-SC一共包括40个条目，10个职业兴趣量表：社会促进、管理、商业细节、数据加工、机械、自然户外、艺术、助人、高名望和低名望。考察这10个量表的内部一致信度以及分半信度。其中在喜欢部分，10个兴趣量表的Cronbach's α系数分别为0.58、0.67、0.70、0.62、0.69、0.62、0.74、0.66、0.62、0.72，10个兴趣量表的总的Cronbach's α系数为0.90；在胜任力部分，10个兴趣量表的Cronbach's

α 系数分别为 0.58、0.67、0.70、0.65、0.71、0.65、0.71、0.55、0.66、0.67，10 个兴趣量表的总的 Cronbach's α 系数为 0.92。整体部分 PGI-SC 的 10 个兴趣量表的 Cronbach's α 为 0.73、0.79、0.82、0.79、0.83、0.79、0.82、0.77、0.79、0.80；总体的 Cronbach's α 系数为 0.94。

PGI-SC 所包括的 RIASEC 量表的内部一致性信度系数见表 4-6。

表 4-6　PGI-SC 的重测信度（10 个兴趣量表）

量表	喜欢部分	胜任力部分	整体部分
社会促进	0.58	0.58	0.73
管理	0.67	0.67	0.79
商业细节	0.70	0.70	0.82
数据加工	0.62	0.65	0.79
机械	0.69	0.71	0.83
户外	0.62	0.65	0.79
艺术	0.74	0.71	0.82
助人	0.66	0.55	0.77
高名望	0.62	0.66	0.79
低名望	0.72	0.67	0.8
整体	0.90	0.92	0.94

同时，本课题考察了 PGI-SC 的分半信度。在喜欢部分，分半信度系数为 0.85；在胜任力部分，分半信度系数为 0.88；而 PGI-SC 整体部分的分半信度系数为 0.81。

（三）效度

1. PGI-SC 的结构效度　用 Randall 软件对 PGI-SC 8 种基本职业兴趣的八边形，以及包含的六边形的结构的检验，无论在高中生还是大学生，无论在男高中生和女高中生及在男大学生和女大学生当中，八边形和六边形都得到了很好的验证。证明该量表具有良好的结构效度。

2. PGI-SC 的效标效度　本课题选用 Holland 职业兴趣，与 PGI-SC 所包含的 RIASEC 的数据做相关。删除无效问卷，剩余 219 份有效问卷，其中高中生 143 份，大学生 63 份。高中生和大学生部分分别做了效标关联效度的研究，各个相关系数见表 4-7。可以看到，PGI 的喜好部分、胜任力部分和整体部分与 Holland 的六边形的职业兴趣类型相关系数在 0.27～0.60，相关比较温和。

表 4-7　PGI-SC 中 RIASEC 与 Holland 职业兴趣中 RIASEC 的相关性

项目	高中生样本		大学生样本	
	量表 PGI-SC	Holland	量表 PGI-SC	Holland
喜好部分	R	0.53**	R	0.59**
	I	0.36**	I	0.30**
	A	0.43**	A	0.48**
	S	0.42**	S	0.38**
	E	0.27**	E	0.49**
	C	0.43**	C	0.47**
胜任力部分	R	0.56**	R	0.48**
	I	0.45**	I	0.54**
	A	0.45**	A	0.54**
	S	0.41**	S	0.34**
	E	0.41**	E	0.47**
	C	0.46**	C	0.45**
整体部分	R	0.60**	R	0.59**
	I	0.44**	I	0.45**
	A	0.48**	A	0.60**
	S	0.45**	S	0.39**
	E	0.38**	E	0.52**
	C	0.48**	C	0.50**

注：** $P<0.01$。

3. 对 SDS 的六边形的检验　为了说明效标关联系数大小，对采用效标的结构进行了检验。SDS 是建立在职业兴趣六边形环形结构上的问卷。该问卷中 6 种基本职业兴趣类型呈六边形排列。对本研究中 SDS 的数据进行六边形的检验，同样采用 randomization test of hypothesized order relations 软件进行验证。从表 4-8 中可以看到，无论是高中生样本还是大学生样本，6 种基本职业兴趣均不构成六边形的环形结构。

表 4-8　对 SDS 中 6 种基本职业兴趣构成的六边形的检验

样本	预测顺序假设	实际预测顺序	CI	*P*
高中生	72	50	0.277 8	0.133 3
大学生	72	46	0.388 9	0.116 7

4. PGI-SC 10 个量表在性别上的差异　在职业兴趣的10个量表中，对职业兴趣的喜欢程度看，在社会促进、管理、艺术、助人、高名望的量表中，男性的喜欢程度显著低于女性对此类职业活动的喜欢程度($t=-8.34, P<0.01; t=-6.18, P<0.01; t=-9.40, P<0.01; t=-14.91, P<0.01; t=-2.14, P<0.05$)；在商业细节、数据加工、机械、自然户外、低名望的量表中，男性的喜欢程度显著高于女性对此类职业活动的喜欢程度($t=2.97, P<0.01; t=16.94, P<0.01; t=21.41, P<0.01; t=3.15, P<0.01; t=14.08, P<0.01$)。

在胜任力部分的10个量表中，在社会促进、管理、艺术和助人的兴趣量表中，男性对此类职业活动的能力得分显著低于女性对此类职业活动的能力($t=-7.17, P<0.01; t=-2.35, P<0.05; t=-4.22, P<0.001; t=-10.59, P<0.01$)。在商业细节、数据加工、机械、自然户外，以及低名望的量表中，男性对此类职业活动的自我报告能力得分显著高于女性的能力得分($t=3.40, P<0.01; t=15.08, P<0.01; t=21.78, P<0.01; t=5.95, P<0.01; t=18.63, P<0.01$)。

在整体部分的职业兴趣中，男性在社会促进、管理、艺术和助人的职业兴趣得分显著低于女性在此部分职业兴趣的得分($t=-8.76, P<0.01; t=-4.71, P<0.01; t=-7.57, P<0.001; t=-14.08, P<0.01$)；男性在商业细节、数据加工、机械、自然户外、低名望的职业兴趣得分显著高于女性在此部分职业兴趣的得分($t=3.45, P<0.01; t=17.51, P<0.001; t=23.49, P<0.01; t=5.00, P<0.01; t=18.27, P<0.01$)。

5. PGI-SC 的年级特征　将高中生作为一个群体，大学生作为一个群体，检验两个群体在 PGI-SC 10 个量表上的差异。在兴趣部分的量表中，除了在自然户外、助人、低名望量表的得分有显著性差异外($t=-2.19, P<0.05; t=-2.68, P<0.01; t=-4.41, P<0.01$)，其余的7个量表均没有显著性差异($P>0.05$)。数据显示，高中生这3个职业兴趣类型上得分显著低于大学生的得分。在胜任力部分中，社会促进、自然户外、艺术、助人及低名望在两个群体中存在显著性差异($t=-3.14, P<0.01; t=-2.51, P<0.05; t=-4.27, P<0.01; t=-2.25, P<0.05$)，在其余5个量表不存在显著性差异($P>0.05$)。在社会促进、自然户外、艺术、助人和低名望维度，在个人胜任力的判断方面，虽然平均分2个年级都很高，但是也均显示出高中生显得不如本科生。在整体的职业兴趣中，两个年级在社会促进、自然户外、助人，以及低名望的职业兴趣类型存在显著性差异($t=-2.25, P<0.05; t=-2.48, P<0.05; t=-3.74, P<0.01; t=-3.72, P<0.01$)，均显示高中生的职业兴趣得分低于大学生的职业兴趣得分。

为了进一步探讨高中生群体和本科生群体各自年级的差异，单独对高中生3个年级和本科生4个年级进行年级的差异性分析。高中生3个年级中，在职业兴趣的喜欢部分，在社会促进、管理、商业细节及高名望的量表中，高中生3个年级得分存在显著性差异($F=3.81, P<0.05; F=8.96, P<0.01; F=6.2, P<0.05; F=5.63, P<0.01$)。在胜任力部分，3个年级在社会促进、管理、商业细节、高名望的职业兴趣得分存在显著性差异($F=15.05, P<0.01; F=24.21, P<0.01; F=16.91, P<0.01; F=6.61, P<0.01$)。在整体部分，3个年级在社会促进、管理、商业细节、高名望的职业兴趣得分存在显著性差异($F=8.80, P<0.01; F=18.47, P<0.01; F=12.51, P<0.01; F=6.89, P<0.01$)。

事后多重比较结果显示，喜欢部分，在社会促进职业类型上，高中一年级得分显著低于高中二年级得分（$P<0.05$）；在管理职业类型上，高中一年级显著低于高中二年级、高中三年级（$P<0.05$）；在商业细节职业类型上，高中一年级得分显著低于高中三年级（$P<0.05$）；在高名望的得分上，高中一年级显著低于高中三年级（$P<0.05$）。其余的各个年级在各个量表均没有显著性差异。而在胜任力方面和整体的部分职业兴趣类型得分上，在社会促进的职业兴趣类型上，高中一年级的得分显著低于高中二年级、高中三年级（$P<0.05$）；在管理的职业类型上，高中一年级学生的得分显著低于高中二年级、高中三年级（$P<0.05$），同时，高中二年级的得分显著低于高中三年级（$P<0.05$）；在商业细节的职业类型上，高中一年级学生的得分显著低于高中二年级、高中三年级（$P<0.05$），同时，高中二年级的得分显著低于高中三年级（$P<0.05$）；在高名望的职业类型上，高中一年级和高中二年级均显示出显著低于高中三年级的得分（$P<0.05$）。其余的各个年级在各个量表均没有显著性差异。

在大学生 4 个年级中，在喜欢部分，在社会促进、数据加工、低名望的兴趣量表得分中存在显著性差异（$F=3.47, P<0.05$；$F=3.23, P<0.05$；$F=4.69, P<0.01$）；在胜任力部分，在数据加工、高名望和低名望的兴趣量表的得分上，4 个年级存在显著性差异（$F=3.05, P<0.05$；$F=3.82, P<0.05$；$F=3.74, P<0.05$）；在整体部分，4 个年级在社会促进、数据加工、低名望的职业兴趣上的得分存在显著性差异（$F=3.31, P<0.05$；$F=3.6, P<0.05$；$F=4.78, P<0.01$）。事后多重比较，在喜欢部分的社会促进量表得分上，大学一年级学生得分显著高于大学三年级和四年级学生得分（$P<0.05$）；在数据加工量表得分上，大学一年级学生得分显著高于大学三年级和四年级学生得分（$P<0.05$）；在低名望的量表得分上，大学一年级学生得分显著高于大学三年级和四年级学生得分（$P<0.05$），同时大学二年级学生得分显著高于三年级学生得分（$P<0.05$）。在能力方面，在数据加工量表得分上，大学一年级学生得分显著高于大学三年级和四年级学生得分（$P<0.05$）；在高名望的量表得分上，大学一年级学生得分显著高于大学三年级和四年级学生得分（$P<0.05$），同时，大学二年级学生得分显著高于大学三年级和四年级学生得分（$P<0.05$）；在低名望的量表得分上，大学一年级学生得分显著高于大学三年级学生得分（$P<0.05$）。在整体部分，大学一年级在社会促进的职业兴趣的得分上显著高于大学三年级和大学四年级的学生（$P<0.05$），同时，大学二年级学生显著高于大学四年级学生的得分（$P<0.05$）；在数据加工的职业类型上，大学一年级学生显著高于大学三年级和四年级学生的得分；在低名望的职业兴趣类型上，大学一年级学生得分显著高于大学三年级、大学四年级的学生的得分（$P<0.05$），大学二年级学生得分显著高于大学三年级学生得分（$P<0.05$），其余均不存在显著性差异（$P>0.05$）。

6. 常模的建立　本研究建立了高中生和大学生群体，以及性别在各个兴趣类型的常模（表 4-9）。

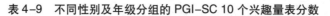

表 4-9　不同性别及年级分组的 PGI-SC 10 个兴趣量表分数

量表名		男性	女性	高中生	大学生
喜好部分	社会促进	14.30±4.60	15.80±4.38	15.00±4.74	15.14±4.32
	管理	15.67±4.72	16.82±5.74	16.37±4.77	16.18±4.57
	商业细节	14.88±4.92	14.29±5.08	14.58±5.11	14.63±4.91
	数据加工	15.15±4.70	11.97±4.67	13.46±4.94	13.66±4.95
	机械	16.07±4.84	11.88±4.94	13.86±5.42	14.03±5.20
	自然户外	15.21±5.01	14.58±5.03	14.70±5.09	15.14±4.94
	艺术	14.56±5.67	16.91±5.82	15.86±6.01	15.66±5.65
	助人	14.00±5.22	17.16±5.06	15.33±5.48	15.91±5.26
	高名望	15.06±5.03	15.48±4.88	15.30±5.06	15.36±4.83
	低名望	13.02±5.13	10.23±4.76	11.21±5.14	12.11±5.10
胜任力部分	社会促进	16.15±4.55	17.46±4.50	16.56±4.73	17.14±4.40
	管理	16.64±4.71	17.08±4.60	16.64±4.75	17.14±4.54
	商业细节	15.31±5.02	14.63±4.98	16.75±4.71	17.05±4.57
	数据加工	14.55±4.67	11.75±4.61	14.92±5.13	15.06±4.80
	机械	15.57±4.88	11.32±4.88	13.37±5.34	13.46±5.32
	自然户外	14.63±4.80	13.47±4.93	13.83±4.94	14.32±4.84
	艺术	12.40±5.08	13.34±5.24	12.94±5.23	12.83±5.11
	助人	14.03±4.78	16.04±4.68	14.67±5.00	15.49±4.59
	高名望	14.63±4.96	14.44±4.74	14.57±5.00	14.50±4.67
	低名望	13.86±5.10	10.18±4.73	11.79±5.28	12.27±5.21
整体部分	社会促进	30.47±8.09	33.25±7.76	31.56±8.46	32.28±7.51
	管理	32.32±8.54	33.90±8.26	33.12±8.67	33.25±8.12
	商业细节	30.18±9.07	28.92±9.28	29.52±9.51	29.69±8.86
	数据加工	29.71±9.42	27.73±8.63	26.47±9.03	26.95±8.99
	机械	31.64±8.81	23.19±9.12	27.23±10.08	27.46±9.73
	自然户外	29.85±8.96	28.03±9.16	28.53±9.30	29.43±8.83
	艺术	26.94±9.66	30.21±10.06	28.79±10.29	28.45±9.55
	助人	28.02±9.15	33.15±8.96	29.99±9.75	31.39±8.88
	高名望	29.67±9.19	29.92±8.86	29.87±9.38	29.78±8.59
	低名望	26.84±8.94	20.41±8.61	22.98±9.36	24.37±9.28

五、分析讨论

(一)PGI-SC 的结构效度

PGI-SC 中包括了 8 种基本职业兴趣,并且无论在高中生中,还是在大学生中,然后单独检验的男性和女性的群体中,都显示出了这 8 种基本职业兴趣构成八边形的结构,并且 PGI-SC 的测量中 8 种基本职业兴趣同样包括了 Holland 的六边形的 6 种基本职业兴趣,并且在各个群体中环形结构不存在显著性差异,这些结构具有跨群体的一致性。这同 Tracey(2002,2010)的研究结果一致,也同龙立荣(2005)的研究结果一致。只是在 2005 年,龙立荣等人用原版的 PGI(共包括 216 道条目)对中国样本进行施测,验证了八边形的结构,结果也显示在中国样本的职业兴趣结构中,符合八边形的结构。因为 PGI-S(Tracey,2010)相比较于原版 PGI(Tracey,2002),8 种基本职业兴趣类型的量表是没有缩减的,只是每个量表代表的条目从原来的 6 个条目变成 4 个条目,因此,两个版本当中八边形的结构完全一致。在对 PGI-S 所包含的环形结构验证当中(Tracey,2010),原版的八边形结构和简版的八边形结构均不存在显著性差异($P>0.05$)。

对于 4 个因子的验证,本研究没有涉及,因为 Tracey(2002)的研究当中已经指出:人物/事物、数据(资料)/观念、名望 3 个维度存在于职业兴趣当中。这 3 个因子的检验首先采用因素分析方法,并且不能进行旋转,如果旋转会得到很难解释的结果。然后所有条目的因素分析结果是:析出 4 个因子。第 1 个因子,所有条目在这个因子上都具有很高的负荷,第 2 个因子和第 3 个因子包括了 8 个基本职业兴趣量表包含的所有条目,第 4 个因子包括的是名望维度的所有条目。Tracey 教授给予指导,在 PGI-S 中,做因素分析的目的是获得良好的每个兴趣量表的条目,因此做因素分析是一个确定理想条目的非常好的一个办法。如果需要检验 4 个因子,以及 PGI-S 的球形结构,那么需要验证原版的 108 个条目,以及 108 个条目构成的 18 个分量表。在预测验的部分,为了获得良好的条目,根据研究需要对各个量表内部,以及所有条目进行因素分析,以此来选择哪些条目需要重新修订。

PGI-SC 所包含的 6 种基本职业兴趣类型 RIASEC 分数适合环形结构的 CI 值都高于美国群体的六边形检验(Rounds et al.,1996)。并且,六边形的结构在跨年级、性别中并不存在差异。对 PGI-SC 中包括的 8 种基本职业兴趣类型构成的八边形检验,无论在哪一个群体,都显示出了具有良好的八边形结构。因此 PGI-SC 的职业兴趣八边形结构在中国文化背景研究得到一致性的支持。

(二)PGI-SC 的信度分析

本研究中,在兴趣部分,10 个职业兴趣量表的重测信度系数在 0.57～0.78;在能力部分,10 个职业兴趣量表的 Cronbach's α 系数在 0.55～0.76;PGI-SC 整体的 Cronbach's α 系数为 0.54～0.78。Tracey(2010)在兴趣部分,10 个兴趣量表的 Cronbach's α 系数为 0.58～0.86,在能力部分,10 个兴趣量表的 Cronbach's α 系数为 0.58～0.90。PGI-SC 的兴趣部分和能力部分总体的 Cronbach's α 系数为 0.89。所包括的 RIASEC 量表的内部一致性信度系数，整体的 RIASEC 6 个基本职业兴趣量表的 Cronbach′s α 系数为 0.90。在兴趣部分的条目中，8 个基本职业兴趣量表的重测信度在 0.64～0.78，高名望和低名望职业兴趣量表的重测信度分别为 0.65 和 0.62。在能力部分的条目中，8 个基本职业兴趣量表的重测信度在 0.55～0.76，高名望和低名望职业兴趣量表的重测信度分别为 0.60 和 0.58；整体的 10 个量表的重测信度在 0.54～0.78，高、低名望职业兴趣量表重测信度分别为 0.70 和 0.63。另外，还计算出了该量表所包括的 6 种基本职业兴趣量表的信度系数。这同 Tracey(2010)的研究结果也一致。

此外，PGI-SC 具有较高的分半信度系数。PGI-SC 的内部一致性信度和分半信度系数都表明该问卷的可靠性良好。信度系数的大小表明，该修订问卷具有中国文化背景下的一致性。

(三)PGI-SC 的效标效度

本课题用 Holland 的六边形职业兴趣为效标，验证了 PGI-SC 的效度。同时在高中群体和大学生群体中进行了效标关联效度的研究。结果显示，在高中生样本中，效标关联系数在 0.27～0.60；在大学生样本当中，效标关联系数在 0.30～0.60。效标关联系数处于中间位置，并不高。如果是测量同种类型的问卷，关联系数在 0.7 以上应该是最好的，而在这里相关系数显示非常温和。目前，SDS 问卷的运用在中国职业兴趣研究领域一直占有主导地位，但是本研究的 PGI-SC 同 SDS 的相关系数不高，到底是为什么？SDS 在中国的样本中是不是一个很好的代表了职业兴趣的六边形结构，是不是一个最好的职业兴趣模型？石莉(2004)、李逢玉(2005)的研究中，没有采用专门的软件测试职业兴趣的六边形结构；吴俊华探讨大学生的职业兴趣为八边形结构，蔡永红(2002)测试结果中职业兴趣为六边形结构，但是 6 种基本职业兴趣类型构成的六边形的关系与 Holland 的 RIASEC 的关系不一致。Tracey(1996)运用 Holland 的六边形职业兴趣问卷在跨国的研究当中，证实了 Holland 职业兴趣的六边形结构是一个不稳定的结构，不适合其他的一些国家，不是一个职业兴趣六边形结构的很好代表。同样的研究结果也在 Farth(1998)在香港的职业兴趣结构的研究结果当中类似。因此，本文设想，是否在我们采用的效标就出现了问题，SDS 本来就不能很好地代表六边形的职业兴趣的结构？因此对 SDS 中 RIASEC 6 种职业兴趣构成的相关矩阵进行 Randall 软件验证。果然我们能够从检验结果中找到很好的解释。结果显示，SDS 中所包括的 RISEC 基本职业兴趣类型无论在高中生群体还是大学生群体中，都不能够形成一个六边形的环形结构，这样的结果同国外的研究一致(Long et al.，2005；Yang et al.，2005)，这也同时说明了它并不是一个能够代表六边形环形结构的一个很好的模型。但是它也是职业兴趣的一个测量工具，本研究中的 6 种职业兴趣来自六边形的结构基础，因此来自 SDS 的 6 种职业兴趣的相关比较低，不是很高。分析原因，很大的可能是，Holland 当时在编制问卷的时候没有考虑到名望的差异，忽视了名望在职业兴趣中的存在，混淆了职业兴趣类型，导致了这种结果。

在 Tracey(2002)的研究中，采用 SCI 和 SII 作为效标，进行了检验，结果分别为：兴趣部分在 0.65～0.77 和 0.49～0.58，能力部分在 0.45～0.59 和 0.75～0.86，整体部分在 0.63～0.77 和 0.63～0.75。效标选取是最重要的，而 Holland 的六边形职业兴趣测验虽然在中国应用很广泛,但是对它的结构的稳定性本研究的探讨结果却是它不是一个六边形结构的良好的代表,如果采用 SCI 或者 SII 作为效标验证,或许结果会和 Tracey(2010)的研究接近。

不过,另外一方面,我们或许也已经看到,PGI-SC 的出现,由于是最新编制符合当代职业兴趣的类型,也将广泛适用于中国当代职业兴趣类型的测量。

(四)PGI-SC 的人口学变量

1. PGI-SC 的性别差异　PGI-SC 所测结果兴趣部分、能力部分和整体部分,男女在社会促进、管理、艺术、商业细节、数据加工、机械、自然户外,以及高名望和低名望上存在显著性差异。这同周亚娟(2004)、朱俊(2010)、李翔宇(2005)、石莉(2004)、李逢玉(2005)的研究结果类似,虽然以上学者用的是 Holland 的量表或者是以 Holland 理论为基础编制的职业兴趣量表进行的我国学生职业兴趣的调查,但是这几类职业兴趣的特点与 PGI-SC 职业兴趣的特点类似。在本测验中,男性对处于人物维度的社会促进、管理、艺术、助人,以及高名望类型的职业兴趣喜欢程度低于女性的喜欢程度,同时在能力的程度上,除了在高名望维度的职业兴趣类型上男女没有表示出差异外,其余的职业兴趣类型,男性也显示出在这几个职业兴趣类型上能力低于女性。而男性对于事物维度的商业细节、数据加工、机械、自然户外之类的职业兴趣,以及低名望的职业兴趣喜欢程度高于女性的喜欢程度,同时能力程度上也显示高于女性。这与国内外其他学者研究的结果基本一致。采用 PGI 对职业兴趣的研究中,男性在事物维度(商业细节、数据加工、机械、自然户外)职业兴趣上的得分高于女性,而女性在人物维度(社会促进、管理、艺术、助人)的职业兴趣上的得分高于男性(Betz et al. ,1996;Hansen,1978;Harmon et al. ,1994;Su,Rounds et al. ,2009;Tracey,2002;Tracey et al. ,2005);龙立荣等人(1996)对武汉市 890 名中学生职业兴趣类型调查结果表明,男生更擅长现实型和研究型(这两个类型对应于 Prediger 划分维度的事物维度)的职业兴趣,而女生更擅长于艺术型、社会型(这两个类型对应于 Prediger 划分维度的人物维度)和常规型(事物维度)的职业兴趣类型,仅女生擅长的事物维度的常规型职业兴趣类型不符合外,研究的男女职业偏向同本研究一致;石莉(2004)的研究结果表明男性在艺术型、社会型(对应的事物维度)得分低于女性,与本研究结果一致。

无论是中学生、大学生还是成人,职业兴趣的性别差异都是十分显著的,这与我国的现实情况基本上是吻合的。智力有一般智力和特殊智力之分,在一般智力上,男女没有显著性差异。而在特殊智力上,男女却存在一定差异,两性在各因素方面智力各有所长,各有优势偏向。一般说来,女性心思细腻、顺从、保守、工作秩序有条不紊,对管理类的职业兴趣或许更加擅长并且显示出能够胜任的信心;感情细腻丰富、天生敏感的特性,特别是直觉比男性强,一般又倾向于艺术类的职业活动;另外,女性天生的在言语表达方面占有优势,善于表达、倾听,同时也喜欢人际交往,富有同情人、乐于助人的品质,往往女性具有亲和力,因此在社会促进类、助人类职业兴趣比男性更加喜欢及更加有能力胜任此类活动,这也是我们看到的像医院的就医引导等工作适合女性去做。而在另一方面,男性空间知觉分析综合能力、逻辑思维能力、推理与分析能力比女性强,数学能力优于女性,擅长分析、评估或者预算等,因此更倾向于商业细节类职业兴趣;同时在实际动手操作能力、解决技术性难题方面,一般来看男性也比女性强,因此在机械类活动,男性的喜欢程度及在能力方面都高于女性;男性喜欢具有能够带来高挑战、高风险的工作(这表现为男性的自我实现欲和支配欲特别强);比较直接,喜欢能够直接带来经济效益的工作,也愿意施展才华与对手竞争,因此对一些更加具有挑战性的职业更加青睐。在当前的社会,谁都渴望高名望的职业兴趣,但是女性在兴趣部分得分更加高,这也说明了现代女性对职业的认识及努力并不比男性差,更渴望在高名望的职业类型上施展才华;另一方面也说明了男性理性的一面,认为高名望的职业毕竟不是每个人都能够做的,现实稳重更重要。对自我能力的评价上,都认为自己能够胜任,一点也不难,因此男女不存在显著性差异。而对于低名望的职业,虽然是低名望的职业,但是只要能够给予一个稳定的工作,这时男性理智的一面就展现出来,因此对低名望的职业喜欢,也表示能够胜任。目前许多职业都要求大学生具有较高的交际能力和沟通能力,这使得他们更加关注人际关系和喜欢参与社会活动,因此职业兴趣方面的社会型得分普遍较高。而这些能力是女性天生所具有的,因此在社会促进类型上的分数高于男生。

2. PGI-SC 的年级差异　首先,在兴趣部分,在分量表中,高中生对自然户外、助人、低名望的职业兴趣的喜欢程度不如大学生。而在能力方面,高中生对社会促进、管理、自然户外、助人、低名望的职业兴趣均不如大学生,同时在整体的职业兴趣方面,在社会促进、自然户外、助人及低名望的职业兴趣中,大学生更擅长这样的职业兴趣。这说明了大学教育提高了个人各项工作的能力。高中生在低名望职业兴趣类型的得分上不如大学生,可能因为高中生年龄小,也很少接受社会职业的一些教育,没有获得现在社会中存在的很多职业类型,只清楚那些大家都知道的职业,这些一般都是比较好的或者高名望的职业。因此,在低名望职业上的得分显得低于大学生。高中生认为专业只有文科、理科之分,范围太狭窄。这也说明了对高中生进行职业、专业教育的必要性。

在年级的差异检验上,高中生 3 个年级首先在处于资料维度的社会促进、管理、商业细节及高名望的职业兴趣类型上存在显著性差异。在社会促进类职业兴趣上,高中一年级的喜欢程度低于高中二年级,同时能力方面也低于高中二年级。社会促进职业是从事为别人提供服务,方便别人的一些工作,比如我们最常见的导医就是这样一个工作。高中一年级和二、三年级的差异可能同智力、思维,以及教育有关系,高中一年级刚从初三升学,没有意识到这也算是一种职业类型,这也说明了在高中一年级对学生进行社会工作职业的教育也是有必要的;在管理类的职业兴趣上,高中一年级在喜欢、能力方面都低于二年级和三年级,二年级开始文理分科,因此一年级和二年级、三年级在思维方面存在差异;而在商业细节方面,一年级在喜欢和能力方面都低于三年级,而喜欢方面二年级和三年级没有显著性差异,在能力方面二年级低于三年级学生,这应该是随着年龄、教育,以及自身心理的发展,高三学生的分析、评估能力、推理能力达到成熟发展。这同李逢玉(2005)的研究结果基本一致。他的研究结果是在经营型上,高中三年级和一、二年级存在显著性差异,而一二年级没有显著性差异。这应该是高中文理科的分科,以及对各自专业深入学习所引起的变化。教育已经让高中生 3 个年级从二年级文理科分科开始,文理科课程的深入学习,学生开始在职业兴趣类型上出现了分化。

大学 4 个年级的检验结果表示，在对社会促进类职业兴趣的兴趣部分，一年级学生的喜欢程度高于三年级、四年级。同时能力显示同兴趣部分的结果一致；在数据加工类职业兴趣方面，一年级的喜欢程度大于二年级、三年级的喜欢程度，同时能力显示也一致。这应该是一年级学生刚进入大学，对诸多的职业兴趣都有兴趣，几乎什么职业都想尝试，经过对专业知识的深入学习，也经历了对感兴趣的职业的探索阶段的失败和成功后，职业兴趣便趋于明显和呈现较稳定的趋势，对职业的选择朝向专业化方向发展。在低名望的职业兴趣类型上，高中生不存在显著性差异，而大学生却存在显著性差异，这应该是大学的磨炼让大学生更加现实，只要是一份能有工资的、稳定的工作，无论是高名望的职业还是低名望的职业，也能表示出极大的兴趣。

六、结论

本研究从 PGI-SC 的信效度，以及性别、年级特征分析中，获得以下几个结论。

(1)PGI-SC 有良好的信效度。八边形职业兴趣结构显著优于六边形的职业兴趣结构，体现了 PGI-SC 的理论结构效度。

(2)高中生和大学生在喜欢、能力及整体 3 个部分，都显示 8 种基本职业兴趣类型构成八边形结构。

(3)PGI-SC 8 种基本职业兴趣类型中包括了 Holland 的 6 种基本职业兴趣类型，并且，在喜欢、能力及整体 3 个部分，所有群体样本都显示 6 种基本职业兴趣类型构成六边形结构。

(4)根据 Randall 软件分析结果的 CI 值和 P 值来看，职业兴趣的八边形结构优于职业兴趣的六边形结构。

(5)女性对社会促进、管理、艺术、助人的职业兴趣喜欢程度大于男性对此类职业兴趣的喜欢程度，而男性对商业细节、数据加工、机械、自然户外、低名望的职业兴趣喜欢程度大于女性对此类职业活动的喜欢程度；而在能力和整体部分，结果与兴趣部分保持一致。

(6)高中 3 个年级及大学 4 个年级，在职业兴趣的类型，无论是在兴趣部分还是能力部分，都是不同的。

(7)SDS 中描述的职业兴趣类型呈现六边形结构，在本次研究中没有得到证实，SDS 的 6 种基本职业兴趣类型不呈现六边形的结构。提示 SDS 不是职业兴趣六边形结构的最好代表。

(8)本研究通过全国大样本测评，建立了 PGI-S 的中国常模，形成了 PGI-SC。该测评工具既可以作为该领域研究工具，又可以作为职业规划和人力资源管理大样本筛选的工具。

参考文献

白利刚,凌文辁,方俐洛. 1996. HOLLAND 式中国职业兴趣量表的建构[J]. 心理学报,28(2):113-119.

白利刚. 1995. Holland 职业兴趣理论的简介与评述[J]. 心理学动态,4(2):27-31.

蔡永红,等. 2002. 中学生职业兴趣的结构及其特点[J]. 心理发展与教育,18(1):80-85.

陈睿. 2006. 自我职业选择测验量表 SDS 的修订及大学生职业选择特点研究[D]. 重庆:西南大学.

戴忠恒. 1987. 心理教育测验.[M]上海:华东师范大学出版社.

李逢玉. 2005. 高中学生职业兴趣的调查研究[D]. 重庆:西南师范大学.

李翔宇,等. 2005. 在校大学生职业兴趣调查[J]临床心身疾病杂志,11(4):323-326.

龙立荣,等. 1996. 自我职业选择测验(SDS)的试用报告.[J]应用心理学,(1):44-51.

石莉. 2004. 当代大学生职业兴趣研究[D]. 苏州:苏州大学.

王金吉. 2007. 高考专业兴趣测验的编制[D]. 上海:上海师范大学.

温暖. 2008. 初中生升学指导系统的初步研制[D]. 上海:华东师范大学.

吴俊华. 2006. 我国大学生职业兴趣调查与测验编制[D]. 重庆:西南大学.

杨琴. 2007. 大学毕业生职业取向与职业兴趣、人格的关系研究[D]. 长沙:中南大学.

周亚娟,等. 2004. 贵州师范大学本科生职业兴趣倾向研究[J]. 贵州师范大学学报(自然科学版),22(3):44-48.

朱俊. 2010. 免费师范生职业兴趣的调查研究[D]. 西安:陕西师范大学.

AKBARZADEH M. 2010. Normalization, determining validity and reliability of the Occupational Preference form of Personal Globe Inventory in students of Isfahan University[D]. Master's thesis: University of Isfahan, Isfahan, Islamic Republic of Iran.

BETZ N E, et al. 1996. Skills Confidence Inventory[M]. Palo Alto, CA: Consulting Psychologists Press.

CAULUM, et al. 2011. TECHNICAL REPORT: Re-Validation Studies of the PGI and Other ecareers[M]. sg Assessments. Madison, WI: Center for Work and Education, University of Wisconsin.

DARCY, et al. 2005. Examination of the structure of Irish students' vocational interests and competence perceptions[J]. Journal of Vocational Behavior, (67):321-333.

FARH, et al. 1998. Cross-cultural validity of Hollands model in Hong Kong[J]. Journal of Vocational Behavior, (52):425-440.

FOUAD, et al. 1992. Cross-cultural structure of vocational interests[J]. Journal of Vocational Behavior, (40):129-143.

GLIDDEN-TRACEY, et al. 1996. Assessing the structure of vocational interests among Bolivian university students[J]. Journal of Vocational Behavior, (48):96-106.

HANSEN J C. 1978. Sex differences in vocational interests: three levels of exploration. In C. K. Tittle& D. G. Zytowski (Eds.), Sex-fair interest measurement: Research and implications[M]. Washington, DC: National Institute of Education.

HANSEN, et al. 1987. Cross-cultural research on vocational interests[J]. Measurement and Evaluation in Counseling and Development, (19):163-176.

HANSEN, et al. 1993. Gender differences in the structure of interest[J]. Jurnal of Vocational behavior, (42):200-211.

HARMON, et al. 1994. Strong Interest Inventory[D]. Stanford, CA: Stanford University Press.

HARRINGTON, et al. 1993. The Harrington-O'Shea career decision-making system revised manual[M]. Circle Pines, MN: American Guidance Service.

HEDRIH V. 2008. Structure of vocational interests in Serbia: evaluation of the spherical model[J]. Journal of Vocational Behavior, (73):13-23.

HOLLAND J L. 1985a. Making vocational choices: a theory of vocational personalities and work environments(2nd ed.)[M]. Englewood Cliffs, NJ: Prentice Hall.

HOLLAND J L. 1985b. The self-direct search[J]. Odesssa, FL: Psychological Assessment resources.

HOLLAND J L. 1997. Making vocational choices[J]. Odessa, FL: Psychological Assessment Resources.

IVA SVERKO. 2008. Spherical model of interests in Croatia[J]. Journal of Vocational Behavior, (72):14-24.

LEONG, et al. 1998. An evaluation of the cross-cultural validity of Holland_s theory: Career choices by workers in India[J]. Journal of Vocational Behavior, (52):441-455.

LONG, et al. 2005. Generalizability of interest structure to China: Application of the Personal Globe Inventory[J]. Journal of Vocational Behavior, 66(1):66-80.

PREDIGER, et al. 1982. Dimensions underlying Holland's hexagon: Missing link between interests and occupations? [J] Journal of Vocational Behavior, (21):259-287.

PREDIGER, et al. 1993. Extending huolland's Hecagon: Procedure, counseling applications, and research[J]. Journal of Counseling and Development, (71):422-428.

PREDIGER, et al. 1996. Alternative dimensions for the Tracey-Rounds interest sphere[J]. Journal of Vocational Behavior, (48), 59-67.

ROUNDS J, et al. 1996. Cross-cultural structural equivalence of RIASEC models and measures[J]. Journal of Counseling Psychology, (43):310-329.

ROUNDS, et al. 1993. Cross-cultural structural equivalence of RIASEC models of measures[J]. Journal of applied psychology, (43):310-329.

ROUNDS, et al. 1993. Prediger's dimensional representation of hooland' RIASEC circumplex[J]. Journal of applied psychology,(78):875-890.

ROUNDS, et al. 1996. Contributions of the Spherical Representation of Vocational Interests[J]. Journal of vocational behavior,(48):85-96.

SU,et al. 2009. Men and things,women and people:A meta-analysis of sex differences in interests[J]. Psychological Bulletin,(135):859-884.

TERENCE J G,et al. 2010. Development of an abbreviated Personal Globe Inventory using item response theory:The PGI-Short. [J] Journal of Vocational Behavior,1-15.

TRACEY,et al. 1993. Evaluating Holland's and Gati's vocational interest models:A structural meta-analysis[J]. Psychological Bulletin,(113):229-246.

TRACEY,et al. 1994. An examination of the structure of Roe's eight interest fields[J]. Journal of Vocational Behavior,(44):279-296.

TRACEY,et al. 1995. The arbitrary nature of Holland's RIASEC types:Concentric circles as a structure[J]. Journal of Counseling Psychology,(42):431-439.

TRACEY, et al. 1996a. Contributions of the spherical representation of vocational interests[J]. Journal of Vocational Behavior,(48):85-95.

TRACEY,et al. 1996b. The spherical representation of vocational interests[J]. Journal of Vocational Behavior,(48):3-41.

TRACEY,et al. 1997a. Structural invariance of vocational interests across Japanese and American culture[J]. Journal of Counseling Psychology,(44):346-354.

TRACEY,et al. 1997b. The structure of interests and self-efficacy estimations: An expanded examination of the spherical model of interests[J]. Journal of Counseling Psychology,(44):32-43.

TRACEY,et al. 2002. Personal Globe Inventory: Measurement of the Spherical Model of Interests and Competence Beliefs[J]. Journal of ocational Behavior,60(1):113-172.

TRACEY,et al. 2005. Stability of interests across ethnicity and gender: A longitudinal examination of grades 8 through 12 [J]. Journal of Vocational Behavior, (67): 335-364.

第五章

个人球形职业兴趣量表的研究及职业搜索简码的编制

1. 本章主要研究结果

(1)个人球形职业兴趣量表简版中国版(PGI-SC)的10个兴趣分量表,总的内部一致性系数为0.856,分半信度系数为0.881;10个能力分量表,总的内部一致性系数为0.785,分半信度系数为0.773;10个整体部分分量表,总的内部一致性系数为0.853,分半信度系数为0.843。

(2)本研究验证了PGI-SC的结构效度、区分效度和效标效度。

(3)选择职业承诺度为校标,高分组(大于平均分)的被试,将每个职业领域在8种基本职业兴趣和高低名望10种职业兴趣上得分的平均分,按高低分进行排列,最终将这10项基本兴趣的排列组合,作为该职业领域的职业兴趣代码,共得到20个职业领域的职业兴趣搜索码。

2. 本章主要研究结论与观点

(1)本研究的PGI-SC中"兴趣部分"、"能力部分"和"整体部分"的信度系数均达到心理测量学关于信度研究的标准。PGI-SC显示的8种职业兴趣组成的环形结构基本符合八边形结构,表明该量表的结构效度良好。

(2)全国范围的在职被试在每个职业兴趣上的得分显著不同,不同的职业兴趣得分能够区分不同的职业领域。

(3)根据对实验结果的定性分析和定量分析,采用职业兴趣的高低分排序,得到职业领域搜索简码,可以作为指导求职者的分析工具。

国家统计局2021年末统计数字显示,城镇调查失业率在5.1%左右,居高不下的失业率与跳槽人数,一再印证就业问题的严峻,因此对职业兴趣进行研究,帮助人们解决就业问题是职业心理学领域中的问题之一。从霍兰德(1959)的职业兴趣量表到Tracey和Rounds(2002)的个人球形职业兴趣量表简版(PGI-S),很多学者对这些理论进行了探索。课题组(2013)把PGI-S引入中国,验证了其效度并制订了中国背景下的常模。就业是个社会性的大问题,除去社会、经济等大环境的问题,就业难还与求职者个人职业兴趣和能力、人格等主观因素有很大关系。因此,如何选择适合自身的职业,关系到个人的职业生涯发展,影响人才资源的有效利用,也影响了大环境的就业问题。

本研究以全国范围内20个职业兴趣的在职人员为研究对象,以最前沿的个人球形职业兴趣量表简版中国版(PGI-SC)为主要研究工具,对职业兴趣及职业能力与职业领域的匹配,以及其与职业承诺度的相关分析为切入点,探索该量表的实证效度,同时获得在职人员职业兴趣特点及其职业搜索简码,可以为未就业者提供咨询与职业指导。

第一节 国内外研究现状与述评

一、职业兴趣概念辨析

职业是指参与社会分工,用专业知识和技能创造物质和精神财富,获得相应物质报酬,进而丰富物质和精神生活的各项活动(白利刚,1996);兴趣是人的认识需要的积极情绪表现(黄希庭,1991),即表现为对某项事物和活动的选择性反应和积极的态度倾向(石莉,2004)。

职业兴趣就可以理解为个体对职业的喜爱与选择方面的需要和态度倾向。兴趣包含着职业兴趣,由兴趣向职业兴趣的推进还需要兴趣与能力的匹配。此外,职业兴趣包含了更多的责任,包括工作本身的、家庭的和社会的责任。综上所述,职业兴趣是具有责任成分在内的,经济、社会和技术特征兼具的对工作的选择和态度。

二、国内外职业兴趣量表的研究

职业兴趣是职业心理研究领域中的核心问题之一,职业兴趣会影响个人职业效能感和生活满意度,是进行职业指导的重要依据(白利刚,1996)。只有标准化的测评工具才能对人们进行职业兴趣测评。从坎贝尔和斯特朗运用经验法编制完成第一个正式的职业兴趣量表进行修订之后,先后进行了8次修订,完成了第一个男女性别结合的问卷,统称为斯特朗-坎贝尔职业兴趣量表(SCII),共包含317个条目8个主题,量表信效度良好(王垒,1997)。以强迫项目选择模式为主要编制形式的库德职业兴趣调查表(KOI),该量表信效度良好,对职业选择预测的正确性与其他工具是具有可比性的(刘少文 等,1999)。

最有影响力的还是霍兰德在基于职业兴趣是人格体现的假设基础上编制出的职业偏好量表(VPI)和随后的自我职业选择表(SDS)。SDS是最具研究价值的职业兴趣量表(龙立荣,1991)。目前的SDS共228个项目,包含职业活动(11个项目)、职业能力(11个项目)、职业偏好(14个项目)、能力自评四部分;每一部分都是按RIASEC顺序排列。这6种职业兴趣人格类型为我国职业兴趣的研究提供了良好的发展途径。Roe提出的职业兴趣和职业选择的8分仪模型为艺术类、服务类、商业类、组织类、技术类、户外类、科学类、传统类;Gali(1991)提出的层级模型认为职业兴趣是一个连续的过程,稳定职业兴趣的形成可能要经历连续的几步,在每一步中,个体职业兴趣在某一特殊水平上或某类型上产生分化,认为职业兴趣的分类是按几个层级水平来排列的,最高层是硬科学和软科学。Prediger(1993)的维度模型与霍兰德的6种职业兴趣类型对应。

Tracey和Rounds(1999)在霍兰德的六边形结构的基础上,提出了一个被越来越多的人所认可的球形模型:该模型的3个潜在维度分别命名为资料-观念维度、人物-事物维度、职业的声望维度(Rounds J et al.,1996)。该模型区别以往理论的显著特征是增加的名望维度,在名望维度上分布了10种职业兴趣:影响、社会科学、商业系统、财务分析、科学、手工劳动、质量控制、人事服务、建筑修理、基础服务。前5种为高名望,后5种为低名望。从实践的角度来看,复杂的球形模型不利于人们的理解,因此需要变得简单和灵活(Rounds J et al.,1996)。Tracey(2002)将其修订为40个条目的简版,即PGI-S。

张宇(2013)采用中国样本对该量表进行了修订,得到了个人球形职业兴趣量表简版中国版(PGI-SC)。但是,要想将该量表推广到我国的职业测评中,还需要采集各个职业领域的样本进行实证效度的分析,以验证职业兴趣与职业承诺的关系。

三、职业承诺理论与测量

职业承诺指个人对所从事职业的喜好、留恋程度。总体来说,产生职业承诺的内在原因有三类(王雪,2006):对活动本身的喜爱、对变更工作所付出代价的权衡及对变化职业导致违背社会规范的忧虑,即情感承诺、代价承诺和规范承诺。方丹逸(2012)等把职业承诺定义为从业者对其所从事职业的一种认同和投入的态度,职业承诺高的从业者的表现是认同和忠诚于所从事的职业,并对职业活动比较投入,不愿意变换现在的职业,而职业承诺低的从业者厌倦所从事的职业,在工作中敷衍了事,甚至消极怠工。

本研究对职业承诺的定义是个人与其所从事的职业活动之间的一种心理上的连接,即个人对职业的认同和情感依赖及对社会规范的内化而导致的不愿变换职业的程度,是个人内心与自己所从事职业签署的类似“心理合同”。由于兴趣包含有主观态度成分在内,因此选取职业承诺单维度的态度量表(陈芸,2008)来探索不同职业领域在职人员职业兴趣和职业承诺度的关系是本研究的研究目的之一。

第二节　个人球形职业兴趣量表简版中国版的实证效度研究及职业搜索简码的编制

一、研究对象和工具

(一)研究对象

本研究以《中华人民共和国职业分类大典》所划分的8大职业领域为基础,结合研究目的,参考“意健人身保险公司”划分职业领域(2011),将职业领域划分为21类;删除军人这一特殊领域后确定20个主要职业领域的18岁以上在职人员为研究对象。根据我国行政区域划分,对全国20个省、市、自治区、直辖市,发放3 000份问卷,进行现场测试,控制有关干扰因素的影响，采用个人测试与团体施测相结合的方式。

（二）研究工具

1. 个人球形职业兴趣量表简版中国版（PGI-SC）。量表包含40个条目，每一个条目分为喜欢和胜任力两个部分的回答，研究对象需要对每个条目做2次测试，一次为对活动喜欢程度作“非常不喜欢”到“非常喜欢”的1～7级评分，一次为对活动胜任能力作从“完全不能胜任”到“完全胜任”的1～7级评分。将产生16个量表分数。

2. 职业承诺度问卷（龙立荣，2002）。该问卷是包含了6个条目的单维结构问卷。该问卷 Cronbach's α 系数为0.837，也有较好的效度（龙立荣，2002）。

3. 明尼苏达短式量表（MSQ-SC）。量表是明尼苏达工作满意度调查量表的简单形式，短式量表包含20个条目，量表包括内在满意度、外在满意度和一般满意度3个分量表。

二、研究结果

（一）人口学测量结果

调查回收2 836份问卷，剔除空白和无效问卷，获得2 026份有效问卷；其中男性占51.6%，女性占48.4%；年龄在19～60岁；高中文科占47.8%，理科占51.2%；学历分布从小学到博士研究生。以统计学为基础，选取职业承诺度高于整体平均分15.8分的被试者1 046人，其中被试者职业成就自评均在平均分以上的（采用李克特7级评分；≥4）占95.6%，涉及20个职业领域，具有良好的代表性。

（二）调查对象总体的职业成就自评及工作满意度状况

调查结果显示，787名被试的工作满意度总分高于所有调查对象的总体平均分49分，占总体的38.8%；女性的工作满意度整体高于男性，且随着工作年限的增加呈现上升趋势。其中频数最高分数为56分；最高分为93分。

总体的职业成就自评采用李克特7级评分，选取成就自评≥4分的被试为职业成就自评较高的被试。结果显示：成就自评高分被试占总体的65.5%，男性的成就自评显著高于女性，且随着工作年限的增加成就自评显示上升趋势。

（三）PGI-SC的信度分析

通过对2 026份PGI-SC的信度分析，结果显示：在本研究中，10个喜欢分量表的同质性信度系数在0.623～0.750，分半信度在0.598～0.880，总体的 Cronbach's α 系数为0.856；10个能力分量表同质性信度系数在0.715～0.812，分半信度在0.583～0.765，总体的 Cronbach's α 系数为0.758；整体部分的同质性信度系数在0.656～0.826，分半信度在0.643～0.896；总体的同质性信度系数为0.853，总体的分半信度为0.843（表5-1）。所有的信度系数均在 $P<0.001$ 水平上有显著性差异。总之，个人职业兴趣球形模型信效度均良好，可以作为中国文化背景下在职人员职业兴趣的实证研究。

表 5-1　PGI-SC 的同质性信度和分半信度

项目	信度	社会促进	管理	商业细节	数据加工	机械	自然户外	艺术	助人	高名望	低名望
兴趣部分	同质性信度	0.623	0.655	0.716	0.606	0.750	0.736	0.742	0.601	0.602	0.741
	分半信度	0.616	0.675	0.722	0.664	0.745	0.704	0.733	0.653	0.625	0.724
能力部分	同质性信度	0.721	0.715	0.779	0.772	0.769	0.742	0.713	0.819	0.812	0.715
	分半信度	0.719	0.771	0.770	0.789	0.754	0.733	0.797	0.747	0.810	0.771
整体部分	同质性信度	0.666	0.703	0.746	0.698	0.795	0.681	0.766	0.617	0.640	0.780
	分半信度	0.688	0.720	0.720	0.703	0.819	0.746	0.748	0.758	0.660	0.820

(四)PGI-SC 的效度分析

1. 内容效度的检验　可通过专家评定法来检验测验内容的效度。PGI-SC 是基于 Tracey 和 Rounds 的个人球形职业兴趣理论,他们经过大量的实证研究,证明其具有良好的内容效度。同时,PCI-SC 由心理学和英语专业研究生共同翻译,并且经过多位心理学专业人员的反复修改和审查,认为该问卷条目与职业兴趣含义相符,并能涵盖职业兴趣的主要方面。

2. 结构效度　张宇和薛璟(2013)分别通过与其他职业兴趣测验的相容系效度和模型-数据拟合指标(CI)来验证 PGI-SC 的结构效度。二人均得到了良好的效度指标。PGI-SC 8 种基本职业兴趣构成的环形中,相邻兴趣的相关系数最高,间隔的兴趣次之,相对的兴趣相关最小,因此可以采用验证相关系数的方法,间接分析其结构效度。

表 5-2　8 种基本职业兴趣的相关分析(r)

项目	社会促进	管理	商业细节	数据加工	机械	自然户外
管理	0.679**					
商业细节	0.480**	0.674**				
数据加工	0.199**	0.336**	0.577**			
机械	0.133**	0.196**	0.331**	0.753**		
自然户外	0.399**	0.303**	0.246**	0.341**	0.210**	
艺术	0.529**	0.412**	0.293**	0.180**	0.122**	0.343**

注:**表示 $P<0.01$。

根据 8 种职业兴趣类型的相关矩阵，建构了环形结构图（图 5-1）。

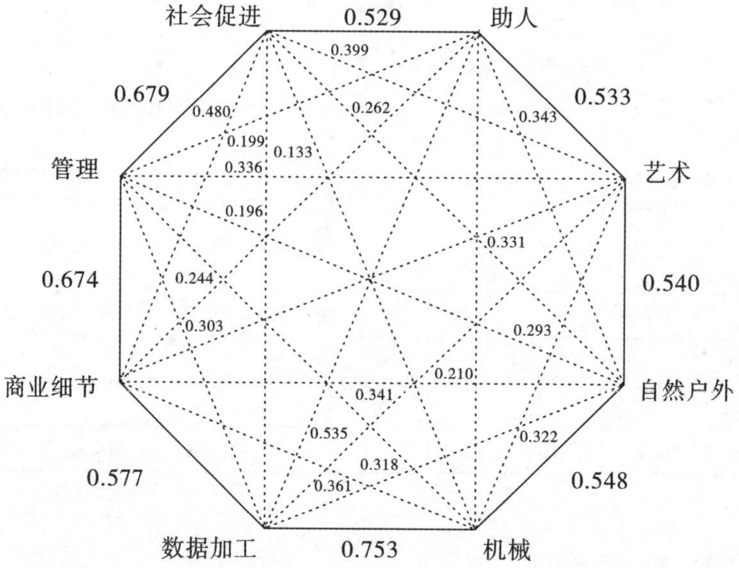

图 5-1　环形结构示意

从图 5-1 可知，由 8 种基本兴趣的相关系数和职业兴趣环形结构表明，相邻的 2 个职业兴趣之间的相关系数>间隔职业兴趣的相关系数>相对职业兴趣相关系数。这一结果明确了 PGI-SC 的结构效度良好。

（五）PGI-SC 的 10 个基本职业兴趣类型常模及 20 个职业领域的方差分析

以 PGI 为基础，需要分析调查对象 10 个职业兴趣类型的平均水平在 20 个职业领域里面的差异。第一步：计算出全部被试在 PGI-SC 的 10 个分量表的整体部分、喜欢部分和胜任力部分的均分与标准差，该表均数与标准差可以作为地区的常模。结果显示：在职人员在管理、商业细节、艺术和助人这些兴趣相关的职业领域中职业兴趣的得分较高；而在数据加工、机械和自然户外等领域的得分相对较低（表 5-3）。表明被试的职业兴趣对管理、商业细节、艺术和助人这几个职业类型上是偏爱的。在择业过程中，比较倾向于选择诸如管理和商业细节这些相对名望比较高的职业领域，这与人们的一般常识是符合的，人们在择业过程中是会选择比较体面的管理类工作。第二步：为了比较不同职业领域在 PGI-SC 各个职业兴趣类型得分上的差异情况，以职业领域为分组变量，以 PGI-SC 各职业兴趣得分为因变量进行方差分析。结果显示：总体来讲，不同职业领域在每个职业兴趣类型上均有显著性差异。

表 5-3　各基本职业兴趣类型的均数及 20 个职业领域的方差分析

项目	喜欢部分		胜任力部分		整体部分	
	（$M\pm SD$）	F	（$M\pm SD$）	F	（$M\pm SD$）	F
社会促进	15.15±4.11	2.36**	17.66±4.14	2.68**	32.91±7.58	2.36**
管理	18.34±3.18	2.46**	19.84±4.30	4.09**	37.78±6.63	2.46**
商业细节	15.66±4.27	5.96**	15.80±4.81	3.15**	30.92±8.67	2.44**
数据加工	12.36±4.75	5.85**	12.88±4.74	5.77**	24.64±6.74	2.80**
机械	12.54±5.39	8.35**	14.71±5.43	6.69**	28.25±10.15	7.63**
自然户外	14.84±4.95	3.67**	14.41±4.83	4.29**	32.86±8.94	2.23**
艺术	15.62±5.64	2.74**	14.37±3.24	2.29**	29.99±9.87	3.44**
助人	15.19±4.99	2.50**	12.99±4.56	2.71**	32.78±8.75	2.84**
高名望	15.02±4.35	2.75**	14.14±4.39	3.03**	20.17±8.74	2.50**
低名望	10.33±4.12	3.10**	10.46±2.21	2.14**	20.89±4.36	2.68**

注：＊＊表示 $P<0.01$。

（六）职业承诺度高低分组的 PGI-SC 在 10 个兴趣类型上差异性检验

将职业承诺均分以总平均分为基准进行高低分组，以得到每个领域大于 30 人的 10 个领域在基本职业兴趣类型上进行差异性检验，符合条件的共有 6 个职业领域。分别将两组被试在 10 种基本兴趣上的得分进行差异性检验，结果显示：总体来讲，不同职业领域在职业承诺度高低分组的职业兴趣类型得分上均有显著性差异（表 5-4）。

表 5-4　6 个职业领域与职业兴趣高低均分 t 检验结果

项目		机构组织团体	交通运输	制造加工维修	医药保健类	文教机构	服务业
喜欢部分	社会促进	4.35***	3.05**	2.28**	6.38***	4.35**	5.57***
	管理	6.24***	3.91***	5.67***	6.09***	4.87**	5.32**
	商业细节	3.42**	1.22	6.58***	1.20	1.16	2.49*
	数据加工	2.57**	1.13	2.13**	2.31*	2.19*	2.46**
	机械	2.46**	5.32***	6.79***	0.95	1.86	2.26*
	自然户外	2.86**	3.02**	1.19	0.63	1.15	1.90
	艺术	1.73	1.07	1.63	5.84***	2.31**	1.18
	助人	2.35**	4.36***	5.45***	7.25***	7.36***	7.51***
	高名望	3.42**	1.24	1.14	1.26	7.19***	1.75
	低名望	1.47	1.63	1.10	1.73	0.86	3.90**

续表 5-4

项目		机构组织团体	交通运输	制造加工维修	医药保健类	文教机构	服务业
胜任力部分	社会促进	5.21***	2.43**	1.19	5.87***	6.76***	6.63***
	管理	6.03***	5.06***	6.13***	6.03***	5.46**	5.62**
	商业细节	3.84**	1.07	5.99***	3.59**	2.15**	3.89**
	数据加工	2.09**	1.11	1.31	1.32	1.39	2.41**
	机械	2.33**	2.13**	6.35***	1.09	3.71**	0.79
	自然户外	2.01**	2.92**	1.62	1.56	2.36**	0.29
	艺术	1.65	0.52	1.22	4.43	5.53***	1.48
	助人	2.25**	4.64***	2.18**	7.16***	7.31***	7.51***
	高名望	3.22**	1.21	1.20	1.08	1.94	5.22***
	低名望	1.52	1.41	1.06	1.32	1.51	1.41
整体部分	社会促进	4.02***	4.32***	2.17**	5.95***	6.09***	5.53***
	管理	6.18***	3.63**	5.41***	6.04***	5.47**	4.16**
	商业细节	3.32**	4.55**	6.16***	0.75	2.26**	2.78**
	数据加工	2.57**	1.43	2.19**	3.64**	2.39**	1.13
	机械	2.44**	5.42***	1.11	0.53	0.12	0.68
	自然户外	2.49**	4.31***	1.09	1.08	4.41**	2.26**
	艺术	1.63	1.42	2.38**	4.87**	3.35**	2.42**
	助人	2.05**	5.47***	5.95***	6.61***	7.16***	7.43***
	高名望	3.25**	1.23	2.19**	0.80	4.92**	1.31
	低名望	1.08	1.24	3.64**	1.06	1.72	3.59***

注：* $P<0.05$，** $P<0.01$，*** $P<0.001$。

可以看出：对于文教机构这一领域，在喜欢部分的助人、高名望和管理这三个职业兴趣类型上面的职业承诺度高低分组具有显著性差异；胜任力方面的助人、社会促进和助人这前三个职业兴趣类型上面的职业承诺度高低分组具有显著性差异；整体上社会促进、助人和管理这前三个职业兴趣类型在高低分组上面具有显著性差异。

对机构组织团体这一领域，在喜欢部分的管理、社会促进、商业细节这前三个分组上有显著性差异；在胜任力方面的管理、社会促进和商业细节这前三个上面的职业承诺度高低分组具有显著性差异；在整体上管理、社会促进、商业细节这前三个职业兴趣类型上面有显著性差异。

对交通运输领域，在喜欢部分的机械、助人、社会促进这前三个职业兴趣类型在分组上有显著性差异；在胜任力方面的管理、助人和自然户外这前三个职业兴趣类型在职业承诺度高低分组上面具有显著性差异；整体上的机械、管理、助人和自然户外这前三个职业兴趣类型上面有显著性差异。

对制造加工维修领域，在喜欢部分的机械、商业细节和管理这前三个职业兴趣类型上具有显著性差异；胜任力部分的机械、管理和商业细节这前三个职业兴趣类型在职业承诺度高低分组上面具有显著性差异；整体上在机械、商业细节和低名望这前三个职业兴趣类型等分组上具有显著差异。

对医药保健类领域，在喜欢部分的助人、社会促进和管理这前三个职业兴趣类型上具有显著性差异；在胜任力部分的助人、管理和商业细节这前三个职业兴趣类型在职业承诺度高低分组上具有显著差异；在整体上的助人、管理和社会促进呈现从高到低的分布，具有显著性差异。

对服务业这一领域来看，在喜欢部分的助人、社会促进、管理这前三个职业兴趣类型分组上具有显著差异；在胜任力部分的助人、社会促进和低名望这前三个职业兴趣类型在职业承诺度高低分组上面具有显著性差异；整体上面的助人、管理、低名望前这三个职业兴趣类型上面具有显著性差异。

后续的职业指导中，如果被试兴趣高而能力比较低，则不建议选取该领域，因为即使有浓厚的兴趣却不具备从事该行业的能力或者条件，还是很难做出成绩，比如运动员；如果被试能力高而兴趣比较低，则建议其提高对该职业领域相关工作或活动的兴趣，因为一旦其培养起来职业兴趣，愿意投入该领域，又具备能力，则更容易在某领域取得成绩。

工作本身都有其枯燥性，除去工作蜜月期，多数在职人员由于各种原因是对工作不满意的，所以选取工作满意度的被试的标准必须低于平均分。如果有选择，没有人愿意工作，宁愿辛苦游戏也不愿意辛苦工作是现代人的普遍特征。因此，本研究得到的高于平均分的被试不作为真正对该职业领域满意的对象，只选取职业承诺度高的被试作为主要职业兴趣领域的研究对象。

（七）职业搜索简码的编制

前文已经解释本研究的预测效度，显示本量表在预测在职人员对本工作领域的满意度方面具有较高的预测效度。因此，各个职业领域分别按照 8 种基本职业兴趣和能力平均分由高到低排序，在前三位的职业兴趣和能力及整体前三位的英文代码作为该职业领域的职业兴趣参考代码（表 5-5）。把基本职业兴趣的英文首字母作为兴趣类型的代码。

表 5-5　各职业领域在职业承诺度上排列前三的职业兴趣、能力及整体代码

职业领域	职业兴趣	代码前三位
1	喜欢部分	MBH
	胜任力部分	MSH
	整体部分	MSB
2	喜欢部分	MSB
	胜任力部分	MSH
	整体部分	MSH

续表 5-5

职业领域	职业兴趣	代码前三位
3	喜欢部分	BNH
	胜任力部分	MBN
	整体部分	MBN
4	喜欢部分	MBM
	胜任力部分	MBN
	整体部分	MBN
5	喜欢部分	MHS
	胜任力部分	MSH
	整体部分	MSN

三、分析讨论

1. 本研究是对 PGI-SC 量表效度的进一步探索和拓展。本研究是以在职人员为研究对象的全国性问卷调查，通过八边形结构的构建，PGI-SC 的 8 种基本兴趣的相邻的 2 个职业兴趣之间的相关系数>间隔职业兴趣的相关系数>相对职业兴趣相关系数。由此说明 PGI-SC 的结构效度良好，这与张宇等的研究结果是一致的，进一步证实了 PGI-SC 的实证效度。

2. 本研究通过对 20 个职业领域被试的 10 个基本职业兴趣均分进行方差分析，得到各个职业领域在每种职业兴趣类型上得分均有显著性差异，说明 PGI-SC 具有良好的区分效度。

3. 10 个职业领域被试的职业承诺度高分组和低分组在各职业兴趣上的差异性分析显示，无论是兴趣部分、能力部分还是整体部分，不同组别在不同的职业兴趣得分上均具有差异，因此 PGI-SC 具有一定的效标效度。同时结果也表明职业承诺度高分被试的成就自评也高，可以预测职业成就高低；职业承诺度高低高分组在各个职业兴趣上均有显著性差异，因此以职业承诺度高分被试所具有的兴趣品质可以作为职业指导和测评的参考。总体来讲，不同职业领域在职业承诺度高低分组上均有显著性差异。

4. 从职业兴趣简码的编制结果来看，在整个职业兴趣代码的分布排序中：管理（M）均排在前三位，在 13 类职业领域的职业兴趣整体代码中均排在了第一位。这一结论在很大程度上说明很多职业领域都需要管理这一基本职业兴趣类型，也证明对管理能力的提升在很多职业领域中是很必要的；在职业指导中，对待就业者的指导，可以强调其对管理能力的重视和培养，加强自身的管理素养，不断提升自身管理能力，为找到工作做好准备；在职业生涯规划中也可以作为一项规划内容，把管理能力的提升作为不同阶段的目标，争取在自身职业生涯规划中做好管理能力及其他主要能力培养重点的意识，加强个人职业锚的建设，在职业发展中稳稳前进。

5. PGI-S 是最新的职业兴趣调查,为职业兴趣提供了新的研究方向。张宇和薛璟通过对该量表的修订和常模的制定,更丰富了个人球形职业兴趣量表在中国文化背景下的应用研究。本研究是对该量表效度的进一步研究,为 PGI-SC 的实证效度研究作出贡献。

6. 国内关于职业兴趣的研究很大比例是以学生为被试,尤其以大学生为主,用以升学及就业指导所用。本研究以在职人员为对象的全国性问卷调查,进一步拓宽了 PGI-SC 的应用范围,提供了可靠的数据资料。

7. 本研究对在职人员职业承诺度与个人球形职业兴趣量表做了探索性研究,通过对职业承诺度与工作满意度的分析,选取工作领域和专业承诺度对等被试,对其进行非参数检验,求取对等性指标与满意度的列联相关系数。结果表明在预测在职人员对本工作领域的满意度方面具有较高的预测效度。因此,开拓了单一维职业承诺度和职业兴趣关系的新方法,更加简单快捷。

8. 通过选取职业承诺度高被试的基本职业兴趣、能力和整体得分的排序,选取排在前三位的兴趣类型,本研究得到了在职人员 20 个职业领域职业承诺度高被试的职业兴趣、能力和整体的英文职业代码搜索表,与霍兰德职业兴趣自我导向搜索表类似,为待就业者提供了一个方便快捷的就业指导工具,也为就业指导人员提供了一个职业指导的测评工具。

9. 本研究受限于样本数量,研究结果受到了一定的影响,虽然得到了最终的职业兴趣英文代码,但在某些领域得到的兴趣代码有重合的部分。未来可进一步考察本量表在其他特殊群体的实证效度。可以进一步建立在职人员个人球形职业兴趣量表的常模。进而考察该量表在中国文化背景下的普适性。

四、结论

1. 本研究的 PGI-SC 中"喜欢部分"、"胜任力部分"和"整体部分"的信度系数均达到心理测量学关于信度研究的标准。PGI-SC 显示的 8 种职业兴趣组成的环形结构基本符合八边形结构,表明该量表的结构效度良好。

2. 全国范围内的在职被试在每个职业兴趣上的得分显著不同,不同的职业兴趣得分能够区分不同的职业领域。

3. 根据对实验结果的定性分析和定量分析,采用职业兴趣的高低分排序得到职业领域搜索简码,为指导未就业人员提供咨询与指导。

参考文献

白利刚. 1996. Holland 职业兴趣理论的简介及评述[J]. 心理学动态,4(2):27-31.

陈芸. 2008. 职业承诺对情绪劳动与工作倦怠的调节作用[D]. 武汉:华中师范大学.

邓希冯. 2012. 展开模型和优势模型在职业兴趣测验中的比较研究[D]. 北京:首都师范大学.

方俐洛,等.1996.HOLLAND 式中国职业兴趣量表的建构[J].心理学报,28(2):113-119.

李义安,等.2010.中小学教师职业承诺、教学效能与职业倦怠的关系模型[J].中国临床心理学杂志,(3):3.

林崇德,等.2003.心理学大辞典[M].上海:上海教育出版社.

凌文辁,等.1998.我国大学科系职业兴趣类型图初探[J].心理学报,30(1):7.

刘少文,等.1999.职业兴趣调查表的编制[J].中国临床心理学杂志,(2):14-17.

龙立荣,等.2000.职业承诺的理论与测量[J].心理科学进展,18(4):40-46.

彭聃龄.2001.普通心理学(修订版)[M].北京:北京师范大学出版社.

盛珊.2011.个人球型职业兴趣活动分量表(PGI-A)的初步修订[D].扬州:扬州大学.

王静.2013.大学生和在职人员职业兴趣与人格关系的研究[D].郑州:郑州大学.

王垒,等.1997.斯特朗-坎贝尔兴趣量表(SCI)的综合介绍[J].心理科学进展,(2):6.

吴俊华.2006.我国大学生职业兴趣现状调查与测验编制[D].重庆:西南大学.

薛璟.2013.个人球形职业兴趣量表简版(PGI-40)的初步修订[D].扬州:扬州大学.

姚世杰.2013.职业兴趣探查量表简版(IP-48-B)的初步修订[D].扬州:扬州大学.

张小平.2009.警察的职业承诺与职业倦怠的相关研究[J].牡丹江大学学报,(12):4.

张宇.2013.个人球形职业兴趣量表简版(PGI-S)中文版的信效度检验[D].郑州:郑州大学.

赵守盈,等.2011.当代大学生职业兴趣结构特征研究[J].心理科学,34(3):6.

HOLLAND J L. 1973. Making vocational choices: a theory of careers. Englewood Cliffs[M]. NJ: Prentice-Hall.

PREDIGER D J. 1982. Dimensions underlying Holland's hexagon: Missing link between interests and occupations? [J]. Journal of Vocational Behavior, 21(3): 259-287.

ROUNDS J, et al. 1992. Methods for evaluating vocational interest structural hypotheses[J]. Journal of Vocational Behavior, 40(2): 239-259.

ROUNDS J, et al. 1993. Prediger's dimensional representation of Holland's RIASEC circumplex[J]. Journal of Applied Psychology, 78(6): 875-890.

ROUNDS J, et al. 1996. Cross - cultural structural equivalence of RIASEC models and measures[J]. Journal of Counseling Psychology, 43(3): 310-329.

TRACEY T, et al. 1996. The spherical representation of vocational interests[J]. Journal of Vocational Behavior, 48(1): 3-41.

TRACEY T. 2002. Personal globe inventory: measurement of the spherical model of interests and competence beliefs[J]. Journal of Vocational Behavior, 60(1): 113-172.

TRACEY T. 2010. Development of an abbreviated Personal Globe Inventory using item response theory: the PGI-Short[J]. Journal of Vocational Behavior, 76(1): 1-15.

第六章

个人球形职业兴趣量表简版中国版的实证效度研究——来自大学生样本

1. 本章主要研究结果

(1)PGI-SC 的 10 个兴趣分量表,总的内部一致性系数为 0.905,分半信度系数为 0.871;10 个能力分量表,总的内部一致性系数为 0.916,分半信度系数为 0.886;10 个整体部分分量表,总的内部一致性系数为 0.916,分半信度系数为 0.889。

(2)结构效度:采用 Randall 软件对假设的既定关系进行随机化检验,结果发现 CI 值为 0.89,P 为 0.004,该结果表明 8 种职业兴趣结构符合八边形。区分效度:以 40 种专业类为分组变量,10 种职业兴趣为因变量,方差分析结果显示,专业类在每种职业兴趣得分上都具有显著性差异($P<0.05$,$P<0.01$,$P<0.001$)。效标效度:以大学生专业承诺问卷平均数为分界线,分为高分组和低分组,进行差异性检验,结果显示高分组和低分组在不同职业兴趣类型上的得分均具有显著性差异($P<0.05$,$P<0.01$,$P<0.001$)。

(3)选择专业承诺度高分组的被试,将每个专业类在 10 种职业兴趣上的得分按高低分进行排列,将这 10 项基本兴趣的排列组合作为该专业类的搜索码,共得到 40 种专业类的职业兴趣搜索码。将 40 种专业类别按照《普通高等学校本科专业目录》标准归为 12 个学科门类,按照同样的方法,得到 12 个学科门类的职业兴趣搜索码。

2. 本章主要观点结论

(1)PGI-SC 的信度系数达到心理测量学的要求,且结构效度良好。

(2)不同职业兴趣得分能够区分不同的专业类型;专业承诺度高的被试的职业兴趣类型可以作为该专业类所必备的兴趣品质。

(3)根据数据分析和理论分析得到的专业类搜索码和学科门类搜索码,可以作为指导高中毕业生选报大学专业的科学依据。

第一节 国内外研究现状与述评

目前大学生就业问题主要表现在两个方面,一是毕业生就业难,二是就业后频繁跳槽。造成这种现象的重要原因之一,就是他们期望的职业与自身的兴趣特点不够契合。

大学生自己的专业和职业兴趣特点在他们未来选择职业的过程中起着非常重要的作用。但有些高中生在填报志愿时比较盲目,可能只是考虑自己的高考分数,并没有充分考虑自身的兴趣和优势,对自己喜欢的专业或者擅长的专业一无所知。而大多数情况下,面对全国招收的林林总总的专业,高中生会转而求助于自己的老师和家长。大部分家长和老师可能会考虑院校的声誉和目前专业的热度等外界因素,再结合学生的高考分数,力求最大可能被录取,与此同时,学生的兴趣和能力被抛在脑后。这时学生一旦被录取,他们经过 1 年或 2 年学习之后,发现自己对自己的专业并不感兴趣,或不能胜任该专业的要求,这将极大地影响其学习的积极主动性,对个人的成长和日后的职业发展都将造成不良的影响(王金吉,2007)。

麦可斯评估公司的调查显示,每年将近 30% 的本科生对自己的专业不满意,而这种"入错行"的结果给学生带来的影响是巨大的,尤其在我国,学生几乎没有更改自己所学专业的权利,这种情况造成的结果可能是那些"入错行"的学生只能在校园里面"凑合"4 年,熬到大学毕业。为此,有的学生为了自己喜爱的专业,会选择跨专业考研,而跨考成功的难度可想而知;有些学生可能会通过出国的途径来达到转专业的目的,而这种代价也是巨大的;当然,还有些学生毕业之后,根据自身专业选择了一个自身不感兴趣的工作,这种情景下可能面临的局面就是频繁跳槽。所以高考填报的志愿对学生日后的生活和工作的影响非常大,而对于个体来讲,如果高考填报志愿的决策失误,那么个体将来为此所付出的代价是巨大的。

心理学强调,每个人都是独特的,自身的创造力、智力与兴趣都与别人不同,都有最适合其从事的活动。但是许多高中生整天埋头苦读,都不太了解自身的情况,更不了解自身的兴趣爱好、个性特征与大学专业或未来的职业有何联系。另外,高校的专业设置越来越多,2012 年中国教育司编制的《普通高等学校本科专业目录》中,基本专业 352 种,特设专业 154 种,仅凭高中生的知识经验,从不同层次的学校与如此众多的专业中做决策,是非常困难的,这早已超出了一个高中生的分析判断能力。

高考填报志愿即所填写的专业是否符合自己的兴趣及能力结构是十分重要的。如何帮助个体全面了解自身职业兴趣,选择一个适合自己的专业应该说是职业生涯规划的关键一步(张厚粲 等,2004)。

一、职业兴趣理论与职业兴趣测量

(一)西方职业兴趣理论和测量研究

在对职业兴趣理论进行研究的近百年来,职业兴趣理论结构的发展经历了一个从无序到有序,从平面结构向立体结构的发展模式,职业兴趣理论的研究日趋成熟。职业兴趣的研究开始于 Strong(1927)和 Kuder(1939)的研究,之后西方学者们陆续提出了一些重要的职业兴趣理论,如 Roe 的圆形模型(1956)、Holland 的六边形模型(1973,1985)、Prediger 的维度模型(1982)、Gati 的层级模型(1979,1991)和 Tracey-Rounds 的球形模型(1995,1996,2002,2010)。

1. Roe 的圆形模型　Roe(1956)将职业分为 8 种反映活动主要焦点的领域,即技术、户外、科学、一般文化、艺术与娱乐、服务、商业接触和组织,其划分的标准是根据职责、能力和技能的程度。可以用特定的圆形来表示八种职业领域之间的关系,其依据的标准是职业活动中人际关系的相似程度,相邻的领域要比相间隔的领域在人际关系的程度上更相似。排列的顺序如图 6-1 所示。

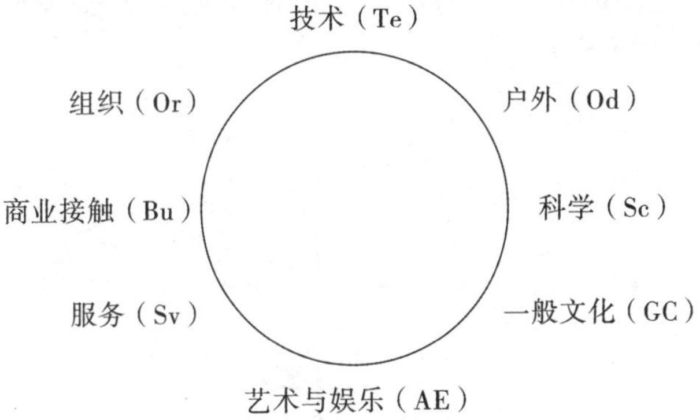

图 6-1　圆形模型

2. Holland 的六边形模型　Holland 的职业兴趣理论在职业兴趣领域上的影响力最大,他提出的人-职匹配理论将职业环境和职业兴趣划分为 6 种类型:现实型(realistic)、研究型(investigative)、艺术型(artistic)、社会型(social)、企业型(enterprising)、常规型(conventional)。该学者通过大量的研究,提出了职业兴趣六边形的理论假设,即 6 种兴趣类型的结构是一个六边形,每种类型排列在六边形的顶角上,相邻职业兴趣类型的距离相等,如图 6-2。六边形的空间距离能够说明 6 种职业兴趣类型关系的紧密程度。距离近则表示二者的关系越紧密,即相邻职业兴趣类型间的相关关系最大,相隔的关系次之,相对的职业兴趣之间的关系最小(李永鑫,2003a)。同时他认为,如果个体的职业兴趣与他所在的职业环境相匹配,那么个体在工作中将得心应手(苏永华,2000)。以其所提出职业兴趣理论为基础,Holland(1977,1985)先后编制了职业偏好量表(VPI)和自我职业选择量表(SDS),各国学者对量表开展一系列修订和实证研究,具有很高的理论和应用价值。

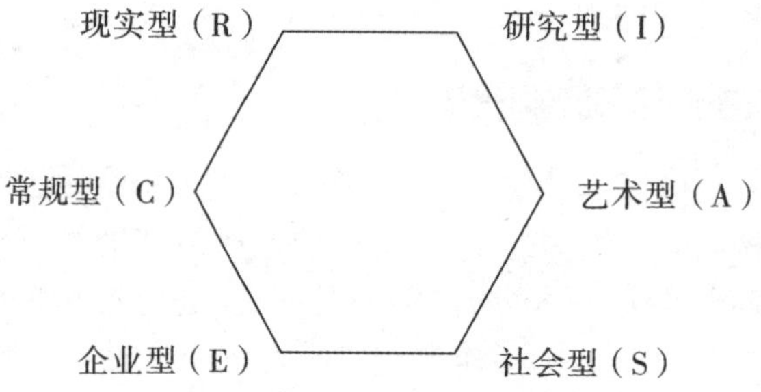

图6-2 六边形模型

3. Prediger 的维度模型 Prediger(1982)采用主成分分析程序对 Holland 的六边形结构进行分析,结果发现 Holland 的六边形模型中有两个潜在的维度:人物/事物和资料/观念,正是这两个维度构成了 Holland 的理论基础(图6-3)。Prediger 的研究成果成为美国大学考试中心的核心(刘长江 等,2003),由于职业领域中职业信息比较繁杂,美国考试中心将美国的数千种职业按照人物/事物和资料/观念两个维度,分成6种职业类别与 Holland 6种职业兴趣类型保持一致:科学-研究型、商业接触-企业型、艺术-艺术型、商业操作-常规型、社会服务-社会型、技术-现实型。

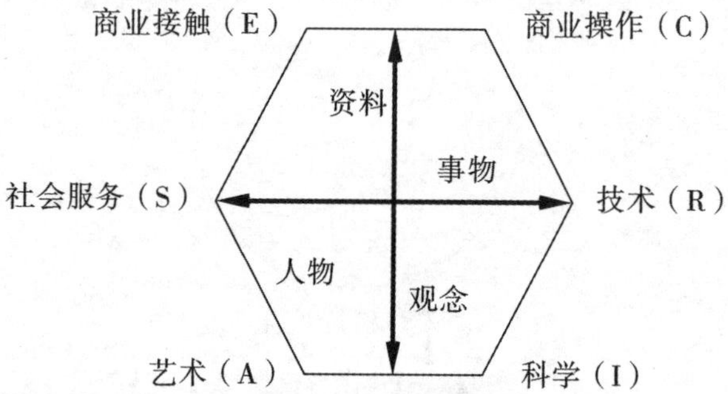

图6-3 维度模型

4. Gati 的层级模型 Gati(1991)认为,兴趣可能会经过连续的几步进行分化,分化的每一步中,个体的兴趣会在某一特殊水平上的某一特定领域内产生分化。同时他指出,职业兴趣是按照多个层级水平来分类的,最高层的职业兴趣分为两个主要的组:软科学和硬科学,接着这两个组又被分为更小的组,这些更小的组被分为几个独立的职业领域,而每个领域又可进一步分为具体的职业。层级模型在分类时分不同步骤,其中第一步的分类是根据最明显区分的特征,随后会根据愈来愈小的差异进行分类(刘长江 等,2003),Gati 对 Holland 六边形模型和 Roe 圆形模型的划分分别见图6-4和图6-5。

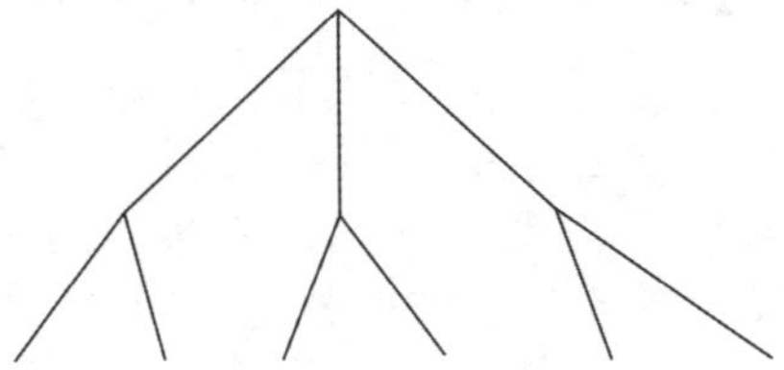

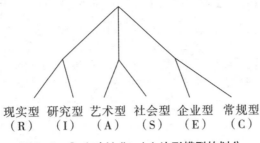

图 6-4　Gati 对 Holland 六边形模型的划分

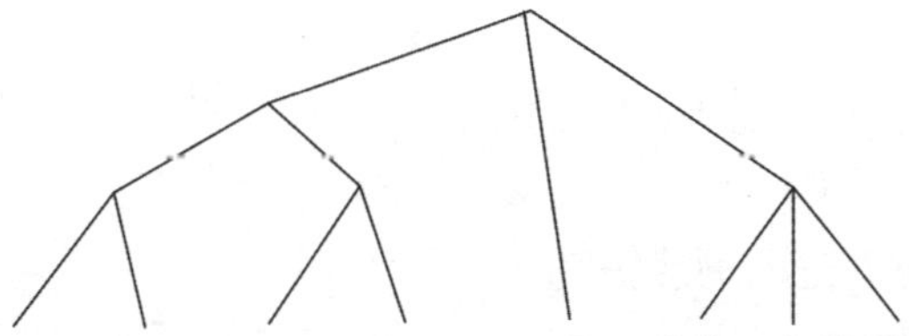

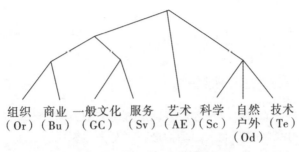

图 6-5　Gati 对 Roe 圆形模型的划分

5. Tracey 和 Rounds 的球形模型　Tracey 和 Rounds 在研究中对其他研究者提出的职业兴趣理论进行了一系列的评估之后，将职业兴趣的结构从二维拓展为三维结构，提出了职业兴趣的球形模型。关于人物/事物、资料/观念维度的划分与 Prediger 基本一致，第三个维度——名望的提出。名望维度的提出是职业兴趣球形模型的显著特点（刘长江等，2003）。这 3 个维度在球形结构中两两正交。Tracey 认为，在人物/事物和资料/观念二维度组成的平面上，均匀地分布着 8 种基本兴趣：社会促进（social facilitating）、管理（managing）、商业细节（business detail）、数据加工（data processing）、机械（mechanical）、自然户外（natural/outdoors）、艺术（artistic）和助人（helping）。在第三个维度——名望上分布着 10 种基本兴趣，其中在低名望维度（low prestige）上的基本兴趣有手工劳动、质量控制、人事服务、建筑/修理、基础服务，在高名望维度（high prestige）上的基本兴趣有影响、社会科学、商业系统、财务分析、科学（图 6-6、图 6-7）。

为测量个体的职业兴趣类型，Tracey 编制了个人球形职业兴趣量表（personal global inventory，PGI），共 118 个项目。整个问卷分为胜任力（competence）和喜欢（liking）两个部分，每部分都包括 10 个分量表用来测量 8 个基本兴趣及高、低名望。此后，研究者相继采用 PGI 对日本、中国、克罗地亚、塞尔维亚这些国家进行施测（1997，2003，2005，2007，2008），结果显示该职业兴趣结构在各国都得到了数据的支持。Tracey（2010）采用项目反应理论（IRT）将原问卷职业活动部分的条目数量从 118 个缩减到 40 个，编制了 PGI 简版（PGI-S），其信效度也都达到了心理测量学的标准。

图 6-6　上半球（高名望）

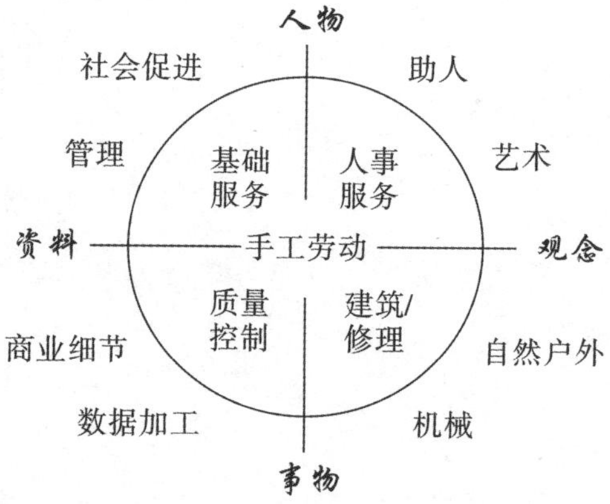

图 6-7　下半球（低名望）

（二）国内职业兴趣理论和测量研究

我国对于职业兴趣的研究以引进西方国家理论并对其理论和量表进行修订为主，当然还有一些学者也对我国的职业兴趣结构进行了有力的探讨。

龙立荣（1991）率先对 Strong 的职业兴趣测验、Kuder 的职业兴趣量表，以及 Holland 的 SDS 进行了介绍，为中国学者了解职业兴趣理论奠定了坚实的基础。龙立荣（1996）以武汉市中学生为对象，对 Holland 的 SDS 进行了修订，使 SDS 的表述更加符合中国文化。白利刚（1996）详细介绍了 Holland 的职业兴趣理论，对我国职业兴趣的研究具有指导意义。而后方俐洛、白利刚（1996）又结合我国国情，以 Holland 职业兴趣理论为框架，编制了中国霍氏职业兴趣量表，为中国学者研究职业兴趣提供了研究工具。

刘少文等（1996）以 Holland 六边形职业兴趣理论为依据，搜集了符合我国文化特点的 268 个项目，向中国的大学生群体施测，结果发现在职业、工作活动和自我评价 3 个方面都符合六边形结构。张厚粲等（2004）以全国范围高中生样本为被试，通过自编职业兴趣问卷，发现我国高中生的职业兴趣分为 7 种类型：艺术型（A，artic）、事务型（C，conventional）、经营型（E，enterprising）、研究型（I，investigative）、自然型（N，natural）、社会型（S，social）、技术型（T，technological），这与外国学者提出的六边形和八边形模型不相同，显示了在近代中国文化下人群特有的职业兴趣特点。石莉（2004）通过自编职业兴趣量表，最终得出 6 种职业兴趣类型：常规型、户外型、研究型、经营型、艺术型和社会型，这 6 种类型的职业兴趣与 Holland 的 6 种类型有很大的重叠。吴俊华（2006）编制职业兴趣问卷探讨了当代大学生的职业兴趣结构，发现我国大学生的职业兴趣为八边形结构；戴翕昀、黎坚等（2013）编制职业兴趣问卷，对中国大学生的职业兴趣结构进行探索，结果得出 9 个维度，分别是研究型、艺术型、展示型、社会型、冒险型、企业型、常规型、现实型和生态型。学者刘长江和 Rounds（2003）在中国职业兴趣研究的基础上提出了职业兴趣的三层三分组模型与空缺的八分圆形模型，经检验，这两种模型更加适合中国文化。张宇（2013）采用中国样本，对 PGI-S 进行修订，最终形成中国式 PGI-Short 版本即 PGI-SC，修订后的量表信度效度都达到了心理测量学的标准，使问卷的表达与中国的文化更加契合。

二、职业兴趣理论的发展融合

随着职业兴趣理论的研究进展，各职业兴趣理论出现了融合的趋势：Kuder(1966)在他的职业兴趣调查表中融入了 Strong 的一些思想；Campbell(1968)在他的职业兴趣量表(SVIB)中引入了 Kuder 调查表中的同质性测验，将其发展成了 SCII。

Roe(1969)提出的职业兴趣的八边形模型，根据职业兴趣类型的相似性将其排列在圆的周围，之后就有学者将 Holland 六边形理论和 Roe 的职业兴趣理论进行了整合(Gati，1991)。Holland 假设职业兴趣六边形模型是一个正六边形结构，但学者经过一系列的研究发现并非如此，Gati(1991)针对 Holland 假设的局限性提出了职业兴趣的层次模型。Prediger(1993)将人物/事物和资料/观念两个维度与 Holland 六边形结构结合在一起，经过多次研究将美国职业类型和职业兴趣相匹配，为美国大学入学考试奠定了基础，具有很高的应用价值。

三、职业兴趣理论的述评

综合各家理论模型，在职业领域中应用最广泛的是 Holland 的六边形模型，很多其他职业兴趣理论都探讨了与六边形理论的关系，比如：SDS 与 SCII 两个职业兴趣量表都是以 Holland 的六边形理论为基础编制的，尽管 KOIS 对职业兴趣的分类与 Holland 的不同，但是为了便于与其他量表进行比较和解释，在解释测验结果时都是将其测验得分转化为 Holland 职业兴趣类型得分(龙立荣，1991)。Prediger(1982)证实了人物/事物和资料/观念两个维度存在于 Holland 六边形模型中，Tracey(2002)的职业兴趣球形模型中也包含了 Holland 6 种职业兴趣类型的算法。

此外，Holland 职业兴趣理论对我国的职业兴趣研究也产生了巨大的影响，在早期研究中，我国学者编制的职业兴趣量表大都是以 Holland 理论为依据，对量表结构的检验也倾向于以 Holland 的 SDS 为效标。但是人们对于职业的选择具有很大的文化限制，不同文化背景下个体的职业兴趣结构、职业偏好和声望评价都不太一样(李永鑫，2003b)。

Holland 的职业兴趣理论产生于美国文化，这种理论的文化普适性受到许多人的质疑。多项研究发现，Holland 职业兴趣的六边形结构在其他文化背景下并没有得到严格的验证。Farh、Leong 等(1998)在研究中发现，Holland 六边形结构在中国香港的实用性低于美国；Tang(2001)通过研究发现，大学生的 6 种职业兴趣类型排列与 RIASEC 的排列顺序不一致。采用 SDS 为研究工具，结果发现中国人的职业类型形成的六边形结构不稳定，如蔡永红、林崇德等(2002)以中学生为被试发现，初三以上的中学生职业兴趣结构之间的关系与 Holland 的职业六边形有所不同；石莉(2004)研究中提到，我国大学生的职业兴趣有 6 种类型，但是这 6 种类型与 Holland 的 6 种职业兴趣类型并不完全一致。吴俊华(2006)编制职业兴趣问卷探讨了当代大学生的职业兴趣结构，发现我国大学生的职业兴趣为八边形结构；李逢玉(2005)通过自编职业兴趣问卷探讨高中生职业兴趣结构，发现呈七边形结构。刘长江和 Rounds(2003)在中国搜集了与 Holland 理论相关的研究，结果表明 Holland 的圆形假设与数据的拟合程度和其他模型相比是最差的。在

Tracey 和 Rounds(2010)的研究中,以中国台湾人为被试,发现 Holland 六边形结构同样不适用于台湾。多项研究发现 Holland 的职业兴趣六边形结构在我国人口中的稳定性并不高。

职业兴趣球形模型是职业兴趣领域中的最新探索,龙立荣(2005)采用基于三维球形结构理论编制而成的个人球形职业兴趣量表(PGI),施测于 721 名中国高中生和 943 名大学生。结果发现,其数据在球形模型和八边形模型的拟合度与美国被试相似。该学者(2006)在另一项研究中对 4 种职业兴趣模型进行结构性元分析,结果发现,中国样本在 Holland 的六边形模型的拟合度较美国样本低,而且在 4 种职业兴趣模型中的适配度最差,而在球形模型上的适配度最好。赵守盈、郭海辉等(2011)运用主成分分析和多维尺度分析方法发现,当代大学生的职业兴趣结构存在 3 个潜在维度,同时这 3 个潜在维度构成的 3 个平面呈球形模型。两位学者在各自的研究中都对个人球形职业兴趣量表简版(PGI-S)进行了修订,并得出一致的结论:以中国群体为研究被试,构成的八边形职业兴趣结构优于 Holland 的六边形职业兴趣结构(张宇,2013;薛璟,2013)。以上研究均表示,职业兴趣球形模型能更好地代表中国人的职业兴趣结构。

四、问题提出

在国内,很多研究采用 Holland 的 SDS 将个体的职业兴趣与人格或者其他心理变量相结合,探讨二者的关系,从而获得了 SDS 的实证效度。有学者认为,职业兴趣明显的分化出现在大学阶段,不同专业学生的职业兴趣有很大差异(Kuder,1966)。凌文辁等(1998)构建的大学科系的职业兴趣类型图是 Holland 职业兴趣理论的应用性研究,科系职业兴趣类型图可以帮助受测者以自身职业兴趣类型为参照,确定适合自己的职业环境。此外龙立荣等人(2000)运用 SDS 研制了我国大学部分专业的搜寻表,以大学专业为"环境",将个体的职业兴趣与之相联系,根据被试职业兴趣类型便可得知其适合的大学专业类型,进一步获得 SDS 的实证效度。

国内有关 PGI-SC 实证效度的研究非常少,本研究将个人球形职业兴趣与专业承诺度结合,探讨两者之间的关系,以期获得该职业兴趣量表的实证效度。在此基础上,以大学专业类和学科门类为"环境",将大学专业类和学科门类与职业兴趣相匹配,找出大学各专业类和学科门类所需具备的职业兴趣类型(即胜任该专业类或学科门类应该具备的基本能力和兴趣特点),编制一个类似于 Holland 职业搜寻表的大学专业搜索码,了解大学各专业所需具备的职业兴趣,让高中生结合自身的职业兴趣选择相应的专业,学习相应的专业技能,为个人选择更适合的专业和职业提供服务,从而促使个人获得更大的职业成就和人生幸福。

第二节　个人球形职业兴趣量表简版中国版的实证效度研究

一、PGI-SC 的信度分析

该研究首先对该量表的同质性信度(Cronbach's α 系数)和分半信度进行了检验(表 6-1)。结果表明:10 个兴趣分量表的 Cronbach's α 系数在 0.600~0.750,分半信度在 0.600~0.780;总体的 Cronbach's α 系数为 0.905,总体的分半信度为 0.871。10 个胜任力分量表 Cronbach's α 系数在 0.610~0.772,分半信度在 0.597~0.789;总体的 Cronbach's α 系数为 0.916,总体的分半信度为 0.886。整体部分的 Cronbach's α 系数在 0.610~0.795,分半信度在 0.610~0.820;总体的 Cronbach's α 系数为 0.916,总体的分半信度为 0.889。所有的信度系数均在 $P<0.001$ 水平上显著。

表 6-1　PGI-SC 的同质性信度和分半信度

项目	信度	社会促进	管理	商业细节	数据加工	机械	自然户外	艺术	助人	高名望	低名望
喜欢部分	同质性信度	0.600	0.655	0.716	0.606	0.75	0.736	0.742	0.601	0.600	0.750
	分半信度	0.600	0.675	0.702	0.664	0.78	0.704	0.713	0.666	0.610	0.780
胜任力部分	同质性信度	0.610	0.677	0.713	0.679	0.772	0.669	0.742	0.610	0.620	0.710
	分半信度	0.600	0.687	0.671	0.670	0.789	0.654	0.733	0.597	0.650	0.780
整体部分	同质性信度	0.610	0.703	0.746	0.698	0.795	0.681	0.766	0.617	0.640	0.780
	分半信度	0.610	0.720	0.720	0.703	0.819	0.746	0.748	0.758	0.660	0.820

二、PGI-SC 的效度分析

(一)PGI-SC 的结构效度分析

关于 PGI-SC 的结构效度,本研究采用 2 种方法进行验证。其一,PGI-SC 8 种基本职业兴趣构成的环形中,相邻兴趣的相关系数最高,间隔的兴趣次之,相对的兴趣相关最小,因此可以采用验证相关的方法,来间接分析其结构效度。

根据 8 种职业兴趣类型的相关矩阵,建构了环形结构图(图 6-8)。由 8 种基本兴趣的相关系数和职业兴趣环形结构图发现,除机械与助人、机械与艺术相关较弱外,其他各职业兴趣类型的相关系数均符合:相邻两个职业兴趣之间的相关系数>间隔职业兴趣的相关系数>相对职业兴趣相关系数(表 6-2)。

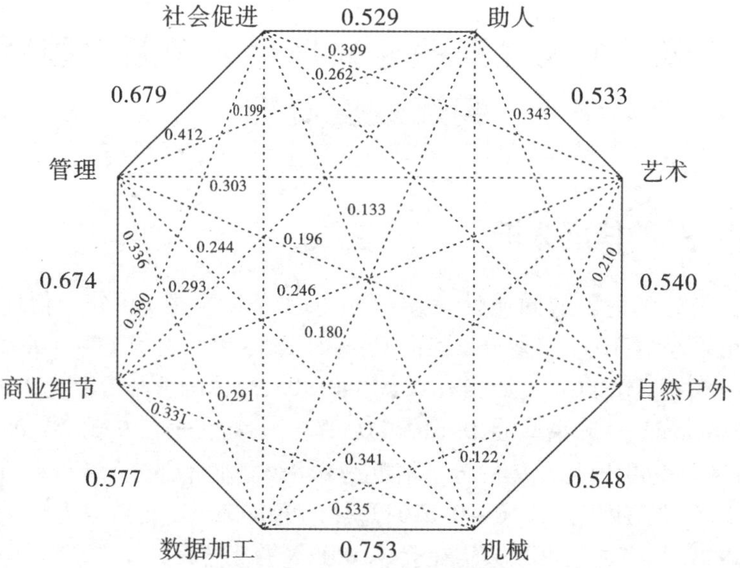

图 6-8　8 种兴趣环形结构图

表 6-2　8 种基本职业兴趣的相关分析(*r*)

职业兴趣	社会促进	管理	商业细节	数据加工	机械	自然户外	艺术
管理	0.631						
商业细节	0.380	0.674					
数据加工	0.199	0.336	0.577				
机械	0.133	0.244	0.331	0.753			
自然户外	0.262	0.196	0.291	0.535	0.548		
艺术	0.399	0.303	0.246	0.341	0.210	0.450	
助人	0.529	0.412	0.293	0.180	0.122	0.343	0.533

其二,采用 Randall 进行假设预测顺序检验。该软件是对具有顺序关系的任何相似或者相异的矩阵的假设关系进行验证,两个重要指标 CI 和 *P* 值,CI 值在-1 ~1。在检验过程中,该值越大越好,说明检验的结构接近环形结构的可能性也就越大,而 *P* 值表示相对应的显著性水平。经过假设检验,PGI-SC 8 种基本职业兴趣的 CI 值为 0.89,而 *P* 值为 0.004($P<0.01$)。两个指标说明了职业兴趣结构符合环形结构,同时也说明了 PGI-SC 具有良好的结构效度。

(二)PGI-SC 的地区常模均数及 40 个专业类的差异检验

计算所有被试在 PGI-SC 10 个分量表上的整体均分、喜欢均分和胜任力均分。由表6-3可知,当代大学生倾向选择管理、社会促进、助人类型以及高名望的职业兴趣,而相对较少选择数据加工、机械、艺术类型和低名望职业兴趣。该表均数与标准差可以作为地区的常模均数。

表 6-3　各分测验的均数及 40 个专业类的方差分析

项目	喜欢部分		胜任力部分		整体部分	
	(M±SD)	F	(M±SD)	F	(M±SD)	F
社会促进	15.57±4.13	3.37***	17.66±4.44	3.68***	33.23±7.61	4.78***
管理	16.93±4.18	5.01***	17.84±4.30	3.09***	34.77±7.63	5.34***
商业细节	15.12±4.67	5.96***	15.80±4.81	3.15***	30.92±8.67	5.39***
数据加工	13.16±4.75	5.85***	12.88±4.74	5.77***	26.04±8.74	7.02***
机械	13.54±5.39	9.35***	12.71±5.43	10.69***	26.25±10.15	10.94***
自然户外	15.44±4.95	3.67***	14.41±4.83	4.29***	29.86±8.94	5.02***
艺术	16.62±5.64	3.74***	13.37±5.24	7.99***	29.99±9.87	6.85***
助人	16.79±4.99	3.50***	15.99±4.56	3.71***	32.78±8.75	4.74***
高名望	16.02±4.55	2.84***	15.14±4.39	3.23***	31.17±8.22	3.70***
低名望	11.43±5.13	5.00***	11.55±5.21	4.84***	22.98±14.36	4.86***

注：＊＊＊表示 $P<0.001$。

为了考察不同专业类在各职业兴趣上的得分是否具有显著性差异，本研究以 40 种专业类为分组变量，职业兴趣得分为因变量进行方差分析。结果显示，40 种专业类在兴趣部分、能力部分和整体部分上得分都具有显著性差异。

（三）不同专业承诺度组别之间的职业兴趣得分差异性分析

以大学生专业承诺问卷总分均数 81 分为界线，将其分为高分组和低分组，并只选择被试人数在分组后大于 30 人的专业类，符合这两个条件的共有 6 个专业类。将两组被试者在 10 种基本兴趣上的得分进行差异性检验，结果（表 6-4）显示：对于化学类，专业承诺高低分两组的得分具有显著性差异的有喜欢方面的数据加工（Da）、机械（Me）和高名望（Hi），胜任力方面的社会促进（So）、数据加工（Da）、机械（Me）、自然户外（Na）和低名望（Lo），整体方面的数据加工（Da）、机械（Me）和自然户外（Na）、高名望（Hi）和低名望（Lo）。对于机械类，在喜欢方面的数据加工（Da）、机械（Me）和自然户外（Na）上，在胜任方面的数据加工（Da）、机械（Me）和自然户外（Na）上，在整体方面的数据加工（Da）、机械（Me）、自然户外（Na）上，专业承诺高低分两组的得分都具有显著性差异。

对于公共管理类，在喜欢部分和整体部分的 10 个兴趣上，在胜任力部分的社会促进（So）、管理（Ma）、商业细节（Bu）、数据加工（Da）、机械（Me）、自然户外（Na）、助人（He）、高名望（Hi）和低名望（Lo）得分上，专业承诺高低分两组的得分具有显著性差异。

对于教育学类，在喜欢方面的商业细节（Bu）、数据加工（Da）、机械（Me）、自然户外（Na）、助人（He）、高名望（Hi）和低名望（Lo）上，在胜任力方面的低名望（Lo）上，在整体部分的商业细节（Bu）、数据加工（Da）、机械（Me）、自然户外（Na）、助人（He）、高名望（Hi）和低名望（Lo）上，专业承诺高低分两组的得分具有差异性显著。

对于新闻传播学类，在喜欢部分的艺术（Ar）、助人（He）、高名望（Hi）和低名望（Lo）上，在胜任力部分的自然户外（Na）、助人（He）和艺术（Ar）上，在整体部分的管理（Ma）、艺术（Ar）、助人（He）和高名望（Hi）上，专业承诺高低分两组的得分具有差异性显著。

对于工商管理类，在喜欢方面的社会促进（So）、管理（Ma）、商业细节（Bu）、数据加工（Da）、自然户外（Na）、艺术（Ar）、助人（He）和高名望（Hi）上，在胜任力部分的10个分量表上，在整体部分的10个兴趣上，专业承诺高低分两组的得分都具有显著性差异。

表6-4　各专业类两组的职业兴趣得分 *t* 检验结果

项目		化学类	机械类	公共管理类	工商管理类	教育学类	新闻传播学类
喜欢部分	社会促进	0.96	1.63	3.41***	3.26***	1.86	1.67
	管理	0.03	0.75	4.31***	5.26***	1.57	1.56
	商业细节	0.34	1.93	4.52***	5.95***	2.10*	1.75
	数据加工	2.51*	2.34*	3.17**	4.17***	2.49*	1.95
	机械	9.04***	2.66**	3.68***	1.64	2.62**	1.35
	自然户外	1.71	2.18*	2.30**	2.16*	2.74**	1.3
	艺术	0.65	0.94	2.29*	3.26***	1.71	2.04*
	助人	1.18	0.59	2.67**	5.30***	3.24**	2.54*
	高名望	2.64**	1.26	4.33***	4.35***	2.68**	2.22*
	低名望	0.85	1.23	2.95**	1.62	3.12**	2.37*
胜任力部分	社会促进	2.17*	0.39	2.54*	3.62***	1.07	0.86
	管理	1.31	1.35	4.96***	4.38***	0.91	2.21
	商业细节	1.89	1.65	3.97***	5.58***	1.57	1.42
	数据加工	2.81**	3.25**	4.09***	4.92***	1.13	1.4
	机械	2.51*	3.39**	3.43***	2.97**	1.68	1.89
	自然户外	2.61*	2.57**	3.11**	4.20***	1.09	1.9
	艺术	1.04	0.70	1.62	4.92***	-0.65	2.03*
	助人	1.64	0.79	2.55*	5.93***	1.63	2.37*
	高名望	1.35	1.37	5.12***	5.25***	1.57	2.60*
	低名望	3.72**	1.92	2.40*	2.54*	3.21**	0.95

续表 6-4

项目		化学类	机械类	公共管理类	工商管理类	教育学类	新闻传播学类
整体部分	社会促进	1.79	1.13	3.33***	3.90***	1.53	1.43
	管理	0.79	1.13	5.25***	5.41***	1.31	2.09*
	商业细节	1.28	1.95	4.74***	6.40***	1.99*	1.71
	数据加工	2.95**	3.04**	3.82***	4.99***	2.04*	1.84
	机械	3.29***	3.31**	3.80***	2.46*	2.36*	1.71
	自然户外	2.39*	2.65**	3.02**	3.45***	2.08*	1.73
	艺术	0.89	0.89	2.19*	4.46***	0.56	2.27*
	助人	1.44	0.78	2.85**	6.16***	2.62**	2.69**
	高名望	2.04*	1.26	5.17***	5.09***	2.26*	2.64**
	低名望	2.59*	1.77	2.86**	2.31*	3.35***	1.83

注：* 表示 $P<0.05$，* * 表示 $P<0.01$，* * * 表示 $P<0.001$。

通过上述分析，获得了 PGI-SC 的实证效度。以上述研究结果为依据，可以为 PGI-SC的实际测评编制各专业类搜索码，从而为高中生的专业选择提出合理科学的解释。

三、我国高校主要专业的职业兴趣搜索码的编制

（一）专业类职业兴趣搜索码的编制

为了更科学地获得各个专业的职业兴趣和能力的量表代码，充分使用已有的数据，本研究计划将每个专业类的学生（专业承诺高分组）在 8 种基本职业兴趣和高低名望 10 项兴趣上得分的平均分，按高低分进行排列，最终将这 10 项基本兴趣的排列组合作为该专业类的代码。比如，教育学专业类中符合条件的学生有 80 名，计算出他们在PGI-SC 中社会促进（social facilitating）、管理（managing）、商业细节（business detail）、数据加工（data processing）、机械（mechanical）、自然户外（natural/outdoors）、艺术（artistic）和助人（helping），高名望（high prestige）和低名望（low prestige）各自的平均分，按照平均分的高低进行排列，所得的 10 个兴趣字母码排列组合就是教育学类的搜索码。依照这种方法，得到 40 个专业类搜索码。由于 PGI-SC 的结果包括 3 个方面：喜欢部分、胜任力部分和整体部分，所以本研究编制各专业类搜索码就采用这 3 个部分的得分，可以得到 3 组专业类搜索码。为了书写方便，采用各职业兴趣类型英文单词前两个字母代表该类型（表 6-5）。

表6-5 各专业类在喜欢部分、能力部分和整体部分上的职业兴趣搜索码

专业类	类别	职业兴趣搜索码
哲学类	喜欢部分	HiArHeNaDaMaMeSoBuLo
	胜任力部分	HiSoNaMaHeArBuMeLoDa
	整体部分	HiHeNaArMaSoDaMeBuLo
金融学类	喜欢部分	MaBuArHiHeSoNaDaMeLo
	胜任力部分	MaBuSoHeHiNaArDaMeLo
	整体部分	MaBuSoHiHeArNaDaMeLo
经济学类	喜欢部分	MaBuHiHeArSoDaMeNaLo
	胜任力部分	MaBuSoHiHeNaArDaMeLo
	整体部分	MaBuSoHiHeArNaDaMeLo
经济与贸易类	喜欢部分	HeHiMaArSoNaBuDaMeLo
	胜任力部分	SoMaHiHeBuNaArDaMeLo
	整体部分	MaSoHeHiBuArNaDaMeLo
法学类	喜欢部分	HiMaHeArSoNaBuDaMeLo
	胜任力部分	MaSoHiHeBuNaArDaLoMe
	整体部分	HiMaSoHeNaBuArDaLoMe
教育学类	喜欢部分	HeArMaHiSoBuNaDaMeLo
	胜任力部分	MaSoHeBuHiNaArDaMeLo
	整体部分	HeMaSoHiBuArNaDaMeLo
外国语言文学类	喜欢部分	HeMaArHiSoNaBuDaMeLo
	胜任力部分	SoMaHeHiBuNaArDaLoMe
	整体部分	MaHeSoHiArBuNaDaMeLo
中国语言文学类	喜欢部分	HeArMaHiSoNaBuDaMeLo
	胜任力部分	MaSoHeHiArBUNaDaMeLo
	整体部分	MaHeSoArHiBuNaDaMeLo
新闻传播学类	喜欢部分	HeArMaSoHiBuNaDaMeLo
	胜任力部分	SoMaHeHiArBuNaDaLoMe
	整体部分	SoMaHeHiArBuNaDaLoMe
历史类	喜欢部分	HiNaArHeMaSoBuMeDaLo
	胜任力部分	MaSoHiHeNaBuArDaMeLo
	整体部分	HiMaHeNaSoArBuMeDaLo

续表 6–5

专业类	类别	职业兴趣搜索码
化学类	喜欢部分	NaMeMaArHiHeSoDaBuLo
	胜任力部分	NaMaSoMeBuDaHeHiLoAr
	整体部分	NaMeMaSoBuHeDaHiArLo
物理类	喜欢部分	NaArMeDaHeHiMaBuSoLo
	胜任力部分	NaDaMeMaSoBuHeHiArLo
	整体部分	NaMeDaMaHeHiArBuSoLo
数学类	喜欢部分	HeHiNaMaBUmeArSoDaLo
	胜任力部分	MaBuSoHeNaHiMeDaLoAr
	整体部分	HeMaBuSoNaHiMeDaArLo
心理学类	喜欢部分	ArHeNaMaSoHiBuMeDaLo
	胜任力部分	SoMaHeBuHiNaArMeDaLo
	整体部分	SoMaHeArHiNaBuMeDaLo
机械类	喜欢部分	MeNaArMaHiHeDaSoBuLo
	胜任力部分	MeMaSoNaDaBuHeHiLoAr
	整体部分	MeMaNaSoDaHeHiBuArLo
电气类	喜欢部分	MaHiDaMeHeSoBuNaLoAr
	胜任力部分	MaSoDaBuMeHeHiNaLoAr
	整体部分	MaSoDaMeHeHiBuNaLoAr
电子信息类	喜欢部分	MeMaHiSoDaBuNaHeArLo
	胜任力部分	SoMaMeBuDaHiNaHeLoAr
	整体部分	SoMeMaDaBuHiNaHeLoAr
水利类	喜欢部分	MeNaDaHeMaArSoHiBuLo
	胜任力部分	MaSoMeNaBuHeDaHiLoAr
	整体部分	MeNaMaSoDaHeBuHiArLo
土木类	喜欢部分	ArHeMaMeHiNaSoBuDaLo
	胜任力部分	SoMaMeHeBuNaDaHiArLo
	整体部分	MaSoHeMeNaArBuHiDaLo
地质类	喜欢部分	MeNaHeMaArDaSoHiLoBu
	胜任力部分	MeMaSoNaDaLoHeHiBuAr
	整体部分	MeNaMaHeSoDaHiLoArBu

续表 6-5

专业类	类别	职业兴趣搜索码
化工与制药类	喜欢部分	HiNaHeArMaSoBuDaMeLo
	胜任力部分	MaHeNaBuHiSoDaArLoMe
	整体部分	MaHeHiNaBuSoArDaMeLo
交通运输类	喜欢部分	MeHeHiDaNaMaBuSoArLo
	胜任力部分	MaMeSoBuDaNaHeHiLoAr
	整体部分	MeMaHeSoDaNaBuHiArLo
农业工程类	喜欢部分	MeMaBuNaDaHiSoLoHeAr
	胜任力部分	MaMeSoBuLoDaNaHiHcAr
	整体部分	MeMaBuSoNaDaHiLoHeAr
环境科学与工程类	喜欢部分	MaSoHiHeBuMeNaArDaLo
	胜任力部分	SoMaBuHeNaDaHiMeArLo
	整体部分	MaSoBuHeNaHiMeDaArLo
植物生产类	喜欢部分	HeArNaMaHiSoBuDaMeLo
	胜任力部分	NaSoMaHeBuHiArMeDaLo
	整体部分	NaHeSoMaArBuHiMeDaLo
自然环境与环境生态类	喜欢部分	NaMaMeHeArBuHiLoDaSo
	胜任力部分	SoMaBuNaHehiMeDaLoAr
	整体部分	MaNaBuSoHeMeHiDaLoAr
林学类	喜欢部分	ArNaHeMaHiBuSoMeDaLo
	胜任力部分	NaSoMaHeBuHiArDaMeLo
	整体部分	NaHeMaArSoBuHiDaMeLo
临床医学类	喜欢部分	ArHeNaMaHiSoBuMeDaLo
	胜任力部分	SoMaHeNaHiBuArMeDaLo
	整体部分	HeMaSoNaHiArBuMeDaLo
药学类	喜欢部分	NaMaHeArHiSoBuMeDaLo
	胜任力部分	SoMaNaHeBuHiMEArDaLo
	整体部分	MaNaHeSoHiBuArMeDaLo
中药学类	喜欢部分	MaHeArHiNaSoBuDaMeLo
	胜任力部分	MaSoHeBuNaHiArDaMeLo
	整体部分	MaHeSoNaBuHiArDaMeLo

续表 6–5

专业类	类别	职业兴趣搜索码
医学技术类	喜欢部分	ArHeMaSoNaHiBuDaMeLo
	胜任力部分	SoMaHeBuHiArNaDaMeLo
	整体部分	HeSoMaArHiNaBuDaMeLo
护理类	喜欢部分	HeArMaSoNaHiBuMeDaLo
	胜任力部分	SoMaHeBuNaHiArDaMeLo
	整体部分	HeMaSoArBuNaHiDaMeLo
管理科学与工程类	喜欢部分	HeMaHiMeSoNaBuDaArLo
	胜任力部分	MaSoHeHiBuMeNaDaLoAr
	整体部分	MaSoHeHiMeBuNaDaLoAr
工商管理类	喜欢部分	MaHeBuArHiSoNaDaMeLo
	胜任力部分	MaSoBuHeHiArNaDaMeLo
	整体部分	MaBuSoHeHiArNaDaMeLo
公共管理类	喜欢部分	HiMaHeArBuSoNaDaMeLo
	胜任力部分	MaSoHiBuHeNaDaMeArLo
	整体部分	MaHiSoHeBuArNaDaMeLo
农业经济管理	喜欢部分	HiMaNaBuHeLoDaMeArSo
	胜任力部分	MaBuArDaNaHeMeHiSoLo
	整体部分	MaBuArNaDaHiHeMeSoLo
物流管理与工程类	喜欢部分	MaHeSoHiNaArBuDaLoMe
	胜任力部分	MaSoHeHiBuNaArLoDaMe
	整体部分	MaHeSoHiBuNaArDaLoMe
旅游管理类	喜欢部分	MaHeBuSoArHiNaDaMeLo
	胜任力部分	SoMaBuHeHiNaDaArMeLo
	整体部分	MaSoHeBuHiArNaDaMeLo
美术类	喜欢部分	ArHeMaSoHiNaBuMeLoDa
	胜任力部分	ArSoHeMaHiBuNaMeLoDa
	整体部分	ArHeMaSoHiNaBuMeLoDa
设计学类	喜欢部分	ArHeHiMaSoNaBuMeLoDa
	胜任力部分	ArSoMaHeHiBuNaMeLoDa
	整体部分	ArHeMaSoHiBuNaMeLoDa

注：采用各职业兴趣类型英文单词前两个字母代表该类型，如哲学类整体部分职业兴趣搜索码是由 HiHeNaArMaSoDaMeBuLo 组成，代表其兴趣量表的得分从高到低依次为高名望、助人、自然户外、艺术、管理、数据加工、机械、商业细节、低名望，其他依次类推。

(二)学科门类的职业兴趣搜索码的编制

专业类的上一级分类学科门类的代码也能够按照这种方法进行计算,《普通高等学校本科专业目录和专业介绍》(2012 年)将我国的本科专业共分为 12 个学科门类,学科门类的搜索码见表 6-6。

表 6-6 学科门类在喜欢部分、胜任力部分和整体部分上的职业兴趣搜索码

学科门类	类别	职业兴趣搜索码
哲学类	喜欢部分	HiArHeNaDaMaMeSoBuLo
	胜任力部分	HiSoNaMaHeArBuMeLoDa
	整体部分	HiHeNaArMaSoDaMeBuLo
经济学	喜欢部分	MaBuArHiHeSoNaDaMeLo
	胜任力部分	MaSoBuHiHeNaArDaMeLo
	整体部分	MaBuSoHiHeArNaDaMeLo
法学	喜欢部分	HiMaHeArSoNaBuDaMeLo
	胜任力部分	MaSoHiHeBuNaArDaLoMe
	整体部分	HiMaSoHeNaBuArDaLoMe
教育学	喜欢部分	HeArMaHiSoBuNaDaMeLo
	胜任力部分	MaSoHeBuHiNaArDaMeLo
	整体部分	HeMaSoHiBuArNaDaMeLo
文学	喜欢部分	HeArMaHiSoNaBuDaMeLo
	胜任力部分	SoMaSoHiBuArnaDaLoMe
	整体部分	MaSoHeHiArBuNaDaMeLo
历史类	喜欢部分	HiNaArHeMaSoBuMeDaLo
	胜任力部分	MaSoHiHeNaBuArDaMeLo
	整体部分	HiMaHeNaSoArBuMeDaLo
理学	喜欢部分	NaMeArHeBuHiSoDaBuLo
	胜任力部分	MaSoNaBuHeMeHiDaArLo
	整体部分	NaMaSoHiMeHiBuArDaLo
工学	喜欢部分	MeNaBuHeHiDaArSoBuLo
	胜任力部分	MaSoMeBuNaDaHeHiLoAr
	整体部分	MeMaSoNaDaHeHiBuArLo

续表 6-6

学科门类	类别	职业兴趣搜索码
农学	喜欢部分	HeArNaMaBuHiSoMeDaLo
	胜任力部分	NaSoMaHeBuHiArMeDaLo
	整体部分	NaHeBuSoArBuHiMeDaLo
医学	喜欢部分	HeArMaNaHiSoBuMeDaLo
	胜任力部分	SoMaHeNaBuHiArMeDaLo
	整体部分	MaHeSoNaHiArBuMeDaLo
管理学	喜欢部分	MaHeBuHiArSoNaDaMeLo
	胜任力部分	MaSoBuHeHiNaArDaMeLo
	整体部分	MaSoHeBuHiArNaDaMeLo
艺术学	喜欢部分	ArHeHiMaSoNaBuMeLoDa
	胜任力部分	ArSoMaHeHiBuNaMeLoDa
	整体部分	ArHeMaSoHiNaBuMeLoDa

(三)专业承诺高低两组职业兴趣搜索码的比较

研究为了验证取舍样本的有效性,以及所得搜索码的有效性,将大学生专业承诺问卷上总分低于总均分且被舍弃样本在30人以上的专业类作为被试,符合这一条件的专业类有化学类、机械类、公共管理类、教育学、新闻传播学类、工商管理类共6类。然后按照相同的方法,计算被舍弃被试的专业类搜索码,结果显示,将专业承诺低分组专业类搜索码与专业承诺高分组学生的专业类搜索码相比对,所有专业类分组在字母排序方面都不完全相同(表6-7)。此结果进一步表明,排除专业承诺低分组,将专业承诺高分组的职业兴趣得分作为编码依据的必要性。

表 6-7 专业承诺高低分组的专业类职业兴趣代码对比

专业类	类别	职业兴趣代码(高分组)	职业兴趣代码(低分组)
化学类	喜欢部分	NaMeMaArHiHeSoDaBuLo	NaMaArSoHeBuMeHiDaLo
	胜任力部分	NaMaSoMeBuDaHeHiLoAr	MaNaSoBuMeHeHiDaArLo
	整体部分	NaMeMaSoBuHeDaHiArLo	MaNaSoBuMeHeHiArDaLo
机械类	喜欢部分	MeNaArMaHiHeDaSoBuLo	MaMeHeArHiNaSoDaBuLo
	胜任力部分	MeMaSoNaDaBuHeHiLoAr	SoMaHeBuMeHiNaDaArLo
	整体部分	MeMaNaSoDaHeHiBuArLo	MaSoHeMeHiNaArBuDaLo

续表 6-7

专业类	类别	职业兴趣代码(高分组)	职业兴趣代码(低分组)
公共管理类	喜欢部分	HiMaHeArBuSoNaDaMeLo	MaHeHiArSoBuNaDaMeLo
	胜任力部分	MaSoHiBuHeNaDaMeArLo	SoMaHeHiBuNaArDaMeLo
	整体部分	MaHiSoHeBuArNaDaMeLo	MaSoHeHiBuArNaDaMeLo
教育学	喜欢部分	HeArMaHiSoBuNaDaMeLo	MaArHeHiSoBuNaDaMeLo
	胜任力部分	MaSoHeBuHiNaArDaMeLo	MaSoHeBuHiArNaDaMeLo
	整体部分	HeMaSoHiBuArNaDaMeLo	MaSoHeArHiBuNaDaMeLo
新闻传播学类	喜欢部分	HeArMaSoHiBuNaDaMeLo	MaSoHeArHiNaBuMeDaLo
	胜任力部分	SoMaHeHiArBuNaDaLoMe	SoMaHeHiBuArNaLoDaMe
	整体部分	SoMaHeHiArBuNaDaLoMe	SoMaHeHiArBuNaDaLoMe
工商管理类	喜欢部分	MaHeBuArHiSoNaDaMeLo	MaArSoHeBuHiNaMeDaLo
	胜任力部分	MaSoBuHeHiArNaDaMeLo	MaSoBuHeHiNaArDaMeLo
	整体部分	MaBuSoHeHiArNaDaMeLo	MaSoBuHeHiArNaDaMeLo

四、分析讨论

(一)PGI-SC 的信度和效度水平

本研究的目的是要探索职业兴趣与专业承诺的关系,编制大学专业类搜索码,获得 PGI-SC 的实证效度,以便将 PGI-SC 推广到更广阔的应用领域。所以,PGI-SC 信度和效度直接关系到该测评工具在实践中的可靠性和科学性。

在 PGI-SC 量表中,10 个兴趣分量表的 Cronbach's α 系数在 0.600 ~ 0.750,分半信度在 0.600 ~ 0.780,总的 Cronbach's α 系数为 0.905,总的分半信度为 0.871。10 个能力分量表 Cronbach's α 系数在 0.610 ~ 0.772,分半信度在 0.597 ~ 0.789,总的 Cronbach's α 系数为 0.916,总的分半信度为 0.886。整体部分的 Cronbach's α 系数在 0.610 ~ 0.795,分半信度在 0.610 ~ 0.820。总体的 Cronbach's α 系数为 0.916,总体的分半信度为 0.889。数据显示,PGI-SC 的各个分量表的信度系数基本能达到心理测量学的要求,由此可知采用 PGI-SC 用来测量大学生的职业兴趣类型的结果是可信的。

结构效度是评价量表有效性的标准之一。Tracey(1995)认为分布在赤道平面的 8 种基本职业兴趣组成的是八边形的环形结构,本研究发现,PGI-SC 的 8 种基本兴趣相邻 2 个职业兴趣之间的相关系数>间隔职业兴趣的相关系数>相对职业兴趣相关系数,由此表明 PGI-SC 的结构效度良好区分效度是量表效度的重要指标。40 种专业类在不同职业兴趣类型上的差异性分析显示,不同专业类在每种职业兴趣上都具有显著差异,表明 PGI-SC 的区分效度良好。如果以代码的形式,将 10 个 PGI-SC 的分量表代码按高低分进行组合,作为对应专业的代码,便可区分不同的专业类。

在本研究中，以承诺度量表总分为效度指标。符合分类标准的6种专业类被试的职业承诺度高分组和低分组在各职业兴趣上的差异性分析显示，无论是兴趣部分、能力部分还是整体部分，不同组别在不同职业兴趣上的得分均具有差异，因此PGI-SC具有一定的校标效度，也就是说PGI-SC的得分在一定程度上可以预期一个人的专业承诺度。专业承诺度总分越高，说明学生对自己所学专业越满意，且能够胜任自己所学的专业。进一步推论，专业承诺度高的被试的自身职业兴趣特点更能代表本专业类学生的特点，即专业承诺度高分被试的职业兴趣类型可以作为该专业类所必备的兴趣品质。

（二）专业类职业兴趣搜索码的同时效度

如果本研究所编制的专业搜索码是有效的，那么在理论上这种搜索码也应当具有一定的区分性，也就是专业承诺度高被试所得职业兴趣代码与专业承诺低被试的职业兴趣搜索码有所差异。我们抽取了专业承诺低且不少于30个被试的专业类与对应的专业类进行比较，结果发现在化学类、机械类、公共管理类、教育学、新闻传播学类、工商管理类这6类上，专业承诺度高低两组的职业兴趣代码在字母排列上都有所不同。由此可以说明，专业承诺度高的被试自身职业兴趣特点更能代表本专业类学生的特点，即专业承诺高分被试的职业兴趣类型可以作为该专业类所必备的兴趣心理品质。这可说明本研究所得专业类职业兴趣代码具有一定的可靠性。

通过对相关文献的查阅，了解了相关专业的基本情况（如学习本专业类需要具备哪些兴趣和能力），结果发现本研究所获得的专业类代码具有较高的同时效度。比如：工商管理类的整体职业兴趣代码顺序为 MaBuSoHeHiArNaDaMeLo，第一个字母码是管理（managing），管理型的个体兴趣在于管理和规划企业或组织的主要活动，解决问题和做出决策，预测和规划未来，组织、协调和监督他人等（2002，Tracey）。第二个字母码是商业细节（business detail），这一类型的个体，对会计、评估、咨询和预算感兴趣（Tracey，2002）。第三个字母码是社会促进（social facilities），社会促进职业兴趣类型的个体对需要与其他人合作的工作感兴趣，比如对销售、协助并提供信息或管理等服务工作有兴趣（Tracey，2002）。而最后一个字母码是低名望（low prestige），这类的个体可能更偏爱手工劳动、建造或维修物件和提供基础服务等，这与从事管理性质的工作有很大偏差。排在倒数第二位的字母码是机械（mechanical），这种类型的个体喜欢与机械打交道、动手能力较强。倒数第三位的字母码是数据加工（data processing），这类个体擅长与数据打交道。综合看来，后3个字母码所携带的信息与工商管理专业类的个体需要具备的特征偏离很大，这从反面检验了编制搜索码的有效性。

根据普通高等学校本科专业目录和专业介绍（2012年）的有关条目，工商管理类对学生的培养目标是掌握企业管理的定性和定量分析方法，具有较强文字和语言功底、人际沟通，以及分析企业管理工作和解决管理问题的基本能力。总的来看，这与该专业类搜索码的含义基本一致。

通过对该专业类同学和辅导员的访谈，得知工商管理类应当具备的个人素质和专业能力为：对信息敏感、细心和条理性；有计划、组织、协调、控制等方面的基础知识；具有市场营销、采购、研究开发管理、服务、财务、人力资源、信息化建设等业务管理知识；团队协调、合作，与同事相互协作的能力较强。通过对比发现，本研究结果同访谈信息有较高的一致性。根据这一思路，本研究共调查的 40 个专业类中，39 个专业类的代码与文献查阅和访谈结果相似，具有较高的同时性效度，但是土木类代码与文献查阅和访谈结果不符。根据研究结果，土木类的职业兴趣代码是 MaSoHeMeNaArBuHiDaLo，首字母码是管理型（managing），需要个体具有管理上的才能，其次需要良好的团队协作能力和乐于帮助他人。但是访谈反馈的信息是土木类专业要求学生掌握文字图纸表达、力学分析和施工技术等方面的技能，而不太重视其管理上社会交往能力的培养。出现这种情况的原因可能是选取本专业类的样本量偏小，抽样不具有代表性。

（三）编制学科门类的职业兴趣搜索码的意义

专业类的上一级概念是学科门类，目前我国包括哲学、经济学、法学、教育学、文学、历史学、理学、工学、农学、医学、管理学和艺术学 12 个学科门类。本研究编制了学科门类的职业兴趣搜索码，文献查阅的结果显示，各学科门类代码与对此类学生的要求具有较高的符合程度。这在一定程度上说明了学科门类搜索码的有效性。

编制学科门类职业兴趣搜索码的意义在于，根据职业兴趣测量结果，学生可以了解适合自己的学科领域，把握高考志愿的填报方向。此外，在某个学科门类上，个体能够拥有更大的选择空间。

（四）编制专业类搜索码的方式

本研究中各专业类搜索码和学科搜索码是按照喜欢部分、胜任力部分和整体部分进行编制的。喜欢部分反映了个体对某个领域职业或专业领域感兴趣，渴望从事相关活动；胜任力部分反映了个体是否擅长该领域的活动，即对该领域活动的胜任力；整体部分就是将喜欢和胜任力部分结合起来综合的反应。在研究中，将被试的喜欢得分与胜任力得分做皮尔逊相关分析，二者的相关系数（r）= 0.630（$P<0.01$），这说明个体“喜欢做”与“能做”有很多一致性，但是二者又不完全对等，因此有必要将喜欢部分和胜任力部分分离开来。将兴趣和能力分开，并各自编制代码的优势是：能让接受测量的个体了解自身兴趣和能力的差异，如果被试在某些方面很感兴趣但是能力得分很低，个体可以考虑加强这些方面的能力培训。此外，个体还能够根据自己的能力得分选择适合自己的专业类或学科门类，同时注意在该方面兴趣的培养，对于按照喜欢部分建议选择的专业类，建议学生进入大学后可以将此专业类作为自己的第二专业；比较折中的方式是个体根据自己在整体方面的得分，选择适合自己的专业类和学科门类，这既考虑了个体的兴趣方面又结合了能力方面。

五、结论

第一，PGI-SC 的信度系数达到心理测量学的标准，且该量表的结构效度良好。

第二，不同的职业兴趣得分能够区分不同的专业类型；专业承诺度高的被试的职业兴趣类型可以作为该专业类所必备的兴趣品质。

第三，根据数据分析和理论分析得到的专业类搜索码和学科门类搜索码，可以作为指导高中毕业生选报大学专业的科学依据。

参考文献

白利刚. 1996. Holland 职业兴趣理论的简介及评述[J]. 心理学动态,4(2):28-31.

蔡永红,等. 2002. 中学生职业兴趣的结构及其特点[J]. 心理发展与教育,18(1):80-85.

戴翕昀,等. 2013. 当代大学生职业兴趣的结构与测量[J]. 心理学探新,33(3):260-265.

樊明成. 2009. 中国普通高校专业选择的研究[D]. 厦门:厦门大学.

方俐洛,等. 1996. HOLLAND 式中国职业兴趣量表的建构[J]. 心理学报,28(2):113-119.

冯伯麟. 1986. 中学生职业选择中的主要因素[D]. 北京:北京师范大学.

顾明远. 1991. 教育大辞典(第3卷)[M]. 上海:上海教育出版社.

李逢玉. 2005. 高中学生职业兴趣的调查研究[D]. 重庆:西南师范大学.

李永鑫. 2003a. Holland 职业兴趣理论及其中国化研究[J]. 华北水利水电学院学报(社会科学版),19(003):11-13.

李永鑫. 2003b. 中国职业兴趣研究综述[J]. 信阳师范学院学报(哲学社会科学版),4(23):56-59.

连榕,等. 2005. 大学生的专业承诺、学习倦怠的关系与量表编制[J]. 心理学报,3(5):632-636.

凌文辁,等. 1998. 我国大学科系职业兴趣类型图初探[J]. 心理学报,3(1):78-83.

刘长江,等. 2003a. 职业兴趣的结构:理论与研究[J]. 心理科学进展,11(4):457-463.

刘长江,等. 2003b. 评估职业兴趣的结构[J]. 心理学报,35(3):411-418.

刘少文,等. 1996. 职业兴趣的理论与评估方法. 国外医学,精神病学分册,(4):200.

龙立荣,等. 2000. 运用职业自我选择测验(SDS)研制大学专业搜寻表的初步研究[J]. 心理学报,32(4):453-457.

龙立荣. 1991. 国外三个职业兴趣测量[J]. 心理科学,(6):59-60.

龙立荣. 1996. 自我职业选择测验(SDS)的试用报告[J]. 应用心理学,2(1):44-51.

彭聃龄. 2008. 普通心理学[M]. 北京:北京师范大学出版社.

石莉. 2004. 当代大学生职业兴趣研究[D]. 苏州:苏州大学.

苏永华. 2000. 成人与中学生被试 Holland 职业定向测验(SDS)结果的比较[J]. 人类工效学,6(3):10-15.

王金吉. 2007. 高考专业兴趣测验的编制[D]. 上海:上海师范大学.

吴俊华. 2006. 我国大学生职业兴趣调查与测验编制[D]. 重庆:西南大学.

薛璟. 2013. 个人球形职业兴趣量表简版 PGI-40 的初步修订[D]. 扬州:扬州大学.

杨琴. 2006. 浅谈职业兴趣的内涵及其培养[J]. 湖南科技学院学报,(27):261-263.

俞文钊.1996.职业心理与职业指导[M].北京:人民教育出版社.

张厚粲,等.2004.我国中学生职业兴趣的特点与测验编制[J].心理学报,36(1):89-95.

张宇.2013.个人球形职业兴趣量表简版 PGI-SC 中文版的信效度检验[D].郑州:郑州大学,2013.

赵守盈.2011.当代大学生职业兴趣结构特征研究[J].心理科学,34(3):761-766.

AKBARZADEH M.2010.Normalization,determining validity and reliability of the Occupational Preference form of Personal Globe Inventory in students of Isfahan University[D]. Isfahan:University of Isfahan,slamic Republic of Iran.

BETSWORTH D G. et al. 1997. Vocational interests: a look at the past 70 years and a glance at the future[J]. The Career Development Quarterly,46(1):23-47.

CAULUM D. et al. 2011. Technical report: re-validation studies of the PGI and other ecareers. sg assessments[R]. Madison, WI: Center for Work and Education, University of Wisconsin.

DARCY. et al. 2005. Examination of the structure of Irish students' vocational interests and competence perceptions[J]. Journal of Vocational Behavior,(67),321-333.

DONNAY D A C. et al. 1997. Strong's legacy and beyond:70 years of the strong interest inventory[J]. The Career Development Quarterly,46(1):2-22.

FARH. et al. 1998. Cross-cultural validity of Holland's model in Hong Kong[J]. Journal of Vocational Behavior,40,129-143.

GATI I. 1991. The structure of vocational interests[J]. Psychological Bulletin,(109):309-324.

HANSEN, et al. 1993. Gender differences in the structure of interest[J]. Journal of Vocational behavior,(42),200-211.

HEDRIH, et al. 2008. Structure of vocational interests in Serbia: Evaluation of the spherical model[J]. Journal of Vocational Behavior,(73),13-23.

HOLLAND J L. 1973. Making vocational choices: A theory of careers[M]. Englewood Cliffs, NJ: Prentice-Hall.

HOLLAND J L. 1985. Making vocational choices: A theory of vocational personalities and work environments[M]. Englewood Cliffs, NJ: Prentice-Hall.

HOLLAND, et al. 1977. Manual for the vocational preference inventory[J]. Palo alto, calif: consulting psychologists Press:25-56.

JOHN L. 1995. Holland. Making Vocational Choices. Third Edition[Z]. Psychological Assessment Resources, Inc.

KUDER. 1966. Kuder occupational interest survey[R]. Science Research Associatiates.

LONG, et al. 2005. Generalizability of interest structure to China: Application of the Personal Globe Inventory[J]. Journal of Vocational Behavior,66(1):66-80.

LONG, et al. 2006a. Structure of RIASEC scores in China: A structural meta-analysis[J].

Journal of Vocational Behavior,(68):39-51.

LONG,et al. 2006b. Structure of interests in Japan: Application of the Personal Globe Inventory occupational scales[J]. Measurement and Evaluation in Counseling and Development,(38):222-235.

PREDIGER D. 1982. Dimensions underlying Holland's hexagon: Missing link between interests and occupations? [J]. Journal of Vocational Behavior,(21):259-287.

ROE A. 1956. The psychology of occupations[M]. New York: Wiley.

ROUNDS J, et al. 1996. Cross - cultural structural equivalence of RIASEC models and measures[J]. Journal of Counseling Psychology,(43):310-329.

ROUNDS,J. 1995. Vocational interests: Evaluation of structural hypotheses[M]. In D. Lubinski& R. V. Dawis (Eds.), Assessing individual differences in human behavior: New concepts, methods, and findings. Palo Alto, CA: Consulting Psychologists Press.

SU,R,et al. 2009. Men and things, women and people: A meta-analysis of sex differences in interests[J]. Psychological Bulletin,(135):859-884.

SVERKO. 2008. Spherical model of interests in Croatia [J]. Journal of Vocational Behavior,(72):14-24.

TANG M. 2001. Investigation of the structure of vocational interests of Chinese college students[J]. Journal of Career Assessment,9(4):365.

TERENCE J G,et al. 2010. Development of an abbreviated Personal Globe Inventory using item response theory: The PGI-Short[J]. Journal of Vocational Behavior,1-15.

TRACEY T J G, et al. 1996. The spherical representation of vocational interests [J]. Journal of Vocational Behavior,(48):3-41.

TRACEY T J G. 2002. Personal Globe Inventory: Measurement of the spherical model of interests and competence beliefs[J]. Journal of Vocational Behavior,(60):113-172.

TRACEY T J G. 2010. Keynote Address: Issues of Moderation. International Conference on Service-Learning and Career Development[Z]. Taipei, Taiwan.

TRACEY T J, et al. 1995. The arbitrary nature of Holland's RIASEC types: Concentric circles as a structure [J]. Journal of Counseling Psychology, (42): 431-439.

YU ZHANG, et al. 2013. Vocational interests in China: An evaluation of the Personal Globe Inventory-Short[J]. Journal of Vocational Behavior,(83):99-105.

第七章

职业兴趣类型结构的探讨及量表编制——对大学生样本的实证研究

1. 本章主要研究结果

（1）探索性因素分析获得了包含13个因子91个项目的正式量表。

（2）13个因素间的内部一致性信度系数在0.67～0.90；13个分量表的内容与最初设计的14个职业兴趣类型基本一致，表明量表具有较好的内容效度；对职业兴趣部分13个因素之间得分的相关在0.1～0.6，而各因素得分与测验总分的相关在0.3～0.8的中等相关范围内，符合心理测量中结构良好的标准。

（3）采用职业兴趣正式量表与职业承诺度问卷合并施测，以高职业承诺度（职业承诺问卷正向得分平均数前30%的数据）为校标，筛选出970人，对11个职业类在13个职业兴趣上进行方差分析，事后检验表明除抽象技术型、实物操作型、健身运动型及政治权利型以外，11个职业类的被试在其余的9个种职业兴趣类型之间皆有显著差异（$P<0.05$）。

（4）通过描述统计、独立样本t检验及方差分析，结果发现：①我国在职人员普遍在利他奉献型、健身运动型、政治权利型上的得分较高，而在抽象技术型、科学研究型、实物操作型上的得分最低；②在职人员除了社会科学型以外，其他12种职业兴趣类型均存在显著的两性差异（$P<0.05$），其中，在抽象技术型、刺激冒险型、企业经营型、实物操作型、科学研究型、健身运动型、政治权利型上男生得分显著高于女生（$P<0.05$），而在文学创作型、艺术创作型、利他奉献型、表演展示型、常规事务型上女生得分显著高于男生（$P<0.05$）；③在职人员除了利他奉献型与实物操作型以外，其他11种职业兴趣类型均在学历层次上存在显著差异（$P<0.05$）。

2. 本章主要研究结论

（1）大学生职业兴趣量表包含13个维度，分别为"实物操作型""抽象技术型""科学研究型""社会科学型""艺术创作型""文学创作型""表演展示型""利他奉献型""企业经营型""政治权利型""常规事务型""健身运动型""刺激冒险型"。

（2）该量表的内容效度、结构效度、校标效度及信度均良好。

（3）男生更倾向于抽象技术型、刺激冒险型、企业经营型、实物操作型、科学研究型、健身运动型、政治权利型等职业兴趣，而女生更倾向于文学创作型、艺术创作型、利他奉献型、表演展示型、常规事务型；且不同学历层次的群体其职业兴趣类型也不同。

(4)该职业兴趣量表可以作为大学生择业，以及进行职业生涯规划的工具。

第一节　职业兴趣理论及其测评工具的研究现状

一、职业兴趣理论的发展现状

国内有关职业兴趣的研究相对落后，经历了从初期以引进西方职业兴趣理论和修订西方量表为主到问卷的自主编制及应用的研究过程，其间也不乏学者对职业兴趣相关领域进行的开创性研究。目前，国内的学者们已经开始了职业兴趣的本土化研究，并根据中国的实际情况提出了一系列的职业兴趣理论与结构。

我国对职业兴趣进行最早探索的是侯厚培、庄泽宣等人，他们于1924年依据清华大学职业指导部收集到的清华学生的"择业表格"所填信息，对本校学生各专业与其相应的职业兴趣的特点进行了讨论。这是我国对职业兴趣的早期探索。

1. 三层三分组模型与空缺的八分圆形模型　刘长江(2010)等人在调查了众多与中国职业兴趣相关的研究后，提出了两个职业兴趣的结构模型。①三层三分组模型(a three-level three-group partition, TTP)。在该结构中RIASEC是按层级进行排列的，其中R与I、A与S、E与C所构成3个独立的组位于层级结构的最底层，而A与S、E与C则共同构成一个组，组成了该层级模型的第二层。最后，R与I、A与S、E与C构成的一组构成第三层。②空缺的八分圆形模型(a two-pen octant circular model, TOCM)。其中RIASEC按圆形排列，6种职业兴趣类型依旧按RIASEC的顺序分布，而R与C、I与A之间的相关与距离呈反比。

2. 职业兴趣的7种类型　张厚粲等(2004)在中西方职业兴趣相关研究的基础上，探究了中国高中生职业兴趣的特点，提出了中国当代高中生职业兴趣的7种类型理论，分别为事务型、艺术型、研究型、经营型、技术型、社会型和自然型。

1991年，龙立荣(1991)对Strong-Campbell职业量表(Strong-Campbell interest inventory, SCII)、Kuder职业兴趣量表(Kuder occupational interest survey, KOIS)和Holland自我职业选择量表(the self-directed search, SDS)的应用情况，以及发展趋势进行了介绍；同时，时勘于1993年在他的《心理咨询读本》中针对Holland的自我职业选择量表(SDS)及其如何使用进行了介绍，然而这些介绍主要侧重于Holland职业兴趣测验的引进方面；紧接着，在1996年白利刚进一步对Holland职业兴趣理论开展了更加详尽的说明与评价。从此，中国心理学界对Holland职业兴趣理论的认识与应用日益普遍起来。至今为止，近乎任意一个有关职业兴趣与择业的论文和著作，都能看到Holland的职业兴趣理论，以及职业兴趣量表的身影。

我国学者并不止于对Holland的理论和工具的介绍，1996年，龙立荣等修订了

Holland 1985 年版的自我职业选择量表(SDS),随后其适用性在我国中学生群体中得到了验证。1996 年,白利刚、凌文辁等根据 Holland 职业兴趣理论,并综合考虑我国国情及职业分类体系的特点,编制了霍兰德中国职业兴趣测评量表。1998 年,凌文辁、白利刚及方俐洛以高校的科系类别作为环境,构建了高校科系的职业兴趣类型图,直接将个体在高校所在的科系与其职业兴趣类型联系起来。在修订自我职业选择量表(SDS)的基础上,龙立荣等人于2000 年又参考 Holland 编制自我职业选择量表的方法,以高校专业作为环境,将职业兴趣类型与高校专业关联在一起,建立起一个大学部分专业的专业搜寻表。

二、职业兴趣测评工具的研究现状

(一)西方职业兴趣测评工具编制的发展

在西方,有关兴趣测验的探索最早始于 20 世纪初。对兴趣与能力关系的讨论最先由 Thorndike(1912)展开;对兴趣测验进行系统研究则是以 James Miner 于 1915 年编制的第一个兴趣问卷为开端;而最早尝试进行相关职业兴趣测评工具编制的是 Thurtone,他于第一次世界大战时期编制了瑟斯通职业兴趣调查表(Turstone vocational interest schedule);1915 年,Hall S 和 Miner J 编制了另一个兴趣测量问卷。这些都是早期的一些探索研究。随后,Strong E. K. 于 1927 年编制了斯特朗职业兴趣量表(Strong Vocational Interest Blank,SVIB),这是最早的职业兴趣测验;在同一时间,Kuder G. F. 开始对职业兴趣测验展开探索,并于 1939 年编制并发布了库德个人偏好记录表即 KPR(Kuder preference record),1966 年该量表进一步发展成为库德职业兴趣量表即 KOIS(Kuder occupational interest scale);20 世纪 50 年代,Holland 开始对职业兴趣进行探究,1952 年,他基于职业人格理论编制了职业偏好量表(vocational preference inventory,VPI),在此基础上于 1969 年又编制了自我职业选择量表(self-directed search,SDS),并于 1970 年提出了"人格特质与工作环境相匹配"的理论。

从 1956 年以后,一系列的职业兴趣测验开始出现融会贯通:首先是 Kuder(1966)在库德职业兴趣量表中引入了 Strong 的一系列观点;随后是 Campbell(1968)对 SVIB 进行了修订,把库德职业兴趣量表中的同质性测验引入了 SVIB 中,增加了基本兴趣量表(BIS)和一般职业主题(GOT),将其发展成为斯特朗-坎贝尔兴趣调查表(Strong-Campbell interest inventory, SCII);之后是将经验模式与理论模式相统一,也就是以 Holland 的理论为依据所编制的 Strong 的职业兴趣测验;最后是 Rounds 与 Tracey(2002)以 Holland 职业兴趣理论为依据构建的职业兴趣球形模型,他们还编制了个人球形职业兴趣量表(personal global inventory,PGI)。

(二)我国职业兴趣测评工具的研究现状

在国内,学者对职业兴趣的研究和相关测评工具的开发开始得较迟,前期的研究也以引进西方理论及修订其相关量表为主要方面。

首先,在对国外问卷的引进与修订方面:郑日昌在 1987 年组织一批学者对美国大学测验服务社(ACT)的职业兴趣、经历、技能评定量表(ACT-VIESA)进行了修订,称其为中学生升学就业指导评定量表(VIESA-R);谢小庆等人在1993年编制了"BEC职业兴趣表",用以进行就业指导;时勘于1993年发表了《心理咨询读本》,并在其中对霍兰德的自我职业选择量表(SDS)及应用方法进行了介绍;龙立荣、彭平根等人于1996年修订了霍兰德1985年版的自我职业选择量表(SDS);1996年,葛树人、余嘉元等人译制了1994年版本的斯特朗职业兴趣调查表(SII),该翻译版问卷可以全面地涵盖中国当时的各职业领域,能够有效测量当时中国人的职业兴趣;2001年刘视湘在1994年版本的自我职业选择量表(SDS)为基础,修订并编制了适用于中国实际的职业兴趣量表(SDS-R)。

其次,我国学者的自编问卷方面:1994年,赵世明编制了职业定向系统(COS),该系统适用于"对大学生及成人进行就业指导";白利刚、凌文辁等人于1996年编制了霍兰德中国职业兴趣量表,该量表基于霍兰德职业兴趣理论,并结合我国实际与各职业领域的特点编制而成,其中条目的设置部分参照了霍兰德的职业偏好量表和自我职业选择量表(SDS)、美国大学测验中心的VIESA量表、中国的职业分类体系及国内的一系列相关量表的项目;2002年,蔡永红等人以中西方相关资料为依据,自主编制了适用于我国中学生的职业兴趣测验;2004年,基于中西方职业兴趣相关研究,张厚粲等人编制了一套与目前我国高中生兴趣特点相匹配的职业兴趣测验——升学与就业指导测验。

Tracey-Rounds的球形职业兴趣理论是当下最新近的职业兴趣理论,与十几甚至几十年前的职业兴趣理论模型相比,能够更加契合当今社会涌现的各种新兴职业;与此同时,该理论是在分析Holland六边形模型的非适应性的基础上被提出的,并且已在北美地区以外的样本中得到了验证,对中国地区来说该理论比六边形理论更具适用性。因此,本研究尝试以Tracey-Rounds的职业兴趣球形结构为基础,构建当代大学生职业兴趣的维度模型,根据理论模型建立大学生职业兴趣项目库和初试问卷,最终经过多轮的测评和因素分析形成大学生职业兴趣正式问卷,并对正式问卷进行信效度的检验。

第二节 职业兴趣初始问卷的形成

一、研究背景

本研究在霍兰德职业兴趣人格理论的基础上,参照霍兰德的自我职业选择量表(SDS)、特雷西的个人球形职业兴趣量表(PGI)、张厚粲的升学与就业指导测验、爱德华个人偏好量表(EPPS)、库德职业兴趣调查表(KOIS),以及《中华人民共和国职业分类大典(1999)》,并结合互联网搜集和发放开放式问卷的方法,编制大学生职业兴趣测评量表,经过理论分析与统计分析,最终形成的问卷包含13个维度,分别是抽象技术型(T)、文学创作型(L)、艺术创作型(A)、利他奉献型(C)、刺激冒险型(V)、企业经营型(E)、实物操作型(O)、科学研究型(N)、社会科学型(H)、表演展示型(D)、常规事务型(R)、健身运动型(F)、政治权力型(P)。所形成的大学生职业兴趣测评问卷从问卷所依据的理论构想开始到职业兴趣项目库的形成,直到正式问卷的形成均具备较高的科学性。本研究建立的职业兴趣项目库中的231个职业活动项目均可归到本研究提出的14种职业兴趣类型下,表明本研究的理论构想是符合当前中国职业领域的基本情况的,并囊括了中国所有的职业领域,是全面且合理的,因此可作为编制中国大学生职业兴趣测评问卷的理论依据。在具有较高科学性的职业兴趣项目库的基础上,通过全国性大样本进行数据收集及分析得到,样本数量充足,分布地区较广,并且在严格项目分析的基础上,通过每剔除一个项目就进行一次因素分析的逐题删除法进行统计分析,分析结果较可靠。

二、项目分析

为了检验测验项目的区分度,对231个项目进行区分度分析。区分度是指条目将不同被试的不同职业兴趣与胜任能力区分开来的程度。在此采用频率法进行区分度分析。将被试在各条目中选择“喜欢”或“胜任”的频数较大的(频数≤15%或≥85%频数)条目予以删除。

三、因素分析

为了检验量表的结构效度,对剩余项目进行探索性因素分析。其中首次因素分析结果的KMO值为0.964,Bartlett's球形检验的χ^2值为174 761.079,达到0.01显著水平,符合因素分析的条件。采用逐题删除不符合条件的项目进行多次检验。采用主成分分析法抽取主成分、直接Oblimin方法旋转,并基于特征值大于1的标准抽取因子,以模式矩阵中的因子数与条目负荷值为检验数据。本研究通过对喜欢与胜任力部分样本数据因素分析进行条目筛选的原则有:①剔除与问卷的相关程度过低($r<0.15$)且不显著的条目;②剔除因素的负荷值小于0.35a<0.35的条目;③剔除共同度小于0.2的条目;④剔除最大的两个因素负荷之间的差值小于0.25的条目。同时,为了确保问卷结构的完整性和前后一致性,采用专家评定法,对条目的含义进行评价;合并内容重复的一些项目,剔除表述不明确或可能有歧义的一些条目,剔除明显不属于所归入类型的条目。

探索性因素分析获得150个条目,其中实物操作型包含8个条目,抽象技术型包含17个条目,科学研究型包含8个条目,社会科学型包含10个条目,艺术创作型包含10个条目,表演展示型包含13个条目,社交服务型包含10个条目,利他奉献型包含10个条目,企业经营型包含7个条目,政治权利型包含16个条目,常规事务型包含17个条目,自然生态型包含7个条目,健身运动型包含6个条目,刺激冒险型包含11个条目。对包含14个职业兴趣类型的150个条目按照螺旋编题的原则进行排列,同时选取4个条目形成4对测谎题,最终形成154个条目的“职业兴趣初始量表”。

第三节　大学生职业兴趣正式量表的编制

一、因素分析

采用逐题剔除的方法对剩余条目进行因素分析，同样采用主成分分析法抽取主成分，并以最大变异法旋转，基于特征值>1 的标准抽取因子，最终以旋转成分矩阵中的因子数与条目负荷值为检验数据。其中首次因素分析结果的 KMO 值为 0.986，Bartlett's 球形检验的 χ^2 值为 426 842.086，达到 0.01 显著水平，符合因素分析的条件。

根据条目数据的因素分析结果，把"工程设计""绘制工程图""设计电路""设计汽车模型图""掌握工程技术""改进技术设备"6 个条目从原来的抽象技术型重新归入实物操作型中；社交服务型与自然生态型两个职业兴趣类型中剩余条目少于 3 题，根据标准不能自成因素，予以删除；其中"写诗""写散文""写剧本""写小说""研究语言""研究古典文学"与"研究文化差异"7 个条目从社会科学型中分离出来另成一类，并通过专家讨论，认为添加文学创作型为一个新的职业兴趣类型是合理的。结果构成了 13 个职业兴趣类型，共 91 个条目。其中：实物操作型剩余条目 13 个，抽象技术型剩余 5 个条目，科学研究型剩余 7 个条目，社会科学型剩余 4 个条目，艺术创作型剩余 6 个条目，文学创作型剩余 7 个条目，表演展示型剩余 9 个条目，利他奉献型剩余 6 个条目，企业经营型剩余 6 个条目，政治权利型剩余 7 个条目，常规事务型剩余 7 个条目，健身运动型剩余 5 个条目，刺激冒险型剩余 9 个条目。

最终抽取了 13 个特征值>1 的因子，每个因子都包含 4 个及以上的条目，因子负荷矩阵见表 7-1，除"装配玩具"与"关注人类命运"两题在各自因子上的负荷值在 0.39 左右之外，其他条目的负荷值均在 0.40 以上，13 个因子可以解释总变异的 57.184%，结果见表 7-1 与表 7-2。

表 7-1　剩余 13 个因子类型的旋转因素特征值与贡献率

因子	特征值	贡献率/%	累积贡献率/%
1	26.878	5.542	5.542
2	5.711	5.009	10.551
3	3.079	4.760	15.311
4	2.900	4.730	20.042
5	1.950	4.480	24.522
6	1.849	4.251	28.772

续表 7-1

因子	特征值	贡献率/%	累积贡献率/%
7	1.807	4.244	33.016
8	1.670	4.233	37.249
9	1.454	4.196	41.446
10	1.292	4.076	45.521
11	1.214	3.938	49.459
12	1.170	3.886	53.346
13	1.065	3.838	57.184

提取方法:主成分分析。

表 7-2　13 个职业兴趣类型的因子负荷值矩阵

条目	因子												
	1	2	3	4	5	6	7	8	9	10	11	12	13
修理机械设备	0.740												
修理家电	0.690												
修理自行车	0.638												
安装汽车配件	0.609												
装配电器	0.586												
工程设计	0.586												
绘制工程图	0.585												
设计电路	0.570												
设计汽车模型图	0.507												
操作机械设备	0.498												
掌握工程技术	0.456												
改进技术设备	0.442												
装配玩具	0.399												
跳伞		0.679											
乘滑翔伞		0.672											
原始雨林探险		0.656											
激流皮划艇		0.639											
冲浪		0.618											

续表 7–2

条目	因子												
	1	2	3	4	5	6	7	8	9	10	11	12	13
海上航行		0.595											
参加冒险活动		0.577											
深入原始部落		0.562											
飞机花式表演		0.517											
开发网络游戏			0.706										
开发手机软件			0.682										
编写计算机程序			0.680										
修复网络漏洞			0.662										
建立网站			0.609										
登台演唱				0.601									
模仿秀				0.575									
主持节目				0.573									
舞蹈表演				0.572									
出演话剧				0.566									
演小品				0.563									
才艺展示				0.547									
说相声				0.546									
T 台秀				0.536									
写诗					0.712								
写散文					0.708								
研究古典文学					0.694								
研究语言					0.594								
写小说					0.504								
研究文化差异					0.485								
写剧本					0.479								
室内设计						0.654							
绘画						0.643							
做画家						0.621							
艺术摄影						0.597							
园林设计						0.552							
时尚设计						0.549							

续表 7–2

条目	因子												
	1	2	3	4	5	6	7	8	9	10	11	12	13
病理学研究							0.626						
研究微生物							0.612						
培育新品种							0.611						
研究遗传学							0.588						
研究地质地貌							0.528						
研究气象变化							0.510						
探索星体运动							0.443						
整理文件								0.677					
给图书分类编号								0.655					
超市收银								0.623					
分拣信函、包裹								0.607					
记录商品供求情况								0.596					
做会议记录								0.560					
搜集数据								0.505					
领导他人									0.626				
获得权力									0.594				
带领团队实现目标									0.559				
赢得他人支持									0.536				
结交名流									0.518				
竞选干部									0.501				
使用谋略战胜对手									0.485				
投资股票与债券										0.715			
风险投资										0.704			
市场开发										0.582			
管理使用资金										0.531			
洽谈贸易业务										0.509			
经营商场										0.499			

续表 7-2

条目	因子												
	1	2	3	4	5	6	7	8	9	10	11	12	13
陪伴孤寡老人											0.682		
照顾儿童											0.681		
做义务宣传											0.582		
规劝不文明行为											0.540		
无偿献血											0.475		
调解人际纠纷											0.441		
长跑												0.708	
做运动员												0.687	
参加体育比赛												0.674	
跑步锻炼												0.599	
踢足球												0.465	
分析朝代更替													0.594
研究历史													0.582
剖析国家政治体制													0.505
关注人类命运													0.393

提取方法：主成分。旋转法：具有 Kaiser 标准化的全体旋转法。

通过职业兴趣初始问卷数据的分析结果，我们可以认为本研究中所构想的职业兴趣类型的结构基本合理，因此可以把初始问卷作为编制大学生职业兴趣正式问卷的基础。最终形成一个包含 13 个分量表共 91 道条目的职业兴趣正式问卷。

二、信度分析

由于本研究所编制的职业兴趣测评问卷是用来指导大学生择业，以及职业生涯规划的，适用对象是大学生，因此信度分析的数据样本应该为大专及以上学历的大学生样本，有效数据共计 3 745 条。本问卷条目为 91 题，为单数，不适合采用分半信度进行分析。本研究采用克隆巴赫内部一致性系数来检验 13 个职业兴趣类型分量表中的条目是否与所测特质保持一致，从而检验本问卷的可靠程度。统计结果见表 7-3。表中的字母分别是指："T"代表抽象技术型、"L"代表文学创作型、"A"代表艺术创作型、"C"代表利他奉献型、"V"代表刺激冒险型、"E"代表企业经营型、"O"代表实物操作型、"N"代表科学研究型、"H"代表社会科学型、"D"代表表演展示型、"R"代表常规事务型、"F"代表健身运动型、"P"代表政治权力型。从分析结果可知，13 个分量表的内部一致性信度系数均达到 0.67 以上，信度良好，同时也表明本问卷的结构效度良好。

表 7-3　13 个因子在喜欢与胜任力部分上的内部一致性系数(α)

项目	T	L	A	C	V	E	O	N	H	D	R	F	P
喜欢部分	0.684	0.805	0.789	0.707	0.815	0.735	0.889	0.786	0.677	0.811	0.810	0.800	0.787
胜任力部分	0.733	0.757	0.767	0.735	0.844	0.827	0.843	0.703	0.672	0.775	0.761	0.674	0.813

三、效度分析

(一)内容效度

在本研究中,正式问卷所包含的 13 个职业兴趣类型与对应的条目都是文献搜索、开放式问卷调查,以及多次因素分析的结果,并且最终也经过 5 名相关专家讨论论证进行内容评定,认为最终得到的职业兴趣类型与相应条目间的相关性良好。我们可以认为本问卷的内容效度较好。

(二)结构效度

本研究采用分析各因素间的相关系数来检验该问卷的结构效度。根据心理测量的标准,一个结构良好的问卷,其维度与维度之间得分的相关系数(r)要在 0.1～0.6,而各维度得分与测验总分的相关系数要保持在 0.3～0.8 的中等相关范围内,这是因为相关系数太低说明各维度所测内容是不同质的,若相关系数过高则说明有些因素是多余的,未合并彻底。对职业兴趣部分与职业能力部分各维度得分之间及各维度得分与测验得分之间的相关检验结果分别见表 7-4 与表 7-5。

表 7-4　职业兴趣部分各因素之间及与兴趣分问卷得分间的相关分析(r)

因素	T	L	A	C	V	E	O	N	H	D	R	F	P	兴趣分问卷
L	0.520**	10.00												
A	0.568**	0.513**	10.00											
C	0.540**	0.514**	0.580**	10.00										
V	0.614**	0.547**	0.569**	0.329**	10.00									
E	0.523**	0.588**	0.515**	0.432**	0.496**	10.00								
O	0.569**	0.479**	0.455**	0.486**	0.513**	0.532**	10.00							
N	0.541**	0.604**	0.485**	0.545**	0.520**	0.424**	0.425**	10.00						
H	0.544**	0.571**	0.549**	0.589**	0.436**	0.537**	0.348**	0.481**	10.00					
D	0.584**	0.564**	0.463**	0.409**	0.479**	0.373**	0.528**	0.481**	0.483**	10.00				
R	0.536**	0.564**	0.582**	0.321**	0.550**	0.295**	0.592**	0.359**	0.307**	0.246**	10.00			
F	0.568**	0.509**	0.528**	0.459**	0.185**	0.414**	0.593**	0.554**	0.568**	0.328**	0.447**	10.00		
P	0.586**	0.590**	0.594**	0.287**	0.267**	0.340**	0.571**	0.272**	0.576**	0.431**	0.532**	0.440**	10.00	
兴趣分问卷	0.716**	0.736**	0.613**	0.633**	0.778**	0.692**	0.632**	0.750**	0.803**	0.460**	0.723**	0.763**	0.745**	10.00

注:* * 表示 $P<0.01$。

表 7-5 职业能力部分各因素之间及与兴趣分问卷得分间的相关分析(r)

因素	T	L	A	C	V	E	O	N	H	D	R	F	P	能力分问卷
L	0.588**	10.00												
A	0.440**	0.381**	10.00											
C	0.531**	0.584**	0.664**	10.00										
V	0.373**	0.535**	0.666**	0.571**	10.00									
E	0.612**	0.460**	0.596**	0.539**	0.378**	10.00								
O	0.593**	0.374**	0.536**	0.449**	0.316**	0.446**	10.00							
N	0.506**	0.491**	0.301**	0.396**	0.229**	0.579**	0.469**	10.00						
H	0.405**	0.231**	0.328**	0.597**	0.456**	0.579**	0.474**	0.599**	10.00					
D	0.327**	0.148**	0.496**	0.260**	0.266**	0.554**	0.579**	0.393**	0.314**	10.00				
R	0.318**	0.445**	0.252**	0.178**	0.518**	0.310**	0.285**	0.205**	0.413**	0.154**	10.00			
F	0.477**	0.579**	0.306**	0.536**	0.290**	0.580**	0.331**	0.452**	0.311**	0.591**	0.421**	10.00		
P	0.222**	0.402**	0.699**	0.277**	0.472**	0.564**	0.318**	0.403**	0.584**	0.318**	0.545**	0.575**	10.00	
能力分问卷	0.751**	0.588**	0.675**	0.771**	711**	0.636**	0.709**	0.639**	0.737**	0.790**	0.787**	0.721**	0.773**	10.00

注：* 表示 $P<0.05$，** 表示 $P<0.01$。

从表 7-4 与表 7-5 中的分析结果可知，13 个职业类型之间的相关系数基本在 0.1～0.6，相关程度中等；职业兴趣分问卷中各个因素与职业兴趣分问卷得分之间的相关系数均在 0.460～0.803，职业能力分问卷中各个因素与职业能力分问卷得分之间的相关系数均在0.588～0.790，相关程度较高。这表明职业兴趣与职业能力两部分的结构效度均较为良好。

(三)大学生职业兴趣问卷的校标效度检验

本研究的目标之一是编制一套适合中国大学生的职业兴趣类型测评问卷，用来指导大学生择业及进行长远的职业生涯规划，因此研究需要采集在中国各行业中职业承诺度较高的在职人员的数据样本进行分析，来检验本研究所编制的大学生职业兴趣问卷是否能够很好地指导中国大学生选择与其自身最匹配的职业。

1. 研究工具　研究工具由三部分构成，第一部分为个人基本信息，第二部分为职业承诺度问卷，第三部分为研究三中形成的 91 道条目的职业兴趣正式问卷。

2. 被试　采用随机取样的方法在河南省、河北省、江西省、福建省、山东省等 9 个省份对在职人员发放问卷 1 400 份，回收 1 337 份。通过筛选，删除所填数据有明显规律的、连续 10 题以上同一评分的、5 个以上有缺失值的数据样本 132 条，以及职业承诺问卷得分全部转换为正向计分以后平均数<4 的数据样本 235 份，共删除样本 367 份，剩余该职业承诺度的有效问卷 970 份，问卷有效率为 69.3%。其中被试构成如下：①在性别维度上，男性 455 名，占 46.9%；女性 515 名，占 53.1%。②在学历维度上，小学学历 36 名，占 3.7%；初中学历 170 名，占 17.5%；高中及中专学历 213 名，占 22.0%；大专学历 186 名，占 19.2%；本科学历 302 名，占 31.1%；硕士学历 51 名，占 5.3%；博士学历12 名，占 1.2%。

3. 信度分析　从分析结果可知,13 个分量表的内部一致性信度系数均达到 0.70 以上,这表明本问卷对在职人员施测时信度同样良好(表 7-6)。

表 7-6　各因子在喜欢与胜任力部分的内部一致性系数(*r*)

项目	T	L	A	C	V	E	O	N	H	D	R	F	P
喜欢部分	0.851	0.887	0.817	0.729	0.896	0.764	0.918	0.813	0.761	0.878	0.791	0.766	0.836
胜任力部分	0.853	0.879	0.801	0.711	0.886	0.775	0.915	0.827	0.767	0.857	0.806	0.718	0.830

4. 校标效度分析　研究中分析所用的数据为职业承诺度较高的在职人员的数据,因此可以直接作为效标样本对问卷进行校标效度分析。首先,计算出每个样本在 13 个职业兴趣类型对应条目的平均得分及每类职业在 13 个职业兴趣类型上的平均分。然后,根据问卷个人信息部分所设置的职业选择条目,剔除样本数少于 10 的职业。最终,剩余农民或渔民、工人、个体户及服务人员、教师、公务员、医护人员、科技及工程技术人员、企业管理人员、律师、艺术及设计人员,以及其他 11 类职业。事先对不同职业类别水平上各职业类型数据的总体方差进行齐性检验,除实物操作型方差齐性检验显著外,其他 12 个类型均不显著。采用单因素方差分析对其校标效度进行检验,结果见表 7-7。除抽象技术型、实物操作型、健身运动型,以及政治权利型以外,11 种职业类别在其余的 9 种职业兴趣类型上差异均显著。采用 LSD 法与 Tamhane 法进行事后检验,若方差齐性看 LSD 法的多重比较结果,若方差不齐性则看 Tamhane 法的多重比较结果。

表 7-7　11 个职业类在 13 个因素上的方差分析

类别	T	L	A	C	V	E	O	N	H	D	R	F	P
F	1.180	9.318	3.993	3.701	2.997	2.328	1.376	2.312	4.473	4.308	2.792	1.418	1.379
P	0.300	0.00	0.00	0.00	0.001	0.010	0.186	0.011	0.00	0.00	0.002	0.167	0.185

总之,本研究并没有像大多数职业兴趣问卷一样完全参照霍兰德职业兴趣理论的结构并最终得到 6 个与之对应的职业兴趣类型,而是以霍兰德的职业兴趣人格理论为基础,参照国内外多个经典职业兴趣问卷的经典条目并结合,以及 5 种科学方法,编制出一套适合中国国情的科学、全面、具有时代性的职业兴趣问卷,包含 13 个职业兴趣类型。

(1)霍兰德的现实型被分为抽象技术型与实物操作型:现实型通常指运用工具从事操作类型的工作,这类人手脚灵活,动作协调,动手能力强,喜欢具体的任务,不善言辞,做事保守,社交能力弱。这类人的性格特点与实物操作型和抽象技术型类似,但是由于霍兰德理论产生的年代较久远,计算机等互联网信息技术的浪潮还未来临,因此该类型仅表现出了传统的实物操作型的群体特点,却没有划分出当今最前沿与热门的抽象技术型职业类型,因此抽象技术型的添加是符合时代需求的。

(2)研究型被分为科学研究型与社会科学型:研究型的人一般求知欲很强,爱动脑,擅长思考,喜欢独立的、富有创造性的工作,知识较为渊博,有学识有才能,擅长逻辑分析和推理,喜爱对未知领域不断探讨。这里指的是正式科研型人群,然而在中国提到研究型人们往往想到的是自然科学的研究,而把社会科学排除在外,因此为了更好地适应中国人的思维方式,本研究将研究型划分为科学研究型与社会科学型两类。

(3)艺术型被分为艺术创作型、文学创作型与表演展示型:艺术型通常指富有创造力,乐于创新,特立独行,张扬个性的一类人,做事理想化,追求完美,浪漫主义,善于表达。这常常与画家、音乐家等联系在一起,却很少有人将特点相同的文学家列入其中,正如画家与音乐家用音符和色彩表达感想一样,文学家采用文字来抒发情感,因此在此加入文学创作型更符合中国人的思维;另一方面,除了有创作型的艺术类人才外,还有舞蹈表演艺术家、魔术师、钢琴家、演员等表演的艺术形式,所以将艺术型划分为艺术创作型、表演展示型与文学创作型 3 类。

(4)社会型改为利他奉献型:社会型的人擅长交际、喜欢结识新朋友、善言谈,这类人关心社会问题、重视社会义务和社会道德,渴望发挥自己的社会作用。这与社会服务型的人善交际和利他奉献型的人重视社会义务、渴望奉献社会的特点相一致。根据本研究因素分析的结果,社会服务型因子下的条目过少予以删除,最终留下利他奉献型这一个职业兴趣类型。

(5)经营型被分为企业经营型与政治权利型:经营型的人具有领导才能,喜爱追求权力与财富,喜欢竞争、敢于冒险、有野心、有抱负,做事目的性较强。这是企业经营型与政治权利型人的典型特点,霍兰德的经营型则偏重于企业经营,所以一分为二则更具体,更合理。

(6)常规型改为常规事务型:在本研究中将常规型改为描述更为具体的常规事务型。

(7)新增了刺激冒险型与健身运动型 2 个职业兴趣类型:这 2 个是更具时代性与潮流型的职业类型。随着中国人生活质量的不断提高,人们的基本生理需求得到满足,越来越多的年轻人开始追求刺激和快感,各种极限运动越来越多地进入大众的视野;另一方面,随着人民生活水平的不断提高,以及近些年来全民健身口号的提出与推行,人们越来越重视通过健身运动来达到养生和塑形的目的,这使喜爱健身运动的年轻人看到了市场,不断投入到健身运动的事业中去。对我国在职人员职业兴趣的数据分析,结果也进一步验证了本研究的 13 个职业兴趣结构的科学性,同时也从侧面证明了本问卷的结构效度良好。

除了社会科学型以外,男性与女性在其他 12 种职业兴趣类型上均存在显著性差异,其中,在抽象技术型、刺激冒险型、企业经营型、实物操作型、科学研究型、健身运动型、政治权利型上男生得分显著高于女生,而在文学创作型、艺术创作型、利他奉献型、表演展示型、常规事务型上女生得分显著高于男生,这与以往的研究结果基本一致(张厚粲,2001)。

戈特弗雷德森(1981)的职业抱负发展理论认为性别角色会对其职业兴趣产生影响。这主要是因为社会中无法避免的性别刻板印象所造成的,所谓性别刻板印象是指人们在社会生活中可以接受的,对男性和女性性别属性的相对稳定的看法和观念,这种稳定的观念导致男性与女性的一些行为被强化,而另一些行为被削弱,并逐渐形成固定的行为方式,继而也产生了心理上的性别差异。而这些观念与一个国家或地区的传统文化及习俗有着重要的联系。Lapan 和 Jingeleski 在 1991 年对美国中学生的研究结果发现，男生希望并坚信自己有能力胜任并且有兴趣做的职业是现实型、冒险型和研究型 3 类，女生则对社会型，事务型工作表现出更大的兴趣和更强的胜任信心。在国内，有研究者采用性别刻板印象问卷对大学生进行了调查，同样发现，男性被试普遍认为应该是有抱负的、有独立精神、富有竞争性的，更适合具有竞争力和具有开拓性的工作，而女性则是依赖性较强的、温柔的、情感细腻、仔细、体贴的，更适合服务性工作（蓝李焰，2004）。此外，Helwig（1998）对近 20 年有关职业选择的性别刻板印象的研究进行了总结，结果发现这些研究的结果几乎都表明男女都不会选择与自身性别相反的职业，这些研究结果均与本研究的结果相一致。西方的一些研究结果表明企业型职业并没有表现出性别差异，这与本研究结果有出入，可能与西方国家较早地兴起女权运动有关，男女平等的观念早已深入人心，而中国在消除性别歧视方面的运动则稍显落后，所以部分中国人可能仍保留了"男主外拼事业，女主内顾老小"的传统观念，致使男性在企业经营型上得分显著高于女性。

除了利他奉献型与实物操作型以外，学历水平在其他 11 种职业兴趣类型上均表现出显著的差异，并且小学学历在 11 种职业兴趣类型上的得分均为最低分，而本科、硕士、博士学历在 11 种职业兴趣类型上的得分均为最高分；除此之外，本科、硕士、博士学历在各个职业兴趣上的得分均显著高于大专、高中及中专、初中及小学学历被试的得分。这与我们通常的社会常识基本一致。与高学历人群相比，部分低学历者甚至没有完成九年义务教育，部分没有系统地学习各文科及理科学科的知识，不排除部分低学历者业余时间会阅读大量各类书籍，但也很难掌握完备的知识架构，这对于一个人的眼界、理解力，以及考虑问题的格局都有非常大的影响，所形成的世界观、价值观也普遍是不成熟的，所有这些因素都会导致低学历者各方面的能力及兴趣没有得到一定的认知与发展，以至于他们对各类职业活动的理解不到位，甚至闻所未闻，所以高学历者在各个职业兴趣类型上的得分均显著高于低学历者的研究结果是符合社会现实的。

对 11 个职业大类在 13 个因素上的方差分析结果显示，除抽象技术型、实物操作型、健身运动型及政治权利型以外，11 个职业类在其余的 9 个种职业兴趣类型上差异均显著。除了利他奉献型、企业经营型、表演展示型、常规实物型以外，其他 5 个职业兴趣类型上均是农民或渔民得分最低。虽然农民或渔民职业在这 4 个职业兴趣类型上的得分不是最低分，但是却与得最低分的职业类型没有显著性差异。与此同时，从事农民或渔民职业的个体普遍是低学历者，这与职业兴趣在学历部分的差异检验结果一致。在文学创作型上，教师职业与律师职业得分较高，这可能与从事此两类职业人群的人常常与各类文学、典籍等接触有关；在艺术创作型上，艺术及设计人员得分最高，这说明职业承诺度较高的艺术及设计人员的艺术创作能力较强，这与常识相符；在利他奉献型上，教师得分最高，显而易见，这与我国自古以来崇尚的"春蚕到死丝方尽，蜡炬成灰泪始干"教师的无私奉献精神相吻合；在刺激冒险型上，艺术及设计人员得分最高，中国著名画家曾梵志说艺术就是一场冒险，艺术创作需要创新精神，也就相应需要有冒险精神，这与艺术爱好者标新立异、不走寻常路的作风相吻合；在企业经营型上，企业管理人员得分最高；在科学研究型上，医护人员得分最高；在社会科学型上，教师与律师得分较高；在表演展示型上,艺术及设计人员得分最高,这都与社会常识及生活经验相一致;在常规事务型上,教师及企业管理人员得分较高,这与教师及企业管理人员日常对学生或员工的管理,以及任务布置等耐心和细心的工作内容有关。这些结果也从侧面证实了本问卷具有良好的效标效度。虽然存在部分不一致,但是都在可以解释的范围内,基本证明了高职业承诺度人群所从事的职业类与职业兴趣类型是匹配的。我国的在职人员普遍在利他奉献型上的得分较高,而在抽象技术型上的得分最低,这与以往的研究结果及中国的文化、传统价值观较为一致。不同于西方的“大五”人格结构,中国人的人格结构包含7个维度,分别是外向性、善良、行事风格、才干、情绪性、人际关系和处世态度(崔红,2003),作为稳定的人格维度,善良维度又包含利他、诚信和重感情3个小因素(王登峰,2004),善良人格维度上所反映的是中国文化中提倡的与人为善,做一个好人的传统美德,主要体现在关心他人、真诚、宽容、友好、顾及他人、诚信、正直和重视感情生活等内在品质(王登峰,2005)。说明中国人对为人、品行等的看重,这与利他奉献型的人富有同情心,共情能力较强,与人相处时细心、耐心、热情,易于合作,乐于助人,有较强的社会责任感和人道主义倾向的表现相一致。

思维方式是主体在反映客体的思维过程中,定型化了的思维形式、思维方法和思维程序的综合与统一(荣开明,1989),主要分为抽象思维与形象思维。不同民族和群体所偏好的思维方式是不同的,这种差异是由他们所处的文化背景不同所导致的。西方人自苏格拉底开创了思辨的思考方式起,就习惯于抽象思维;而对于黄河流域的广阔农业大地为古代文明发祥地的中国人来说,这种以农业为主体的传统文化所孕育的思维方式则是对形象思维的偏好和抽象思维的相对不发达。这在中西方的文字特点中就有明显的表现,例如,中国的字是表意的象形文字,而西方的字则是表音的由字母组成的单词。俞蕾(2005)、韩亚文(2005)、李育文(2011)等人在对中西方思维方式的比较研究中也均发现,中国人偏好于形象思维和综合思维,西方人偏好于抽象思维或逻辑思维、分析思维。由于抽象技术型的人对操纵对象的实物性要求低,抽象思维、逻辑分析能力较强,这与本研究得出的中国在职者普遍在抽象技术型上得分较低的结果相一致。

参考文献

白利刚. 1996. Holland 职业兴趣理论的简介及评述[J]. 心理科学进展,14(2):27-31.

蔡永红. 2001. 中学生职业兴趣的机构及其特点[J]. 心理发展与教育,(1):80-85

崔红,等. 2003. 中国人人格结构的确认与形容词评定结果[J]. 心理与行为研究,1(2):89-95.

崔红. 2002. 中国人人格的词汇学研究与形容词评定量表的建立[D]. 北京:北京大学

方俐洛,等. 1996. HOLLAND 式中国职业兴趣量表的建构[J],心理学报,28(2):113-119.

葛树人,等. 1996. 斯特朗兴趣调查表(SI)的中文翻译[J]. 南京师大学报:社会科学版,(3):4.
胡维芳,等.2013.中职生职业兴趣现状的调查研究[J].中国职业技术教育,(15):70-74.
蓝李焰.2004.女性就业的边缘化—中国目前的职业隔离状况及原因[J].中共福建省委党校学报,(9):68-71.
李健英.2006.大学生职业兴趣调查与职业指导[J].福建农林大学学报:哲学社会科学版,9(5):66-69.
李永鑫.2003.Holland 职业兴趣理论及其中国化研究[J].华北水利水电大学学报(社会科学版),19(3):11-13.
李育文.2011.从英语教学看中西文化的差异[J].读与写(上,下旬),8(2):145-145.
连淑能.2002.论中西思维方式[J].外语与外语教学,(2):40-46.
凌文辁,等.1998.我国大学科系职业兴趣类型图初探[J].心理学报,3(1):78-83.
刘长江,等.2001.评估职业兴趣的结构[J].心理学报,(3):411-418
刘长江,等.2003.职业兴趣的结构:理论与研究[J].心理科学进展,11(4):457-463.
刘广珠.2000.职业兴趣的测量与应用[J].青岛化工学院学报(社会科学版),53(2):49-52.
刘视湘,等.2003.职业兴趣研究的历史与发展趋势[J].职业技术教育,24(1):57-59.
刘永贤.2008.大学生职业兴趣的量表编制及其特征分析[J].心理研究,1(5):57-60.
龙立荣,等.1996.自我职业选择测验(SDS)的试用报告[J].应用心理学,(1):8.
龙立荣,等.2000.运用职业自我选择测验(SDS)研制大学专业搜寻表的初步研究[J].心理学报,32(4):453-457.
龙立荣.1991.国外三个职业兴趣测量[J].心理科学,(6):59-60.
龙立荣.1996.自我职业选择测验(SDS)的试用报告[J].应用心理学,2(1):44-51.
彭聃龄.2008.普通心理学[M].北京:北京师范大学出版社.
荣开明.1989.现代思维方式探略[M].武汉:华中理工大学出版社.
沈洁.2010.霍兰德职业兴趣理论及其应用述评[J].职业教育研究,(7):9-10.
苏永华.2000.成人与中学生被试 Holland 职业定向测验(SDS)结果的比较[J].人类工效学,6(3):10-14.
王登峰,等.2004.中国人“大七”人格结构的理论分析[M].人格与社会心理学论丛(一).北京:北京大学出版社.
王登峰,等.2005.中国人的人格特点(II):善良[J].心理学探新,(3):52-58.
王红艳,等.2004.浅谈中国人与英美人思维方式的差异[J].黑龙江教育学院学报,23(1):67-68.
魏国英,等.2005.家庭文化对青少年性别刻板印象形成的影响[J].妇女研究论丛,63(1):29-36.
吴俊华.2006.我国大学生职业兴趣现状调查与测验编制[D].重庆:西南大学.

杨国枢,等.1999.中国人的人格维度[D].北京.第三届华人心理学大会论文.
杨金莲,等.2012.基于能力倾向的人职匹配理论[J].中国成人教育,(13):52-53.
杨琴.2006.浅谈职业兴趣的内涵及其培养[J].湖南科技学院学报,(27):261-263.
俞蕾,等.2005.试论中西方思维方式差异在文化上的体现[J].淮海工学院学报(人文社会科学版),3(2):85-88.
张厚粲,等.2004.我国中学生职业兴趣的特点与测验编制[J].心理学报,(1):89-95.
ACT.2005. Technical Manual: Revised Unisex Edition of the ACT Interest Inventory[M]. ACTInc.
COOLEY W W, et al. 1971. Multivariate Data Analysis[J]. Multivariate Data Analysis, 62(3):648-650.
GATI I. 1991. The structure of vocational interests[J]. Psychological Bulletin, (109): 309-321.
GOTTFREDSON L S. 1981. Circumscription and compromise: A developmental theory of occupational aspirations[J]. Journal of Counseling Psychology, 28(6):545-579.
HELWIG A A. 1998. Gender - Role Stereotyping: Testing Theory with a Longitudinal Sample[J]. Sex Roles, 38(5-6):403-423.
HOLLAND J C. 1977. Manual for the vocational preference inventory[J]. Palo alto, calif. :consulting psychologists Press, 25-56.
HOLLAND J L. 1973. Making vocational choices: A theory of careers[J]. Englewood Cliffs, NJ: Prentice-Hall.
HOLLAND J L. 1995. Making vocational choices: A theory of vocational personalities and work environments[J]. Englewood Cliffs, NJ: Prentice-Hall.
JERRY M B. 2000. 人格心理学[M]. 陈会昌等,译. 北京:中国轻工业出版社.
LAPAN R T, et al. 1991. Circumscribing vocational aspirations in junior high school[J]. Journal of Counseling Psychology, 39(1):81-90.
PREDIGER D. 1982. Dimensions underlying Holland's hexagon: Missing link between interests and occupations? [J]. Journal of Vocational Behavior, (21):259-287.
ROUNDS J, et al. 1999. Describing, evaluating, and creating vocational intereststructures. In: Savickas M L, Spokane A Red. Vocational interests: Meaning, measurement, and counse linguse[M]. PaloAlto, CA: Davies-Black.
ROUNDS J. 1995. Vocational interests: Evaluation of structural hypotheses. In D. Lubinski& R. V. Dawis (Eds.), Assessing individual differences in human behavior: New concepts, methods, and findings [M]. Palo Alto, CA: Consulting Psychologists Press.
SU R, et al. 2009. Men and things, women and people: A meta-analysis of sex differences in interests[J]. Psychological Bulletin, (135):859-884.
TRACEY T J G. 2001. PersonalGlobeInventory: Measurement of the spherical model of interestsand competence beliefs[J]. Journalof VocationalBehavior, (60):113-172.

第八章

不同群体的职业兴趣与人格关系的研究

1. 本章主要研究结果

（1）大学生在商业细节、数据加工、机械、自然户外和艺术5个职业兴趣类型上的得分显著高于在职人员（$P<0.05$）。

（2）女性在社会促进、艺术和助人3个职业兴趣类型上的得分显著高于男性（$P<0.05$，$P<0.01$），男性在数据加工、机械和自然户外职业兴趣类型上的得分显著高于女性（$P<0.05$，$P<0.01$）。

（3）理科大学生和文科大学生在数据加工、机械、管理和助人职业兴趣类型存在显著差异（$P<0.01$）。

（4）大学生的社会促进、管理、助人3个职业兴趣类型与宜人性显著相关（$P<0.01$）；商业细节、数据加工、机械和自然户外4个职业兴趣类型与开创性显著相关（$P<0.01$）。

（5）在职人员的社会促进和商业细节2个职业兴趣类型与坚持性显著相关（$P<0.01$）；管理、数据处理和自然户外3个职业兴趣类型与开创性显著相关（$P<0.01$），艺术职业兴趣类型与情绪性显著相关（$P<0.01$），助人职业兴趣类型与宜人性显著相关（$P<0.01$）。

2. 本章主要研究结论

（1）大学生和在职人员的职业兴趣类型有所不同。

（2）不同专业大学生的职业兴趣类型有所不同。理工科大学生更倾向于数据加工和机械职业兴趣类型，而文科大学生更倾向于管理和助人职业兴趣类型。

（3）在职人员的男性更倾向于数据加工、机械和自然户外等职业兴趣类型，而女性更倾向于社会促进、艺术和助人等职业兴趣类型。不同性别被试在管理职业兴趣类型上的差异受被试来源不同的影响。

（4）职业兴趣类型与人格各维度间存在相关关系。

（5）人格类型对职业兴趣存在一定的预测作用。

第一节　国内外研究现状与述评

职业兴趣测验可以帮助大学生了解自己未来职业选择的方向。近几年,国内外学者对于职业兴趣的研究文献颇多,涉及的内容也非常广泛。球形模型是最新提出的职业兴趣模型,PGI 是以球形模型为理论依据编制的问卷,具有跨文化的一致性。该研究以个人球形职业兴趣问卷简版中国版(PGI-SC)的中文修订版问卷为测量工具,探讨大学生和在职人员的职业兴趣与人格特质之间的关系,以期为大学生的职业指导及人力资源管理提供依据。

一、职业兴趣相关理论研究

斯特朗(Strong,1927)用经验法编制完成了第一个正式的职业兴趣量表。Strong 将被试分为两组,一组是专门从事某种工作的效标群体,另一组是一般人群,将两组被试的测试结果进行比对,然后将存在差异的条目组成职业兴趣量表(SVIB)。与 Strong 不同,库德(Kuder,1939)用同质法编制了库德个人偏好记录表,并将该量表改为库德职业兴趣量表,该量表将职业兴趣分为 10 种类型,分别为文学类、音乐类、户外类、科学类、说服类、计算类、艺术类、社会服务类、文秘类和机械类。

Roe 的圆形模型、holland(1958,1973,1985)的六边形模型、prediger(1976,1982)的维度模型、gati(1979,1991)的层级模型、球形模型、Holland 理论中兴趣的圆形本质和八分类、兴趣的三维结构、PGI 的编制见第五、六、七章相关内容。

二、西方职业兴趣测验的发展

斯特朗(Strong,1927)以经验法编制了第一个正式的职业兴趣量表(SVIB)。后来由于坎贝尔主持了对 SVBI 的修订工作,测验更名为"斯特朗-坎贝尔职业兴趣测验(SCII)"(1974)。库德(G·F·Kuder)在 20 世纪 30 年代编制了库德个人爱好记录表,1966 年该量表改为库德职业兴趣量表(KOIS),主要用于检查人们的特定职业兴趣。霍兰德(Holland,1953)编制了职业偏好量表(VPI)后,在此基础上发展了自我职业选择量表(SDS)。两种职业兴趣量表影响渐渐增大,并修订过多次,与斯特朗-坎贝尔职业兴趣测验(SCII)、库德职业兴趣量表(KOIS)形成了鼎足之势。

自 1965 年后,各个职业兴趣测验出现相互吸收、相互融合的现象:①库德在 KOIS 中引入了斯特朗(Strong)的一些思想;②坎贝尔把 KOSI 中的同质性量表引入到斯特朗职业兴趣调查表(SVBI)中;③经验的和理论的模式的融合,即将霍兰德(Holland)的理论作为斯特朗等职业兴趣量表的理论基础。

Rounds 和 Tracey(2002)依据其职业兴趣球形模型编制了 PGI,将其广泛运用于当代

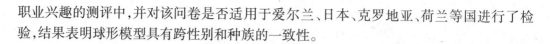

职业兴趣的测评中，并对该问卷是否适用于爱尔兰、日本、克罗地亚、荷兰等国进行了检验，结果表明球形模型具有跨性别和种族的一致性。

三、国内职业兴趣测验的演变与发展

国内职业兴趣的研究相对落后，主要经历了从量表的引进、修订、编制及简单的应用等研究过程（李永鑫，2003）（表 8-1）。

表 8-1　我国学者修订或编制的职业兴趣问卷一览表

研究者	年份	条目与数量	维度
龙立荣等	1996 年对 SDS（1985 版）的修订	修订条目 20 多个，212 个条目	量表由“活动”、“潜能”、“职业”和“自我评估”4 个量表组成。每个量表均包括现实型、研究型、艺术型、社会型、企业型和常规型 6 个维度
白立刚等	1996 年自行编制霍式中国职业兴趣量表	原 Holland 量表的条目为 78 个，研究者增 60 个。共 138 条目	量表由“活动”、“潜能”、“职业”和“自我评估”4 个量表组成。每个量表均包括现实型、研究型、艺术型、社会型、企业型和常规型 6 个维度
刘少龙等	1999 年自行编制	268 个条目	以 Holland 理论为基础
蔡永康等	2002 年自行设计中学生职业测验	21 个条目	量表由“活动”、“潜能”、“职业”和“自我评估”4 个量表组成。每个量表均包括现实型、研究型、艺术型、社会型、企业型和常规型 6 个维度
张厚粲等	2004 年自行编制高中生职业测验	160 个条目	7 个维度，分别为艺术型、事务型、经营型、研究型、自然型、社会型和技术型
陈睿	2006 年对 SDS（第四版）的修订	230 个条目	量表由“活动”、“潜能”、“职业”和“自我评估”4 个量表组成。每个量表均包括现实型、研究型、艺术型、社会型，企业型和常规型 6 个维度
陈建美等	2006 年自行编制大学生职业测验	62 个条目	问卷仅采用霍兰德的活动部分。分为技术技能、管理组织、商贸经营、艺术创造、自然户外、科学研究、一般事务 7 个维度
刘永贤	2007 年自行编制大学生职业兴趣测验	38 个条目	仅采用活动部分，分为现实型、研究型、常规型、企业型、社会型和艺术型 6 个维度
吴俊华	2008 年自行编制大学生职业问卷	128 个条目	包括活动和职业名称两个分问卷，每个分问卷分为 8 个维度：现实型、研究型、自然型、艺术型、社会型、权力型、经营型和常规型

四、我国职业兴趣的研究现状

目前 Holland 职业兴趣理论及其自我职业选择量表（SDS）在职业兴趣研究领域占据主导地位，修订的测验也主要是自我职业选择量表。由我国学者自行编制的职业兴趣量表也大都是以 Holland 职业兴趣理论为依据，或者是以 Holland 的 6 种类型结构模型为效标。但是，研究表明 Holland 的六边形模型更适合于美国样本群体，而其他的模型则有待于进一步的考察。研究还表明没有广泛适用的职业兴趣模型，因此，职业兴趣的跨文化研究还需深入探讨与验证。

五、职业兴趣与人格的关系研究

Murray 认为压力是由工作环境或工作任务的特点引起的，而且存在于任何工作中，因此神经质与职业兴趣类型是不存在相关的；而衡书鹏（2012）使用 Holland 职业兴趣量表和大五人格量表的分析结果显示，神经质对企业型、艺术型职业兴趣有极显著的正向预测关系；对社会型职业兴趣有极显著的负性预测关系；冯艳丹（2007）的研究结果显示，神经质与经营型存在正相关，与常规型存在负相关。Murray（2003）研究发现宜人性与社会型职业兴趣类型之间存在低相关。衡书鹏的研究结果与此一致，但冯艳丹发现宜人性与社会性职业兴趣类型存在显著负相关。Barrick 和 Gupta（1997）、De Fruyt 和 Mervielde（1999）研究发现，责任心与常规型存在正相关。Murray 的研究也发现责任心与常规型存在适度正相关，与衡书鹏的研究结果一致。

为做好大学生和在职人员职业兴趣与人格关系的研究，本研究选取河南、山西、四川、江苏、山东等地区的大学生 800 人和在职人员 500 人，采用团体施测和个体施测相结合的方式，回收大学生问卷 745 份，剔除空白和无效问卷，获得有效问卷 697 份，有效回收率为 87.1%。回收在职人员问卷 415 份，剔除空白和无效问卷，获得有效问卷 316 份，有效回收率为 63.2%。

研究工具采用由张宇（2013）修订的个人球形职业兴趣量表简版中国版（PGI-SC）和“中国人七因素人格量表”（王宇中 等，2011，2012）。

第二节　职业兴趣与人格关系的实证研究

一、大学生和在职人员之间职业兴趣类型的比较

为了比较不同来源和不同性别的被试职业兴趣类型的差异，本研究对职业兴趣类型进行了多因素方差分析（表 8-2）。被试来源因素在商业细节、数据处理、机械、自然户外和艺术职业兴趣类型上的主效应显著（表 8-3）。具体表现为大学生在商业细节、数据加工、机械、自然户外和艺术职业兴趣类型上的得分显著高于在职人员（$P<0.05$）。

性别因素在社会促进、数据处理、机械、自然户外、艺术和助人职业兴趣类型上的主效

应显著（表 8-4）。具体表现为女性在社会促进、艺术和助人职业兴趣类型上的得分高于男性（$P<0.05$），男性在数据加工、机械和自然户外职业兴趣类型上的得分高于女性（$P<0.05$）。

被试来源和性别在管理职业兴趣类型上的交互作用显著（$F=5.515, P<0.05$），在其他几个职业兴趣类型上的交互作用都不显著。简单效应分析发现，性别因素在本科生部分存在显著性差异，具体表现为女性（$M=34.294, SE=0.455$）高于男性（$M=32.041, SE=0.422$），性别因素在在职人员部分不存在显著差异。

表 8-2 职业兴趣类型的多因素方差分析

变异来源	因变量	SS	F	P
被试来源	社会促进	9.534	0.164	0.685
	管理	50.091	0.767	0.381
	商业细节	402.818	5.227*	0.022
	数据处理	1518.801	20.453**	0.000
	机械	516.171	6.500*	0.011
	自然户外	1 428.608	17.797**	0.000
	艺术	535.669	5.910*	0.015
	助人	233.852	3.176	0.075
性别	社会促进	369.066	6.364*	0.012
	管理	175.302	2.685	0.102
	商业细节	135.808	1.762	0.185
	数据处理	5 285.754	71.181**	0.000
	机械	12 269.02	154.496**	0.000
	自然户外	353.725	4.407*	0.036
	艺术	1 328.748	14.660**	0.000
	助人	3 057.105	41.520**	0.000
被试来源×性别	社会促进	173.668	2.995	0.084
	管理	360.022	5.515*	0.019
	商业细节	17.81	0.231	0.631
	数据处理	100.184	1.349	0.246
	机械	57.504	0.724	0.395
	自然户外	84.675	1.055	0.305
	艺术	130.472	1.439	0.231
	助人	0.248	0.003	0.954

注：* $P<0.05$，** $P<0.01$。

表 8-3　大学生和在职人员在职业兴趣类型上的得分均数比较

项目	大学生 （N=680）	在职人员 （N=295）	F	P
社会促进	32.04±0.459	31.99±0.205	0.164	0.685
管理	33.12±0.960	32.77±8.427	0.767	0.381
商业细节	29.88±0.503	28.38±9.408	5.227*	0.022
数据加工	27.44±0.783	24.42±9.573	20.453**	0.000
机械	27.091±0.343	25.492±0.525	6.500*	0.011
自然户外	29.026±0.346	26.369±0.526	17.797**	0.000
艺术	28.351±0.418	26.656±0.558	5.910*	0.015
助人	31.193±0.330	32.267±0.504	3.176	0.075

注：* $P<0.05$，* * $P<0.01$。

表 8-4　不同性别被试在职业兴趣类型得分均数比较（$M±SD$）

项目	男性（N=500）	女性（N=475）	F	P
社会促进	31.306±0.384	32.650±0.370	6.364*	0.012
管理	32.457±0.408	33.383±0.391	2.685	0.102
商业细节	29.469±0.444	28.654±0.425	1.762	0.185
数据加工	28.379±0.438	23.273±0.418	71.181**	0.000
机械	30.188±0.454	22.395±0.432	154.496**	0.000
自然户外	28.359±0.454	27.037±0.437	4.407*	0.036
艺术	26.169±0.502	28.838±0.484	14.660**	0.000
助人	29.789±0.435	33.672±0.417	41.520*	0.000

注：* $P<0.05$，* * $P<0.01$。

由于大学生和在职人员的职业兴趣类型存在显著性差异，本研究分别探讨了大学生和在职人员职业兴趣与人格的关系。

二、不同专业大学生职业兴趣类型的比较

为了研究不同专业的大学生职业兴趣类型及其差异，对文、理科专业学生的职业类型做了独立样本 t 检验。结果表明，在职业兴趣的喜欢部分，理科大学生在数据加工和机械职业兴趣类型上的得分显著高于文科（$P<0.01$），而文科大学生在管理和助人职业兴趣类型上的得分显著高于理科（$P<0.01$，$P<0.05$）；在职业兴趣的能力部分，理科大学生

在数据加工和机械职业兴趣类型的得分显著高于文科大学生（$P<0.01$），在自然户外类型的职业兴趣方面的得分高于文科大学生（$P<0.05$），而文科大学生在社会促进职业兴趣类型的得分高于理科（$P<0.05$）；在总体的职业兴趣得分上，理科大学生在数据加工和机械职业兴趣类型上的得分高于文科（$P<0.01$），而文科大学生在管理和助人职业兴趣类型上的得分显著高于理科（$P<0.01$）。

三、职业兴趣类型与人格各维度的关系研究

（一）大学生职业兴趣类型与人格各个维度的相关分析

为了探讨大学生职业兴趣类型与人格特质的关系，分别从职业兴趣的喜欢部分、能力部分及总体部分，将职业兴趣各个类型同人格的各个维度做相关分析。大学生的社会促进、管理、助人 3 个职业兴趣类型与宜人性显著相关（$P<0.01$）；商业细节、数据加工、机械和自然户外型职业兴趣类型与开创性显著相关（$P<0.01$，表 8-5）。

表 8-5 人格各个维度同职业兴趣类型的相关分析（大学生）

项目		情绪性	开创性	坚持性	德性	外向性	传统性	宜人性
喜欢部分	社会促进	-0.022	0.155**	0.108**	0.106**	0.142**	0.072	0.192**
	管理	-0.039	0.210**	0.200**	0.218**	0.120**	0.032	0.246**
	商业细节	0.031	0.230**	0.213**	0.013	0.057	0.077*	0.135**
	数据加工	0.076	0.200**	0.170**	-0.073	0.021	0.052	0.074
	机械	0.106**	0.160**	0.103**	0.001	0.035	0.059	0.069
	自然户外	-0.054	0.176**	0.246**	0.128**	-0.032	0.091*	0.177**
	艺术	-0.084	0.117**	0.079	0.135**	0.023	0.030	0.181**
	助人	-0.070	0.129**	0.182**	0.277**	0.119**	0.119**	0.286**
胜任力部分	社会促进	-0.123**	0.201**	0.139**	0.255**	0.144**	-0.031	0.277**
	管理	-0.084*	0.301**	0.273**	0.296**	0.117**	0.025	0.315**
	商业细节	0.009	0.296**	0.254**	0.084*	0.077*	0.048	0.192**
	数据加工	0.121**	0.205**	0.162**	-0.043	0.067	0.054	0.040
	机械	0.0133**	0.227**	0.155**	0.007	0.052	0.103**	0.092*
	自然户外	0.008	0.239**	0.239**	0.097*	0.045	0.084*	0.213**
	艺术	0.045	0.210**	0.147**	0.038	0.137**	0.078	0.130**
	助人	-0.065	0.192**	0.210**	0.223**	0.179**	0.073	0.269**

续表 8-5

项目		情绪性	开创性	坚持性	德性	外向性	传统性	宜人性
整体部分	社会促进	-0.086*	0.208**	0.142**	0.211**	0.169**	0.021	0.274**
	管理	-0.069	0.287**	0.267**	0.290**	0.134**	0.032	0.316**
	商业细节	0.022	0.293**	0.261**	0.054	0.075	0.070	0.183**
	数据加工	0.108**	0.222**	0.182**	-0.065	0.047	0.058	0.063
	机械	0.129**	0.212**	0.140**	0.004	0.052	0.085*	0.087*
	自然户外	-0.026	0.227**	0.270**	0.126**	0.006	0.098*	0.215**
	艺术	-0.026	0.186**	0.134**	0.105*	0.082	0.065	0.182**
	助人	-0.073	0.174**	0.217**	0.278**	0.162**	0.109**	0.308**

注：* $P<0.05$，** $P<0.01$。

(二)在职人员职业兴趣与人格类型的相关分析

为了探讨在职人员职业兴趣与人格特质的关系，分别从职业兴趣的喜欢部分、胜任力部分及整体部分，将职业兴趣各个类型与人格的各个维度做相关分析，结果见表 8-6。

表 8-6　在职人员职业兴趣与人格特质类型的相关矩阵(r)

项目		情绪性	开创性	坚持性	德性	外向性	传统性	宜人性
喜欢部分	社会促进	0.014	0.211**	0.203**	0.188**	0.184**	0.141*	0.203**
	管理	-0.087	0.258**	0.252**	0.217**	0.112	0.205**	0.226**
	商业细节	-0.017	0.250**	0.274**	0.076	0.076	0.197**	0.041
	数据加工	0.073	0.270**	0.144*	0.015	0.155**	0.159**	0.05
	机械	0.069	0.156*	0.088	-0.012	0.109	0.124*	0.003
	自然户外	0.045	0.138*	0.151*	0.025	-0.018	0.122*	0.015
	艺术	0.117	-0.081	-0.021	0.016	-0.055	0.000	-0.003
	助人	-0.011	0.076	0.152**	0.184**	0.103	0.127*	0.196**
胜任力部分	社会促进	-0.112	0.173**	0.241**	0.198**	0.209**	0.090	0.189**
	管理	-0.134*	0.241**	0.247**	0.230**	0.136*	0.119*	0.150*
	商业细节	-0.062	0.189**	0.234**	0.090	0.104	0.123*	0.09
	数据加工	0.129*	0.244**	0.100	-0.045	0.164**	0.139*	0.031
	机械	0.075	0.201**	0.077	-0.030	0.159**	0.069	0.055
	自然户外	0.106	0.129*	0.066	0.026	0.056	0.070	0.037
	艺术	0.186**	0.003	-0.058	-0.064	0.075	0.013	-0.021
	助人	-0.081	0.121*	0.170**	0.091	0.155**	0.148*	0.156**

续表 8-6

项目		情绪性	开创性	坚持性	德性	外向性	传统性	宜人性
整体部分	社会促进	-0.054	0.210**	0.244**	0.213**	0.217**	0.126*	0.215**
	管理	-0.126*	0.282**	0.279**	0.251**	0.142*	0.181**	0.210**
	商业细节	-0.044	0.242**	0.279**	0.092	0.100	0.177**	0.073
	数据处加工	0.111	0.275**	0.130*	-0.015	0.172**	0.159**	0.042
	机械	0.071	0.191**	0.093	-0.016	0.147*	0.101	0.030
	自然户外	0.083	0.146*	0.119*	0.031	0.018	0.101	0.021
	艺术	0.166**	-0.046	-0.042	-0.022	0.005	0.004	-0.014
	助人	-0.060	0.112	0.186**	0.157**	0.147*	0.161**	0.203**

注：* $P<0.05$，* * $P<0.01$。

综上，与在职人员职业兴趣关系最密切的人格类型是开创性和坚持性，其中与社会促进职业兴趣类型关系最密切的是坚持性（$r=0.244$，$P<0.01$）；与管理职业兴趣类型关系最密切的是开创性（$r=0.282$，$P<0.01$）；与商业细节职业兴趣类型关系最密切的是坚持性（$r=0.279$，$P<0.01$）；与数据处理职业兴趣类型关系最密切的是开创性（$r=0.275$，$P<0.01$）；与自然户外职业兴趣类型关系最密切的是开创性（$r=0.146$，$P<0.01$），与艺术职业兴趣类型关系最密切的是情绪性（$r=0.166$，$P<0.01$），与助人职业兴趣类型关系最密切的是宜人性（$r=0.203$，$P<0.01$）。

（三）大学生人格类型在职业兴趣类型的回归分析

为了进一步探讨人格对职业兴趣的影响和作用，以人格 7 个维度为自变量，从喜欢部分、胜任力部分，以及整体部分，分别以职业兴趣的 8 个类型为因变量，采用逐步回归法进行回归分析。

1. 大学生人格类型在整体职业类型的回归分析　以整体职业兴趣类型的 8 个类型为因变量，人格 7 个维度为自变量，采用逐步回归法进行回归分析。结果表明，宜人性和外向性对社会促进职业兴趣类型有正向预测作用（$\beta=0.243$，$P<0.001$；$\beta=0.11$，$P<0.01$）；宜人性、开创性、德性、情绪性和坚持性对管理职业兴趣类型有正向预测作用（$\beta=0.18$，$P<0.001$；$\beta=0.10$，$P<0.05$；$\beta=0.15$，$P<0.01$；$\beta=0.122$，$P<0.01$；$\beta=0.116$，$P<0.05$），传统性对社会促进职业兴趣类型有负向预测作用（$\beta=-0.149$，$P<0.001$）；开创性、坚持性、情绪性和宜人性对商业信息职业兴趣类型有正向预测作用（$\beta=0.212$，$P<0.001$；$\beta=0.188$，$P<0.05$；$\beta=0.117$，$P<0.01$；$\beta=0.111$，$P<0.01$），德性对商业信息职业兴趣类型有负向预测作用（$\beta=-0.175$，$P<0.001$）；开创性、情绪性和坚持性对数据加工职业兴趣类型有正向预测作用（$\beta=0.236$，$P<0.001$；$\beta=0.156$，$P<0.001$；$\beta=0.189$，$P<0.001$），德性对数据加工职业兴趣类型有负向预测作用（$\beta=-0.221$，$P<0.001$）；开创性和情绪性对机械职业兴趣类型有正向预测作用（$\beta=0.247$，$P<0.001$；$\beta=0.181$，$P<0.001$）；坚持性、情绪性和宜人性对自然户外职业兴趣类型有正向预测作用（$\beta=0.223$，

$P<0.001$；$\beta=0.123$，$P<0.01$；$\beta=0.085$，$P<0.05$）；开创性和宜人性对艺术职业兴趣类型有正向预测作用（$\beta=0.108$，$P<0.05$；$\beta=0.097$，$P<0.05$）；宜人性、德性和外向性对助人职业兴趣类型有正向预测作用（$\beta=0.186$，$P<0.001$；$\beta=0.141$，$P<0.01$；$\beta=0.100$，$P<0.01$）。

2. 人格类型在喜欢部分的职业类型的回归分析　以喜欢部分的职业兴趣类型的8个维度为因变量，人格7个维度为自变量，采用逐步回归法进行回归分析。宜人性和外向性对社会促进类职业兴趣有正向预测作用（$\beta=0.165$，$P<0.001$；$\beta=0.101$，$P<0.01$）；宜人性和坚持性对管理类职业兴趣有正向预测作用（$\beta=0.189$，$P<0.001$；$\beta=0.098$，$P<0.05$）；开创性、坚持性和情绪性对商业细节类职业兴趣有正向预测作用（$\beta=0.196$，$P<0.001$；$\beta=0.186$，$P<0.01$；$\beta=0.092$，$P<0.001$）；德性对商业细节类职业兴趣有负向预测作用（$\beta=-0.143$，$P<0.001$）；开创性、坚持性和情绪性对数据处理类职业兴趣有正向预测作用（$\beta=0.212$，$P<0.001$；$\beta=0.183$，$P<0.001$；$\beta=0.116$，$P<0.01$）；德性对数据处理类职业兴趣有负向预测作用（$\beta=-0.143$，$P<0.01$）；开创性和情绪性对机械类职业兴趣有正向预测作用（$\beta=0.195$，$P<0.001$；$\beta=0.147$，$P<0.001$）；坚持性对自然户外的职业兴趣有正向预测作用（$\beta=0.239$，$P<0.001$）；宜人性对艺术类职业兴趣有正向预测作用（$\beta=0.160$，$P<0.001$）；宜人性和德性对助人类职业兴趣有正向预测作用（$\beta=0.177$，$P<0.001$；$\beta=0.157$，$P<0.01$）。

3. 人格类型在胜任力部分的职业类型的回归分析　以能力部分的职业兴趣类型的8个维度为因变量，人格7个维度为自变量，采用逐步回归法进行回归分析。在对职业兴趣的胜任力部分，人格中的宜人性、德性和外向性对社会促进类职业兴趣类型有正向预测作用（$\beta=0.184$，$P<0.001$；$\beta=0.169$，$P<0.001$；$\beta=0.083$，$P<0.05$），传统性对社会促进职业兴趣类型有负向预测作用（$\beta=-0.14$，$P<0.001$）；宜人性、开创性、德性、情绪性和坚持性对管理职业兴趣类型有正向预测作用（$\beta=0.157$，$P<0.01$；$\beta=0.122$，$P<P<0.05$；$\beta=0.158$，$P<0.05$；$\beta=0.107$，$P<0.05$；$\beta=0.113$，$P<0.05$），传统性对管理职业兴趣类型有负向预测作用（$\beta=-0.155$，$P<0.001$）；开创性、坚持性和情绪性对商业细节职业兴趣类型有正向预测作用（$\beta=0.245$，$P<0.001$；$\beta=0.169$，$P<0.01$；$\beta=0.091$，$P<0.05$），德性对商业细节职业兴趣类型有负向预测作用（$\beta=-0.089$，$P<0.05$）；开创性、情绪性和坚持性对数据加工职业兴趣类型有正向预测作用（$\beta=0.219$，$P<0.001$；$\beta=0.168$，$P<0.001$；$\beta=0.161$，$P<0.001$），德性对数据加工职业兴趣类型有负向预测作用（$\beta=-0.175$，$P<0.001$）；开创性和情绪性对机械职业兴趣类型有正向预测作用（$\beta=0.264$，$P<0.001$；$\beta=0.189$，$P<0.001$）；开创性、坚持性、情绪性和宜人性对自然户外职业兴趣类型有正向预测作用（$\beta=0.111$，$P<0.05$；$\beta=0.167$，$P<0.001$；$\beta=0.110$，$P<0.001$；$\beta=0.167$，$P<0.001$）；德性对自然户外职业兴趣类型有负向预测作用（$\beta=-0.114$，$P<0.05$）；开创性、情绪性和外向性对艺术职业兴趣类有正向预测作用（$\beta=0.182$，$P<0.001$；$\beta=0.092$，$P<0.05$；$\beta=-0.180$，$P<0.05$）；宜人性、外向性和坚持性对帮助职业兴趣类型有正向预测作用（$\beta=0.187$，$P<0.001$；$\beta=0.122$，$P<0.01$；$\beta=-0.093$，$P<0.05$）。

（四）在职人员人格类型在职业兴趣类型的回归分析

为了进一步探讨在职人员人格类型同职业兴趣类型的关系，本研究以在职人员人格

7 个维度为自变量，从喜欢部分、胜任力部分及整体部分，分别以职业兴趣的 8 个维度为因变量，采用逐步回归法进行回归分析。

首先，人格类型在整体职业类型的回归分析以整体职业兴趣类型的 8 个维度为因变量，人格 7 个维度为自变量，采用逐步回归法进行回归分析。结果表明，情绪性对艺术职业兴趣类型有正向预测作用（$\beta=0.157, P<0.01$）；开创性对管理、数据处理和机械职业兴趣类型有正向预测作用（$\beta=0.175, P<0.01$；$\beta=0.294, P<0.001$；$\beta=0.180, P<0.01$）；坚持性对社会促进、管理、商业细节和自然户外职业兴趣类型有正向预测作用（$\beta=0.215, P<0.001$；$\beta=0.177, P<0.01$；$\beta=0.270, P<0.001$；$\beta=0.139, P<0.05$）；德性对数据加工职业兴趣类型有负向预测作用（$\beta=-0.187, P<0.01$）；外向性对社会促进职业兴趣类型有正向预测作用（$\beta=0.189, P<0.01$）；传统性对数据加工职业兴趣类型有正向预测作用（$\beta=0.139, P<0.05$）；宜人性对助人职业兴趣类型有正向预测作用（$\beta=0.191, P<0.01$）。

其次，人格类型在整体职业类型的回归分析以喜欢部分职业兴趣的 8 个维度为因变量，人格 7 个维度为自变量，采用逐步回归法进行回归分析。

职业兴趣的喜欢部分，外向性和德性对社会促进职业兴趣类型有正向预测作用（$\beta=0.169, P<0.01$；$\beta=0.171, P<0.01$）；开创性和传统性对管理职业兴趣类型有正向预测作用（$\beta=0.200, P<0.01$；$\beta=0.161, P<0.01$）；情绪性对管理职业兴趣类型有负向预测作用（$\beta=-0.123$）；坚持性、传统性、开创性对商业细节职业兴趣有正向预测作用（$\beta=0.261, P<0.001$；$\beta=0.181, P<0.01$；$\beta=0.178, P<0.05$），宜人性对商业细节职业兴趣类型有负向预测作用（$\beta=-0.270, P<0.05$）；开创性对数据加工有正向预测作用（$\beta=0.253, P<0.001$）；开创性对机械职业兴趣类型有正向预测作用（$\beta=0.146, P<0.05$）；坚持性对机械职业兴趣类型有正向预测作用（$\beta=0.147, P<0.05$）；宜人性对助人职业兴趣类型有正向预测作用（$\beta=0.187, P<0.01$）。

最后，人格类型在整体职业类型的回归分析以能力部分职业兴趣的 8 个维度为因变量，人格 7 个维度为自变量，采用逐步回归法进行回归分析。

职业兴趣的能力部分，坚持性和外向性对社会促进职业兴趣类型有正向预测作用（$\beta=0.214, P<0.001$；$\beta=0.182, P<0.01$）；坚持性和开创性对管理职业兴趣有正向预测作用（$\beta=0.165, P<\beta=0.144, P<0.05$）；坚持性对商业细节职业兴趣类型有正向预测作用（$\beta=0.226, P<0.001$）；开创性和传统性对数据加工职业兴趣类型有正向预测作用（$\beta=0.275, P<0.001$；$\beta=0.130, P<0.05$），德性对数据加工职业兴趣类型有负向预测作用（$\beta=-0.205, P<0.01$）；开创性对机械职业兴趣类型有正向预测作用（$\beta=0.240, P<0.001$）；德性对机械职业兴趣类型有负向预测作用 $\beta=-0.125, P<0.05$）；开创性对自然户外职业兴趣类型有正向预测作用（$\beta=0.122, P<0.05$）；情绪性对艺术职业兴趣类型有正向预测作用（$\beta=0.175, P<0.01$）；坚持性和外向性对助人职业兴趣类型有正向预测作用（$\beta=0.148, P<0.05$；$\beta=0.134, P<0.05$）。

四、分析讨论

(一)大学生和在职人员在职业兴趣上的差异

对不同来源被试个体的职业兴趣类型差异分析，发现大学生对商业细节、数据加工、机械、自然户外和艺术职业兴趣类型更感兴趣。造成这种差异的原因可能是大学生接触不同类型工作的机会较少，并不是十分了解自己更喜欢或更能胜任怎样的工作，而在职人员长期的职业生活使他们更能确认自己的职业兴趣类型。

不同性别被试在职业兴趣上有所不同。结果表明，男性对数据处理和机械及自然户外方面的职业更感兴趣，而女性更喜欢社会促进、艺术和助人类型的工作，这与西方一些学者研究的结果基本一致(Betz et al.,1996;Hansen,1978;Harmon et al.,1994;Su et al.,2009;Tracey,2002;Tracey et al.,2001;Tracey et al.,2005)。不同性别被试在职业兴趣类型上的偏好差异，在一定程度上反映了职业对人的生理、心理方面的要求。一般来说女性情感丰富、敏感、细腻，所以更喜欢助人和艺术职业兴趣类型的工作。男性一般更擅长推理、更具有理性思维，相比较而言更喜欢与机械和数据打交道。

(二)不同专业大学生在职业兴趣上的差异

在对不同专业大学生的职业兴趣类型进行比较发现，理科学生对数据加工和机械方面的职业兴趣更感兴趣，并且也认为自己更能胜任，这与观察到的现象一致；文科学生对管理和助人方面的兴趣要高于理科生，但是在胜任力分量表上的得分并不显著高于理科生，也就是说他们并不认为自己比理科生更能胜任管理和助人方面的工作。这可能由于被试都是在校大学生，不管是文科生还是理科生，他们参与管理和助人方面的工作机会比较少，并不能确认自己是否胜任。

(三)大学生职业兴趣类型同人格的关系

1.社会促进职业兴趣类型与人格类型　社会促进职业兴趣类型的个体对需要与其他人合作的工作感兴趣，比如对销售、协助并提供信息或管理等服务工作有兴趣(Tracey,2002)。职业兴趣与人格类型的相关分析显示，社会促进与情绪性存在负相关。情绪性高分表示其情绪不稳定，容易产生悲观、失望情绪，易产生焦虑和抑郁。社会促进与开创性、坚持性、德性、外向性和宜人性都存在显著的正相关，其中与宜人性的关系最密切，回归结果也显示宜人性和外向性对社会促进有预测作用。这说明社会促进职业兴趣类型的人比较热情，具有较高的亲和力，情绪较稳定。

2.管理型职业兴趣类型与人格类型　管理型的个体兴趣在于管理和规划企业或组织的主要活动，解决问题和作出决策，预测和规划未来，组织、协调和监督他人等。与人格类型的相关分析显示：管理与开创性、坚持性、德性、外向性和宜人性存在显著的正相关。其中与宜人性相关最密切，与情绪性呈一定的负相关，但没有达到统计学上的显著性水平。回归结果显示宜人性、开创性、德性、情绪性和坚持性对管理有正向预测作用，传统性对管理有负向预测作用。传统性高分表示思想传统，按部就班，喜欢安定的生活；

低分表示思想激进,喜欢挑战的工作。这与事实是相符的,管理型的工作是比较有挑战性的。

3. 商业细节职业兴趣类型与人格类型　商业细节指对会计、评估、咨询和预算感兴趣。相关结果显示商业细节与开创性、德性、宜人性上存在显著正相关,其中与开创性关系最密切,开创性高分表示其善于探索和解决问题,对他人有影响力,积极主动。德性对商业细节有负向预测作用,德性高分表示其重视亲情,感恩,情感丰富,公正负责;低分表示其过分理性,马基雅维利主义倾向。表明职业兴趣属于商业细节的人是较为理性的。

4. 数据处理职业兴趣类型与人格类型　数据处理职业兴趣类型指对数学和数据的分析和解释感兴趣,并善于澄清和解决技术问题。相关结果显示数据处理与情绪性、开创性和坚持性存在显著的正相关,其中开创性与其关系最密切。德性对其有负向预测作用。

5. 机械职业兴趣类型与人格类型　机械是指对了解机械工程和设计、安装、维护机械感兴趣。相关结果显示机械与情绪性、开创性、坚持性、传统性、宜人性存在正相关,其中与开创性的关系最密切。

6. 自然户外职业兴趣类型与人格类型　自然户外是指对把生命科学的知识应用到植物和动物感兴趣,自然户外与开创性、坚持性、德性、宜人性、传统性存在显著的正相关,其中与坚持性关系最密切。坚持性高分表示其善于坚持,有毅力,勤奋而严谨。

7. 艺术职业兴趣类型与人格类型　艺术类型的人对表演、文学艺术等感兴趣。艺术与开创性、坚持性、宜人性、德性存在显著正相关。开创性和宜人性对艺术有正向预测作用,因为对艺术感兴趣的人可能更善于探索和解决问题。而宜人性对艺术有正向预测作用,宜人性高分表示其和蔼可亲,热情礼貌,这可能是因为被试为大学生,喜欢艺术的人反而没有我们通常所认为的那么张扬、激进,反而更具亲和力,不刻板。

8. 助人职业兴趣类型与人格类型　助人这一兴趣类型指的是对帮助各个年龄段的人感兴趣。帮助除与情绪性存在一定的负相关外(没有达到统计学上的显著性水平),与人格的其他维度都存在非常显著的正相关,其中与宜人性的关系最密切。

(四)在职人员职业兴趣类型同人格的关系

1. 不同职业兴趣类型与人格特质

(1)社会促进职业兴趣类型与人格类型:社会促进职业兴趣类型的个体对需要与其他人合作的工作感兴趣,比如对销售、协助并提供信息或管理等服务工作有兴趣(Tracey,2002)。职业兴趣与人格类型的相关分析显示,社会促进与情绪性存在一定负相关(没有达到统计学上的显著性水平),情绪性高分表示其情绪不稳定,容易产生悲观、失望情绪,易产生焦虑和抑郁。社会促进与开创性、坚持性、德性、外向性、宜人性都存在显著的正相关,其中与坚持性的关系最密切,这说明社会促进职业兴趣类型的个体具有坚持性,情绪较稳定。

(2)管理型职业兴趣类型与人格类型:管理型的个体兴趣在于管理和规划企业或组织的主要活动,解决问题和做出决策,预测和规划未来,组织、协调和监督他人等。与人格类型的相关分析显示管理与开创性、坚持性、德性、外向性、宜人性存在显著的正相关。其中与开创性的关系最密切，与情绪性呈一定的负相关，但没有达到统计学上的显著性水平。

(3)商业细节职业兴趣类型与人格类型：商业细节是指对会计、评估、咨询、预算感兴趣。相关结果显示商业细节与开创性、坚持性、传统性存在显著正相关，其中与坚持性的关系最密切。表明职业兴趣属于商业细节的个体坚持性强有毅力。

(4)数据处理职业兴趣类型与人格类型：数据处理职业兴趣类型是指对数学和数据的分析和解释感兴趣，并善于澄清和解决技术问题。相关结果显示数据处理职业兴趣类型与开创性、坚持性、外向性、传统性存在显著的正相关，其中开创性与其关系最密切。说明职业兴趣属于数据处理的个体具有探索性、积极主动、有影响力。

(5)机械职业兴趣类型与人格类型：机械是指对了解机械工程和设计、安装、维护机械感兴趣。相关结果显示机械与开创性、外向性存在正相关，其中与开创性的关系最密切。

(6)自然户外职业兴趣类型与人格类型：自然户外是指对把生命科学的知识应用到植物和动物感兴趣，自然户外与开创性、坚持性存在显著正相关，其中与开创性的关系最密切。

(7)艺术职业兴趣类型与人格类型：艺术类型的人对表演、文学艺术等感兴趣。艺术与情绪性存在显著正相关，与人格的其他类型都不存在显著的相关性。说明职业兴趣属于艺术类型的个体情绪不稳定，容易产生悲观、失望的情绪。

(8)助人职业兴趣类型与人格类型：助人这一兴趣类型指的是对帮助各个年龄段的人感兴趣。帮助除与情绪性和开创性不存在显著性相关外，与人格的其他维度都存在非常显著的正相关，其中与宜人性的关系最密切。

2. 不同人格特质与职业兴趣

(1)情绪性与职业兴趣的关系：情绪性高分表示其情绪不稳定，容易产生悲观、失望情绪，易产生焦虑和抑郁。本研究结果是情绪性对艺术职业兴趣类型有正向预测作用，这可能是因为职业兴趣是艺术类型的个体个性都比较鲜明，对各种事物的感知更敏感，造就了他们的情绪不稳定。衡书鹏(2012)利用大五人格量表在探讨职业兴趣和人格的关系时发现，神经质对艺术型有极显著的预测作用，这与本研究的结果是一致的，因为神经质高分表示个体的情绪不稳定，比如情绪易波动，容易产生负面情绪，易产生负罪感和容易感受到压力。

(2)开创性与职业兴趣的关系：开创性高分表示其善于探索和解决问题，对他人有影响力。本研究结果是开创性对管理、数据处理和机械职业兴趣类型有正向预测作用。

(3)坚持性与职业兴趣的关系：坚持性高分表示其善于坚持，有毅力，勤奋而严谨。本研究结果显示，坚持性对社会促进、管理、商业细节、自然户外职业兴趣类型有正向预测作用。

(4)德性与职业兴趣的关系：德性高分表示其重视亲情，感恩，情感丰富，公正负责；低分表示其过分理性，马基雅维利主义倾向。本研究结果显示，德性对数据处理职业兴趣类型有负向预测作用，职业兴趣属于数据处理的个体对数学和系统数据的分析和解释感兴趣，并善于澄清和解决技术问题。这一职业兴趣类型的个体偏理性主义。

(5)外向性与职业兴趣的关系:外向性高分表示其外向,活泼好动,谈笑风生;低分表示安静,少言寡语。本研究结果显示,外向性对社会促进职业兴趣类型有正向预测作用;职业兴趣属于社会促进类型的个体对需要与其他人合作并提供信息或管理等服务工作有兴趣。这类人群往往更外向、活泼。衡书鹏(2012)的研究表明外倾性对社会型有正向预测作用,Holland 职业兴趣的社会型是指喜欢与人打交道,具有人际交往技巧,善解人意,友善合作,不喜欢与材料、工具、机械等实物打交道的个体。这两种职业兴趣有相似之处,研究结果一致。

(6)宜人性与职业兴趣的关系:宜人性高分表示其和蔼可亲,热情礼貌;低分表示其严肃刻板,不宜接触。本研究结果显示,宜人性对助人职业兴趣类型有正向预测作用。职业兴趣属于助人类型的个体对帮助各个年龄段的人感兴趣,比如学校辅导员,家庭治疗师都属于这个类型,这类人群更加和蔼可亲,容易接触。

(7)传统性与职业兴趣的关系:传统性高分表示思想传统,按部就班,喜欢安定的生活,低分表示思想激进、喜欢挑战的工作。本研究结果显示,传统性对数据处理职业兴趣类型有正向预测作用。职业兴趣属于数据处理的个体对数学和系统数据的分析和解释感兴趣,并善于澄清和解决技术问题,说明这类人群思想传统,喜欢安定的生活。

(五)大学生及在职人员职业兴趣与人格的关系

为了了解大学生和在职人员职业兴趣与人格的关系的差异,从两者相关分析结果可以看出,在大学生被试中,与社会促进职业兴趣类型关系最密切的是宜人性,而在职人员中,与社会促进职业兴趣类型关系最密切的是坚持性。宜人性高分表示其和蔼可亲,热情礼貌,坚持性高分表示其善于坚持,有毅力,勤奋而严谨。这说明大学中个性和善、热情礼貌的个体对社会促进类型的职业更感兴趣,而在职人员中有毅力、勤奋、能坚持的个体对社会促进类型的工作更感兴趣,同时也说明宜人性与坚持性都是社会促进类职业兴趣所需要的人格特征,在进入职业角色工作期间,更加需要其对工作的承诺与坚持不懈。

在大学生被试中与管理职业兴趣类型最密切的是宜人性,而在职人员中与管理职业兴趣类型关系最密切的是开创性,开创性高分表示其善于探索和解决问题,对他人有影响力。个性热情、具有亲和力、积极主动、善于探索和解决问题是管理型职业兴趣类型所需要的人格特征,根据工作性质,以及工作真实环境的存在,进入社会更加需要培养开创性的精神。

在大学生被试中与商业细节职业兴趣类型关系最密切的是开创性,而在职人员中与商业细节职业兴趣类型关系最密切的是坚持性。Tracye 对商业细节的定义是对会计、评估、咨询和预算感兴趣。有关这方面的行业包括金融分析师、银行审查员、成本估计师、会计师等。这说明大学生中个性积极主动,善于探索和解决问题的个体对商业细节类职业更感兴趣;而在职人员中个性更具有坚持性、有毅力的个体对商业细节类职业更感兴趣,比如对会计、评估和预算感兴趣,与此相关的专业有金融分析师、成本估计师和会计师等。

在大学生被试中与自然户外职业兴趣类型关系最密切的是坚持性,而在职人员中与自然户外职业兴趣类型关系最密切的是开创性。大学生中个性更具有坚持性、有毅力的个体对自然户外职业更感兴趣,而在职人员中个性更积极主动、善于探索和解决问题的个体对自然户外类的职业更感兴趣。自然户外职业兴趣类型的职业包括生态学家、海洋学家等把生命科学的知识应用到植物和动物的职业。

在大学生被试中与艺术职业兴趣类型关系最密切的是开创性，而在职人员中与艺术职业兴趣类型关系最密切的是情绪性。大学生中个性更具有探索性、善于解决问题的个体对艺术类职业更感兴趣，而在职人员中情绪较为不稳定的个体对艺术类工作更感兴趣。

综上，造成这种相同职业兴趣而相关人格类型差异的原因可能包括 2 个方面：①在职场环境中，因为职业对人格的塑造，强化了某种人格特征。②工作以后职业价值观的改变使职业兴趣有所改变。

这样的比较引人深思，个人的职业兴趣类型和人格类型都是我们在选择职业时必须参考的方面。大学生与在职人员在职业兴趣与人格的关系上的差异，提醒大学生重新审视自己的选择，帮助大学生找到与自己的职业兴趣类型和人格类型更匹配的工作，这样更能发挥其全部才能，并长时间地保持高效率的工作，避免人力资源的浪费。

参考文献

白利刚. 1996. Holland 职业兴趣理论的简介及评述[J]. 心理学动态,(2):27-31.

陈睿. 2006. 自我职业选择测验量表(SDS)的修订及大学生职业选择特点的研究[D]. 重庆:西南大学.

方俐洛. 1996. Holland 中国职业兴趣量表的建构[J]. 心理学报,28(2):113-119.

衡书鹏. 2012. 大学生人格特质、职业价值观与职业兴趣的关系研究[J]. 廊坊师范学院学报,12(5):3.

李永鑫. 2003. 中国职业兴趣研究综述[J]. 信阳师范学院学报(哲学社会科学版),23(4):56-59.

刘长江,等. 2003. 评估职业兴趣的结构[J]. 心理学报,35(3):411-418.

刘广珠. 2000. 职业兴趣的测量与应用[J]. 青岛化工学院学报,(2):49-52.

刘少文,等. 1999. 职业兴趣调查表的编制[J]. 中国临床心理学杂志,(2):77-80.

刘永贤. 2008. 大学生职业兴趣的量表编制及其特征分析[J]. 心理研究,1(5):57-60.

龙立荣,等. 1996. 自我职业选择量表(SDS)的试用报告[J]. 应用心理学,(1):44-51.

石莉. 2004. 当代大学生职业兴趣研究[D]. 苏州:苏州大学.

吴俊华,等. 2008. 我国大学生职业兴趣的特点调查[J]. 西南大学学报,34(2):6-13.

俞文钊. 1996. 职业心理与职业指导[M]. 北京:人民教育出版社.

张厚粲,等. 2004. 我国中学生职业兴趣的特点与测验编制[J]. 心理学报,36(1):89-95.

BETSWORTH D G, et al. 1997. Vocational interests: A look at the Past 70 years and a glance at the future[J]. The Career Development Quarterly,46(1):23-47.

DAWIS R V. 1991. Vocational interests, values, and preferences. In M. D. Dunnette &

L. M. Hough (Eds.), Handbook of industrial and organizational psychology[M]. Palo Alto, CA: Consulting Psychologists Press.

GOTTFREDSON G D. 1996. Prestige in vocational interests[J]. Journal of Vocational Behavior, (48): 68-72.

HOLLAND J L. 1973. Making vocational choices: A theory of careers[M]. Englewood Cliffs, NJ: Prentice-Hall.

HOLLAND J L. 1996. Exploring careers with a typology: What we have learned and some new directions[J]. American Psychologist, (51): 397-406.

HOLLAND J L. 1997. Making vocational choice: A theory of vocational personalities and work environments, 3rd ed[M]. Odessa, FL: Psychological Assessment Resources.

KUDER. 1996. kuder occupational interes survey[R]. Science Research Associates.

MEIR E I. 1978. A test of independence of fields and levels in Roe's occupational classification[J]. Vocational Guidance Quarterly, (27): 124-129.

MORROW P C, et al. 1989. Work Commitment among salaried professionals[J]. Journal of Vocational Behavior, 34.

REEB M. 1974. The perceptions of occupational structure: An intervening variable in vocational behavior[J]. Journal of Vocational Behavior, (4): 125-137.

ROE A. 1956. The psychology of occupations[M]. New York: Wiley.

ROUNDS J B, et al. 1992. Methods for evaluating vocational int erest structural hypotheses[J]. Journal of Vocational Behavior, (40): 239-259.

ROUNDS J B. 1995. Vocational interests: Evaluating structural hypotheses [J]. In: Lubinski D.

ROUNDS J, et al. 1999. Describing, evaluating, and creating vocational interest structures[J]. In: Savickas M L, Spokane A R ed. Vocational interests: Meaning, measurement, and counseling use. Palo Alto, CA: Davies-Black, 103-134.

TERENCE J G. et al. 2010. Development of an abbreviated Personal Globe Inventory using item response theory: The PGI-Short Journal of Vocational Behavior[J]. Journal of Vocational Behavior, (76): 1-15.

TRACEY T J G, et al. 1996. The spherical representation of vocational interests[J]. Journal of Vocational Behavior, (48): 3-41.

TRACEY T J G. 1997. The structure of interests and self-efficacy estimations: An expanded examination of the spherical model of interests[J]. Journal of Counseling Psychology, (44): 32-43.

TRACEY T J G. 2002. Personal Globe Inventory: Measurement of the spherical model of interests and competence beliefs[J]. Journal of Vocational Behavior, (60): 113-172.

TRACEY T J, et al. 1995. The arbitrary nature of Holland's RIASEC types: Concentric circles as astructure [J]. Journal of Counseling Psychology, (42): 431-439.

第九章

大学生职业兴趣类型结构与测量工具的编制

1. **本章主要研究结果**

(1)对大学生职业兴趣测评数据的探索性因素分析获得了13个因素:实物操作型、抽象技术型、自然科学型、人文科学型、艺术创作型、表演展示型、社交服务型、利他奉献型、企业经营型、政治权力型、常规事务型、健身运动型、刺激冒险型。

(2)信度分析结果显示:各个因素内部信度系数均达到0.77以上。

(3)效度分析结果显示:在十大不同专业类上得分高的学生除在表演展示型、利他奉献型上不具有显著差异外,在其他11种职业兴趣类型上的得分均具有显著差异($P<0.05$)。相关分析结果显示,13种职业兴趣类型基本符合环形结构:相邻兴趣的相关系数最高,间隔的次之,相对的最小。

(4)人口学分析结果显示:①大学生普遍在表演展示型、政治权利型、刺激冒险型上得分高,在社交服务型、企业经营型、健身运动型上得分低。②除人文科学型、社交服务型、常规事务型外,大学生在其他10种职业兴趣类型上均存在显著的性别差异。在实物操作型、抽象技术型、自然科学型、企业经营型、政治权力型、健身运动型、刺激冒险型上,男生得分显著高于女生($P<0.01$);在艺术创作型、表演展示型、利他奉献型上,女生得分显著高于男生($P<0.01$);③除人文科学型、艺术创作型、健身运动型外,大学生在其他10种职业兴趣类型上均存在显著的年级差异($P<0.01$)。

2. **本章主要研究结论**

(1)探索性因素分析获得的13个因素可代表当代大学生的职业兴趣类型。

(2)大学生职业兴趣测验具有较高的结构效度和效标效度及内部一致性。

(3)总体上,大学生比较擅长表演展示、政治权利、刺激冒险等相关活动;男生相比女生,更喜欢与实物操作、抽象技术、自然科学、企业经营、政治权利、健身运动、刺激冒险等相关的活动,而女生则更喜欢与艺术创作、表演展示、利他奉献等相关的活动。

(4)不同专业类别的大学生其职业兴趣类型不同。

(5)大学生职业兴趣测验可以作为指导大学生职业选择的重要依据。

从前面几章内容来看,在2000年以前,我国在该领域的研究主要是引进西方的职业兴趣和职业类型理论与测评工具。2000年以后,我国的学者在引进西方理论和测评工具的同时,也逐步提出了我国的职业兴趣类型与结构的相关理论,并编制出我国本土化的职业测评工具。本研究就是在借鉴西方的三维度球形模型理论及测评工具,并在前期研究即第六、七、八章研究获得的150个条目基础上,试图编制我国大学生职业兴趣量表。

第一节　大学生职业兴趣量表的初步编制

一、条目分析结果

1. 条目鉴别度　采用临界比值法(critical ration, CR),分别对兴趣部分和能力部分,求高低分组在每个条目的平均数差异显著性。统计结果显示,150个条目的CR值均>3,且 t 检验结果呈极显著($P<0.01$),说明测验的各条目均具有良好的鉴别度。

2. 同质性检验一　条目与总分的相关,采用皮尔逊相关法分别求出每个条目在喜欢与胜任力部分与总分的相关,统计结果显示,各题条目与总分均存在非常显著的相关($P<0.01$),说明所要测量的心理特质或潜在行为很接近。

3. 同质性检验二　内部一致性系数,在喜欢与胜任力部分,以14个兴趣类型作为各自因素构念分别求内部一致性系数。统计结果显示,本测验的各个分量表内部信度系数均达到0.8以上。此外,还参照"删除某一条目后,各条目所对应分量表的 α 系数是否有变化"这一标准,删除个别与分量表差异较大的条目。在本研究中,根据删除该题后量表 α 系数与原本分量表 α 系数相比为相等或提高者的标准,删除第2、30、97、124、144、10题。

4. 同质性检验三　共同性与因素负荷量,统计结果显示,各条目在所属因素上的共同性均大于0.2,因素负荷量均大于0.45。最终剩余148个条目进入因素分析。

二、因素分析结果

采用主成分分析法抽取主成分,最大变异转轴法对条目考验后所剩下条目进行因素分析,结果发现KMO值为0.976,Bartlett's球形检验的 χ^2 值为204 851.85,达到0.01显著水平。题条目变量间的关系是极佳的,题条目变量非常适合进行因素分析。仍依据之前的删除题条目的原则进行多次因素分析,由于每删除一个条目,因素分析中的组型矩阵或结构负荷会有所不同,萃取的共同因素数及因素包含的题条目变量可能会与之前不同,故采取逐题删除的原则,优先删除在能力和兴趣部分,均不符合某一标准的题条目,然后剔除满足删除标准最多的条目。每删除一次条目就进行一次因素分析。经过23次因素分析后,共删除44个条目。由于自然生态型在最终只剩余2个条目,根据标准不能自成因素,故删除此类型。由于篇幅限制,且能力部分与兴趣部分的因素负荷结果一致(个别数据有微小差异,但不影响最终的因素分析判定结果),所以只呈现兴趣部分的因素负荷表。如表9-1所示,喜欢与胜任力部分的累积贡献率分别是55.352%和57.144%,说明提取13个因素测验的建构效度良好。如表9-1所示,除第6、59、45、9这

4 个条目外,剩余的 100 个条目在 13 个因素上的负荷值均大于 0.4,考虑到这 4 个条目的专家效度都特别高,且有学者认为因素负荷量的选取标准也应考虑样本的大小,当样本数>300 时,因素负荷量的选取标准可以是 0.3,故暂不删除这 4 个条目。结合特征值、陡坡图及转轴后的因素负荷表,本研究认为保留 13 个因素是合适的,且 13 个因素的命名符合研究假设。

表 9-1　兴趣部分与能力部分的因素分析

因素	兴趣部分			能力部分		
	特征值	贡献率/%	累积贡献率/%	特征值	贡献率/%	累积贡献率/%
1	29.102	4.937	4.937	33.145	6.725	6.725
2	5.392	4.868	9.805	4.873	6.664	13.390
3	3.431	4.851	14.656	3.814	6.636	20.026
4	3.181	4.827	19.483	2.839	6.410	26.436
5	2.537	4.513	23.996	2.383	4.842	31.278
6	2.335	4.410	28.406	2.173	4.798	36.076
7	2.207	4.293	32.699	1.759	4.049	40.125
8	1.916	4.229	36.928	1.713	3.791	43.916
9	1.817	4.182	41.110	1.651	3.345	47.261
10	1.550	4.122	45.232	1.356	2.866	50.127
11	1.391	3.838	49.069	1.298	2.432	52.559
12	1.384	3.791	52.860	1.258	2.408	54.967
13	1.322	2.492	55.352	1.225	2.178	57.144

表 9-2　兴趣部分的因素负荷矩阵

条目	因素												
	1	2	3	4	5	6	7	8	9	10	11	12	13
28	0.681												
82	0.663												
14	0.653												
42	0.653												
96	0.623												
61	0.594												
119	0.582												
134	0.570												
69	0.562												

续表 9-2

条目	因素												
	1	2	3	4	5	6	7	8	9	10	11	12	13
56	0.522												
76	0.403												
18		0.681											
47		0.660											
19		0.658											
5		0.641											
71		0.619											
99		0.602											
46		0.591											
64		0.553											
32		0.535											
33		0.496											
4		0.451											
58			0.622										
92			0.593										
104			0.586										
79			0.581										
72			0.577										
48			0.549										
65			0.548										
112			0.539										
34			0.537										
146			0.529										
20			0.515										
6			0.321										
122				0.701									
152				0.699									
135				0.698									
142				0.665									
108				0.660									
102				0.592									
89				0.587									

续表 9-2

条目	因素											
	1	2	3	4	5	6	7	8	9	10	11	12	13
139				0.501									
15					0.773								
29					0.743								
1					0.686								
43					0.672								
62					0.641								
141					0.576								
83					0.506								
106						0.585							
67						0.567							
150						0.519							
137						0.512							
80						0.503							
116						0.482							
74						0.482							
100						0.478							
130						0.472							
94						0.428							
59						0.351							
75							0.687						
53							0.656						
60							0.643						
68							0.608						
25							0.558						
11							0.552						
81							0.522						
101							0.363						
138							0.357						
45								0.673					
90								0.661					
17								0.608					
31								0.606					

续表 9-2

条目	因素												
	1	2	3	4	5	6	7	8	9	10	11	12	13
123								0.571					
3								0.521					
109								0.491					
125									0.673				
111									0.623				
78									0.620				
91									0.591				
145									0.591				
103									0.536				
114										0.632			
136										0.632			
50										0.590			
36										0.568			
86										0.541			
8										0.503			
66										0.464			
22										0.390			
9											0.656		
37											0.636		
23											0.577		
51											0.535		
115											0.451		
55												0.700	
133												0.692	
154												0.677	
27												0.513	
41												0.442	
35													0.808
7													0.783
49													0.780
21													0.723

三、信度分析结果

采用 Cronbach 内部一致性系数，在喜欢与胜任力部分，以 13 个兴趣类型作为各自因素构念分别求内部一致性系数，结果见表 9-3。字母代表的含义是：实物操作型“O”、抽象技术型“T”、自然科学型“N”、人文科学型“H”、艺术创作型“A”、表演展示型“D”、社交服务型“S”、利他奉献型“C”、企业经营型“E”、政治权力型“P”、常规事务型“R”、健身运动型“F”、刺激冒险型“V”。结果显示，各个分量表内部信度系数均达到 0.77 以上，说明保留 13 个因素对其命名是有意义的。

表 9-3　13 个因素在兴趣部分与能力部分上的内部一致性系数（r）

项目	O	T	N	H	A	D	S	C	E	P	R	F	V
喜欢部分	0.89	0.89	0.86	0.86	0.88	0.91	0.78	0.84	0.82	0.89	0.87	0.77	0.91
胜任力部分	0.88	0.91	0.88	0.86	0.89	0.92	0.78	0.83	0.82	0.90	0.87	0.77	0.92

四、校标效度分析结果

在测验开始前，被试会被问到两个问题：“对目前专业的喜欢程度”“与同专业学生相比，您在本专业上的成就”，均为 7 级评分。为检验量表的校标效度，视“喜欢程度”与“专业成就”得分均在 5 分以上（包括 5）为校标样本并进入校标效度分析。首先，计算每个校标样本在 13 个职业类型上兴趣与能力的平均分。其次，参照 2012 年国家教育办修订颁发的《普通高等学校本科专业目录》专业划分标准，以 13 大专业类为校标，依次将测验中的 42 个院系对应的大类中，剔除有效样本数小于 10 的专业大类，剩下经济学、法学、教育学、文学、历史学、理学、工学、医学、管理学、艺术学，共 10 个专业大类。最后，采取单因素方差分析进行校标效度的验证，如表 9-4 所示。除表演展示型、利他奉献型外，10 个大专业类在剩余 11 种职业兴趣类型上均具有显著性差异。

表 9-4　10 个大专业类在 13 个因素上的方差分析

	O	T	N	H	A	D	S	C	E	P	R	F	V
F	18.22	20.46	6.062	2.191	4.276	1.487	11.53	1.606	5.048	2.036	5.817	3.656	5.64
P	<0.001	<0.001	<0.001	0.02	<0.001	0.147	<0.001	0.108	<0.001	0.032	<0.001	<0.001	<0.001

五、结构效度分析结果

为验证 13 种职业兴趣类型存在以下环形结构：相邻兴趣的相关系数最高，间隔的兴趣次之，相对的兴趣相关最小，可采用相关分析的方法，间接分析大学生职业兴趣测验的结构效度，分析结果见表 9-5。普雷迪格的二维理论将职业兴趣类型划分为两级——

“资料”和“观念”，“人物”和“事物”。这种划分方法有利于对职业兴趣类型的结构性质作出解释，同时也使排列在二维度平面上的 13 种职业兴趣类型之间的关系更为明朗。故参照表 9-5 的分析结果，将 13 种职业类型按照“人物/事物”“资料/观念”二维度分布于环形结构上，发现大部分的相关系数都存在相邻兴趣的相关系数最高，间隔的兴趣次之，相对的兴趣相关最小的关系。13 种职业兴趣类型的排列关系依次是实物操作型、抽象技术型、自然科学型、人文科学型、艺术创作型、表演展示型、社交服务型、利他奉献型、企业经营型、政治权力型、常规事务型、健身运动型、刺激冒险型。

表 9-5　13 种基本职业兴趣的相关分析（*r*）

	O	T	N	H	A	D	S	C	E	P	R	F
T	0.788 **											
N	0.614 **	0.705 **										
H	0.415 **	0.503 **	0.646 **									
A	0.318 **	0.432 **	0.513 **	0.678 **								
D	0.335 **	0.441 **	0.493 **	0.587 **	0.725 **							
S	0.382 **	0.455 **	0.522 **	0.611 **	0.631 **	0.742 **						
C	0.434 **	0.459 **	0.509 **	0.620 **	0.611 **	0.640 **	0.734 **					
E	0.488 **	0.580 **	0.532 **	0.532 **	0.504 **	0.554 **	0.681 **	0.615 **				
P	0.507 **	0.601 **	0.579 **	0.660 **	0.581 **	0.644 **	0.720 **	0.699 **	0.750 **			
R	0.543 **	0.612 **	0.626 **	0.602 **	0.541 **	0.608 **	0.740 **	0.660 **	0.671 **	0.733 **		
F	0.548 **	0.538 **	0.506 **	0.473 **	0.454 **	0.490 **	0.503 **	0.551 **	0.510 **	0.569 **	0.566 **	
V	0.497 **	0.563 **	0.568 **	0.495 **	0.532 **	0.573 **	0.503 **	0.554 **	0.529 **	0.607 **	0.539 **	0.601 **

注：＊＊表示 $P<0.01$。

（一）基本结论

总之，基于以上分析结果，得出结论如下。

（1）职业条目目库的科学性：在最初编制职业条目库的过程中，为提高测验工具的信效度，本研究采用多种方法建造职业条目库，通过文献法、关键行为法等质性研究法与开放式问卷、专家判断法等量化研究法收集并修改大学生有关职业兴趣的条目，这种质性与量化相结合的方法保证了前期问卷构成的全面性与客观性.

（2）初始问卷的科学性：在编制初始问卷时，采用的方法如下。①为尽可能兼顾兴趣与能力这两大决定职业选择的重要心理因素，每个条目上均需进行 2 次判断，一次为喜欢程度，一次为胜任程度，提高了问卷的实际意义，扩大了测验的解释范围。②本研究的条目性质均以“活动”为准则，不仅避免了被试作答的主观性，尽可能模糊性别、声望等其他因素，而且有利于研究者选择尽可能被大学生熟知且具有时代性的活动条目。③通过设置测谎题、监控用户作答时间等鉴别技术，删除无效样本，保证了数据的真实性和有效性。④本研究在对初始问卷进行分析时，有意提高条目分析及因素分析的标准，尝试多种方法结合，尽可能保证剩余条目的纯粹性及代表性。最终得出的 14 种职业兴趣类型符合最初的研究假设，初步说明本测验所包含的 14 种职业兴趣类型符合理论构想。

(3)正式问卷的科学性：正式问卷除使用与初始问卷同样标准严格的条目分析与因素分析外，另采用信度对剩余的 13 种职业兴趣进行内部同质性分析，结果证明了本研究剩余的 13 种职业兴趣类型的内部同质性很高，侧面证明了测验的有效性；采用校标效度对 10 个大专业类人群在 13 种职业兴趣类型上的得分进行考察，以验证测验的实证效度，结果表明，不同专业类与 13 种职业兴趣类型的匹配程度高低不一，而这种差异性也正符合学科本身的特性，充分证明了测验具有较高的效度；结构效度分析证明了本测验的 13 种职业兴趣类型比较符合 Prediger 有关“资料/数据”“人物/事物”的二维度排列，这就借助经典理论从侧面说明了本研究具备良好的结构效度。

综上所述，大学生职业兴趣的结构模型拟合较好，所构建的大学生职业兴趣结构比较合理，具有良好的信度和效度。

(二)大学生职业兴趣类型

本研究认为大学生职业兴趣类型共包含 13 种，即实物操作型、抽象技术型、自然科学型、人文科学型、艺术创作型、表演展示型、社交服务型、利他奉献型、企业经营型、政治权力型、常规事务型、健身运动型、刺激冒险型。其职业人格特点及典型职业表现如下。

(1)实物操作型职业类型：喜欢与机器、工具打交道，在这方面的工作悟性好，做人务实，追求安定、舒适的生活，可能不善表达，或缺乏情趣。适合的职业：适合明确而分工且具体并有一定程序要求的技能型工作。

(2)抽象技术型职业类型：与实物操作型相比，抽象技术型对操纵对象的实物性要求降低，需要主观能动性的参与，甚至也需要抽象思维、逻辑分析能力，喜欢实际操作，对数字、信息和计算机程序比较敏感，不善表达。适合的职业：适合计算机操作。例如，系统分析师、计算机程序设计员、软件测试师、信息资源开发与管理人员、数字音频制作师、三维动画制作员、网络课件制作师等。

(3)自然科学型职业类型：有较强的逻辑思维能力，善于分析并解决难题，喜欢探索、渴望创新，追求内在自我价值的实现。适合的职业：适合做与自然科学相关的研究工作。

(4)人文科学型职业类型：情感丰富，喜欢关注社会和人，擅长采用语言构建理论来描述事物而非数理公式。适合的职业：政治学家、经济学家、哲学家、心理学家、语言学家、神学家、古典文学分析与文艺评论、历史学家、法学家等。

(5)艺术创作型职业类型：对音乐、绘画等艺术领域敏感，创造力强，情感丰富，是理想主义者。适合的职业：画家、作曲家、音乐演奏家、诗人、作家、工艺美术设计人、雕刻家、漫画家、编剧、导演等。

(6)表演展示型职业类型：有很强的自我表现欲，喜欢在公众场合展现自我，希望成为他人关注的焦点，想象力丰富，热情洋溢、感情丰富而多变，或善于言语表达，或善于肢体动作表达，难以忍受平庸、单调的生活。适合的职业：歌手或歌唱家、影视演员、播音与主持、相声表演、小品演员、舞蹈家、模特和杂技演员等。

(7)社会服务型职业类型：热情，愿意与人交往，对人的心理和行为变化比较敏感，能够理解他人的需求，倾听与共情能力较强。适合的职业：公关人员、营销人员、中介、导游、餐厅服务生、商业咨询、银行服务人员、客服等。

(8)利他奉献型职业类型：极富同情心，能够理解他人的需求，倾听与共情的能力较强，与人相处时总是表现得细心、耐心、热情、易于合作，喜欢社会交往性工作，有较强的社会责任感和人道主义倾向，乐于帮助别人解决难题。适合的职业：教师、护士、心理学工作者、福利机构工作者、社会工作者、心理咨询师、家庭婚姻指导师、精神科医生等。

(9)企业经营型职业类型：独立自信、乐观进取，对商业信息比较敏感，喜欢追求经济效益和个人成就，喜欢竞争，并且具有一定的组织计划能力，工作时精力旺盛，是个实干家。适合职业：创业者、保险推销员、企业经营管理人员、投资管理、银行家、证券商、律师等。

(10)政治权力型职业类型：充满自信、独立自主、喜欢竞争、喜欢获得权力，希望成为一位真正的领导者，性格中有支配他人、领导他人和影响他人的特质。适合的职业：政治家、市长和各级行政管理者、军事指挥官，同时也比较适合做企业经理、企业首席执行官、企业高管、银行家等。

(11)常规事务型职业类型：喜欢做明确目标、需要耐心和细心的工作，乐于接受并且能够做好上级直接委派的任务，愿意遵守纪律和各种规章制度。总之，是一个踏实稳当、忠实可靠的人。适合的职业：适合严格按照固定规则和程序进行的工作。

(12)健身运动型职业类型：乐于追求生命质量、积极乐观、勇于进取，喜欢通过自己的身体运动获得愉悦体验，同时也喜欢探讨营养学、养生学等方面的知识。适合的职业：运动员、体育教练、营养学家等。

(13)刺激冒险型职业类型：天生就是一个不安分的人，追求刺激和冒险是生命的特征，热爱生活，在工作生活中常表现得勇敢无畏，热爱探索性运动，喜欢深入未知领域。许多时候，速度和高度能给其带来激情和快感。适合的职业：各类车型的拉力赛、野外生存训练员、杂技表演、极限运动员、刑事侦探、治安管理等相关工作。

(三)新增及细分类型

本研究中大部分的类型命名与霍兰德的类型命名有很大出入，是因为考虑到我国的语言理解习惯，例如霍兰德职业兴趣的第一个类型是“Reality”，中国学者在最初引进时直译为“现实型”，但其真正想表达的含义是“爱动手、不喜欢概念性东西、偏爱实物操作”，这便与中国多数人理解“现实”为“务实”的含义大相径庭，故本研究摒弃最初晦涩难懂且容易引起歧义的翻译，重新对其进行命名以符合中国人的言语理解习惯。除此之外，本研究所得出的中国当代大学生职业兴趣类型相较于霍兰德的经典职业兴趣类型，有很多新增及细分类型，示例如下。

(1)霍兰德的“现实型”在本研究中被细分为“实物操作型”与“技术操作型”，这比较符合时代性。在霍兰德编制职业兴趣的20世纪60年代，计算机技术尚不发达，“操作型人才”大多指一些手工劳动、机械操控、器械修理等传统领域的工人。但是，随着现代社会计算机技术的发展，涌现出大批计算机人才，这种人的思维模式虽然与霍兰德定义的“现实型”比较类似，但其个性更突出，比如“长于逻辑推理、较为内敛含蓄、文化程度较高、兼有理科与工科的思维方式”，这些都是霍兰德的“现实型”所不能表达的，故本研究单独将其列出。

(2)霍兰德的“研究型”在本研究中被细分为“自然科学型”与“人文科学型”，这与中国三十多年来的教育制度有关。霍兰德对“研究型”人才的定义如下：抽象思维能力强，求知欲强，肯动脑，善思考，不愿动手，知识渊博，有学识才能。此定义很明显体现了霍兰德在编制测验时所强调的“人格统领性”的作用，虽然人格具有跨时间与区域的稳定性，但却不能忽略中国几十年来泾渭分明的“文理”界限这一现实问题。中国的孩子从小被灌输“文科脑与理科脑”的概念，尤其是高中的文理分班，更使得学生的思维方式被模式化，这就造成了中国学生思维方式很大程度上被教育体制区分开来。即使同样善于思考、长于动脑，但其领域不同，思维方式也不同，表 9-4 的结果也为这种假设提供了数据支撑。此外，还有一个有趣的现象支持了这种划分方法的科学性。此前有很多学者在验证霍兰德测验对中国样本的适用性时，发现研究型与艺术型的相关并不如霍兰德所假设的那么高。但是在本研究中，如果把霍兰德的研究型细分为更适合中国教育国情的“人文科学型”与“自然科学型”，如表 9-5，发现“人文科学型”与“艺术型”的相关是很高的，这说明了霍兰德的“研究型”更适合无文理科之分的美国文化，而对于中国的教育制度，细分“文理科”是具有现实意义的。

(3)霍兰德的“艺术型”在本研究中被细分为“艺术创作型”和“表演展示型”，这与艺术的划分领域有关。霍兰德对“艺术型”人才的定义如下：乐于创造、渴望表现自我、不注重实际、善于表达。从定义中不难发现两层含义，一层更强调原创性与艺术性，另一层更强调表演性与展示力。于中国人的理解习惯来说，这本来就是两种截然不同的人格类型。例如，一个人爱表演但不精通舞蹈编排，一个人长于歌曲创作但不擅长舞台演唱。很多学者在其研究中均发现了表演型人格的存在，并区别于艺术型。从现实角度考虑，随着多媒体的发展，人们越来越注重精神娱乐消费，在现代社会涌现出了大量个性突出、渴望表现自我以“90 后”为代表的年轻人，他们以电视、杂志、微博、微信等平台为舞台，大胆释放个性，不惧闪光灯，一批又一批的明星榜样更是激励着很多年轻人追逐明星梦，本研究的数据分析结果也很好地阐释了这种细分的科学性。

(4)霍兰德的“社会型”在本研究中被细分为“社会服务型”和“利他奉献型”，这与当今社会行业的细化有关。霍兰德对“社会型”人才的定义如下：善言谈、爱交朋友、愿意教导别人、比较看重社会义务与社会道德。从其定义中能够提取两层含义，一层是“乐于交往”，另一层是“乐于奉献”，虽然都以长于处理关系为纽带，但其动机不同，加之社会行业的分化越来越细，发达的第三产业——服务行业开始吸纳越来越多的人进入，而社会福利行业也开始兴起，各地的福利院、红十字会、养老院、社区服务中心、环保志愿者、义务宣传员等如雨后春笋般遍布全国，国家相关政策的出台也吸引了一大批乐于奉献的年轻人投入这份工作。

(5)霍兰德的“企业型”在本研究中被细分为“企业经营型”与“政治权利型”，这与当今发达的市场经济有关。霍兰德对“企业型”人才的定义如下：追求权力与财富，具有领导才能，喜欢竞争，敢冒风险，目的性强。从其定义中能够提取两层含义，一层是“追究权利”，另一层是“追求财富”。这在中国人的观念里是两种截然不同的价值取向，虽然两者经常被放在一块提起，但其根本动机是不同的。加之中国市场经济的发达、金融资本流通加快，越来越多的中国人自发成为民间“经济学家”，对金钱的理解也与原来物资匮乏的时代不同，更多的人把“赚钱”作为一门“学问”来研究，而这些人可能对政治或权力的欲望并没有那么强烈。

(6)新增“健身运动型”，此类型的提出兼顾了未来此行业的发展。随着全民健身口号的提出，中国现在有越来越多的年轻人开始投身体育事业。他们喜欢运动，擅长教导别人健身，精通人体营养学，善于掌握各种运动技巧。这在未来必定是一个能够容纳许多人的行业，而随着行业的发展，此领域的从业人员也会展现其独特的人格魅力。

(7)新增“刺激冒险型”，此类型的增加考虑到国内外很多新编的职业兴趣测验中都提到此类型，从现实角度考虑，伴随社会经济发展与国内环境的和平，很多人不安于平静的生活和工作，渴望寻求刺激和快感，挑战自我。

第二节　大学生职业兴趣的人口学比较

一、大学生职业兴趣的一般特点

对所调查大学生在13种职业兴趣类型上的得分情况进行描述统计，统计结果见表9-6。由统计结果可知大学生普遍在表演展示型、政治权利型、刺激冒险型上得分高，在社交服务型、企业经营型、健身运动型上得分低。

表9-6　大学生在13种职业兴趣上的得分情况　　单位：分

	O	T	N	H	A	D	S	C	E	P	R	F	V
M	7.32	30.76	26.14	24.20	45.57	47.16	16.71	33.50	20.25	46.72	34.84	20.55	46.03
SD	0.37	10.49	8.95	8.03	12.89	14.71	4.99	9.07	6.38	12.52	10.28	6.27	14.55

二、大学生职业兴趣得分的性别比较

对所调查大学生在13种职业兴趣类型上的得分情况进行描述统计，并采用独立样本t检验对大学生职业兴趣类型在性别上的差异进行比较，统计结果见表9-7。结果显示，除在人文科学型、社交服务型、常规事务型上大学生不存在显著性别差异外，在其他类型上均存在显著性别差异。具体来说，在实物操作型、抽象技术型、自然科学型、企业经营型、政治权力型、健身运动型、刺激冒险型上，男生得分显著高于女生；在艺术创作型、表演展示型、利他奉献型上，女生得分显著高于男生。

表 9-7　两性大学生的 13 种职业兴趣类型得分的 t 检验（$M±SD$）

职业兴趣	男	女	t	P
O	30.28±8.61	23.46±8.90	23.68	0.00
T	33.01±10.05	27.83±10.34	15.43	0.00
N	27.30±8.57	24.62±9.22	9.18	0.00
H	24.05±7.97	24.41±8.10	-1.37	0.172
A	44.04±12.9	47.59±12.6	-8.44	0.00
D	45.92±14.57	48.78±14.75	-5.93	0.00
S	16.63±4.75	16.81±5.30	-1.09	0.277
C	32.73±9.23	34.53±8.77	-6.05	0.00
E	20.70±6.32	19.67±6.41	4.92	0.00
P	47.39±12.85	45.85±12.05	3.73	0.00
R	34.97±10.42	34.69±10.11	0.83	0.409
F	21.52±6.05	19.30±6.32	10.94	0.00
V	46.85±14.19	44.97±14.96	3.91	0.00

三、大学生职业兴趣得分的年级比较

对所调查大学生在 13 种职业兴趣类型上的得分情况进行描述统计，并采用单因素方差分析检查大学生职业兴趣类型在年级上的差异，统计结果见表 9-8。除在人文科学型、艺术创作型、健身运动型上不存在年级差异外，在其他类型上均存在显著年级差异。事后检验发现，在实物操作型上，一年级和三年级均显著高于二年级和四年级；在抽象技术型上，一年级显著高于其他 4 个年级，二年级、三年级显著高于五年级；在自然科学型上，一年级显著高于二年级，三年级显著高于二年级和五年级；在人文科学型上，三年级显著高于一年级和二年级；在艺术创作型上，三年级显著高于二年级；在社会服务型上，一年级均显著低于其他四个年级，三年级显著高于二年级；在利他奉献型上，一年级、三年级均显著高于二年级；在企业经营型上，一年级显著高于二年级和五年级，二年级、三年级、四年级均显著高于五年级；在政治权力型上，一年级、三年级、四年级均显著高于五年级，一年级和三年级显著高于二年级；在常规事务型上，一年级显著高于二年级和三年级；在健身运动型上，一年级和三年级均显著高于二年级；在刺激冒险型上，一年级、二年级、三年级均显著高于五年级，一年级显著高于二年级。

1. 大学生职业兴趣的总体特点　本研究发现，大学生普遍在表演展示型、政治权利型、刺激冒险型上得分高，而在社交服务型、企业经营型、健身运动型上得分较低，这与以往的很多研究存在出入。

表9-8　4个年级大学生的13种职业兴趣类型得分 F 检验($M±SD$)

职业兴趣	一年级	二年级	三年级	四年级	五年级	F	P
O	27.88±9.269	26.45±9.309	28.05±9.35	25.3±10.304	24.92±8.768	5.61	0.00
T	31.69±10.211	30.53±10.381	30.24±10.635	28.48±10.466	25.42±11.455	9.17	0.00
N	26.7±8.501	25.18±8.966	27.39±8.899	26.67±9.813	23.27±10.96	13.33	0.00
H	24.14±7.821	23.76±7.824	24.93±8.244	24.45±8.254	25.42±9.997	1.66	0.127
A	45.78±12.642	44.86±12.745	46.14±12.986	46.36±12.891	44.19±15.937	1.29	0.256
D	48.45±14.155	45.77±14.471	47.17±14.823	47.03±16.279	42.46±19.25	6.22	0.00
S	15.56±5.113	17.05±4.533	18.22±4.947	18.05±3.979	18.35±4.069	36.65	0.00
C	33.63±8.978	32.65±9.033	33.75±9.07	34.2±8.702	32.92±11.005	4.99	0.00
E	20.69±6.08	19.82±6.318	20.23±6.597	20±6.888	16.96±7.285	4.43	0.00
P	20.25±6.379	47.48±12.367	45.49±12.417	47.19±12.117	48.44±12.966	4.39	0.00
R	35.84±10.172	34.15±9.872	34.5±10.29	35.06±11.156	32.27±11.948	7.91	0.00
F	20.7±6.169	20.04±6.072	20.97±6.482	21.27±7.427	20.69±7.143	2.06	0.055
V	46.75±14.183	45.55±14.242	46.33±14.597	46±14.532	39.85±16.262	5.45	0.00

(1)本研究发现,大学生在社交服务型上得分普遍较低,结合表9-8的数据分析结果发现,一年级在社会服务型上的得分显著低于其他4个年级。所以有理由相信,大学生在社交服务型上的得分低很大程度上与其交往技能有关。对大学生尤其是大一新生来说,刚刚摆脱高中以学习为主的环境,进入大学后需要独自面对很多人际关系,包括社团、辅导员、其他院系,甚至也要与社会打交道。作为刚刚步入成人的他们,一切来得有点突然,加之自尊心强,不愿求助他人,故这个时期的大学生在与人交往方面会有所欠缺。但随着大学生活的深入,不难发现,年级越高,在此类型上的得分也会越高。

(2)本研究发现,大学生在企业经营型上的得分普遍较低,这与大学生还未过多接触社会且生活压力不大有关。从表9-8的结果也能发现一个有趣现象:年级越低,企业经营上的得分反倒越高,这其实与大学校园的兼职文化有关。调查发现,刚步入大学的大一新生对做兼职的欲望比高年级的同学更强烈。

(3)本研究发现,大学生在健身运动型上的得分普遍较低,这可能与我国很多大学生懒散的大学生活习惯有关。很多同学在经过3年寒窗苦读后,终于摆脱枯燥生活,步入大学后,生活逐渐懒散起来。

(4)本研究发现,大学生在表演展示型、刺激冒险型上得分普遍较高。“90后”的成长伴随着物质的丰富、精神文化消费的提高,在这种环境下成长的青年朋友更注重自我个性的发展,不惧挑战,个性飞扬,加之多媒体的发展、选秀节目的火爆,更为大学生提供了展示自我、挑战自我的大环境。

(5)本研究发现,大学生普遍在政治权利型上得分较高,这与人们的经验认识有所冲突,不过这也可能与“90后”的冒险创新精神有关,这一点有待后续研究。

2. 大学生职业兴趣的性别特点　本研究发现,除在人文科学型、社交服务型、常规事务型上,男女不存在显著差异外,在其他类型上均存在显著的性别差异。在实物操作型、抽象技术型、自然科学型、企业经营型、政治权力型、健身运动型、刺激冒险型上,男生得分显著高于女生,在艺术创作型、表演展示型、利他奉献型上,女生得分显著高于男生。陈睿(2006)、龙立荣(2000)、苏永华(2000)、胡维芳(2013)、吴俊华(2006)、李健英(2006)等人及部分国外学者关于职业兴趣性别差异的研究结果与本研究基本一致,这与中国的传统观念不谋而合。“男生擅长思维和推理,爱运动,攻击性强,注重现实,抽象思维发达”,故而在实物操作型、抽象技术型、自然科学型、企业经营型、政治权力型、健身运动型、刺激冒险型上得分显著高于女生。“女生爱与人交往,直觉思维、言语能力较强,而且感情丰富细腻,耐性好,喜欢表现自我,思维细密,相比男生更具有爱心”,故而在艺术创作型、利他奉献型、表演展示型上得分远远高于男生。同时本研究发现,在人文科学型、社会服务型、常规事务型职业类型上,男女生并不存在显著差异,这与一些研究有出入。有研究认为在这些职业兴趣类型上,女生得分应显著高于男生,故本研究的结果也给社会提供这样的讯号:随着时代的发展、科技水平的提高,男女分工的观念正逐步淡化,性别差异也日益缩小。

3. 大学生职业兴趣的年级特点　本研究发现,除在人文科学型、艺术创作型、健身运动型上大学生不存在年级差异外,在其他类型上均存在显著性差异。这与以往研究有些许出入(胡维芳,2013)。具体来说如下。

(1)在实物操作型上:一年级和三年级显著高于二年级和四年级,此结果并不存在逐级规律性,有待后续深入研究。

(2)在抽象技术型上:一年级显著高于其他4个年级,二年级、三年级显著高于五年级,此结果呈现“年级越低,抽象技术型得分越高”的趋势。由于抽象技术型代表的职业多与互联网等新兴科技有关,而其领域本身就活跃着大部分的年轻群体,体现出低龄化趋势。

(3)在自然科学型上:一年级显著高于二年级,三年级显著高于二年级和五年级,此结果总体上也呈现“年龄越低得分越高”的趋势。这可能与大学一年级学生刚步入学校,尚存高中时期的学习劲头有关。

(4)在人文科学型上:三年级显著高于一年级和二年级,此结果呈现“年级越高得分也越高”的趋势。这与人们的经验认识不谋而合,人文科学素养是一个逐步累积的过程,其兴趣也存在随年龄增长逐步增厚的变化,故年级越高,对人文科学的兴趣越浓厚。

(5)在艺术创作型上:三年级显著高于二年级;在表演展示型上,一年级显著高于二年级和五年级,三年级显著高于二年级;在利他奉献型上,一年级、三年级均显著高于二年级;在健身运动型上,一年级和三年级均显著高于二年级,这些结果由于并不具备明显的年级特征,有待后续深入研究。

(6)在社会服务型上:一年级均显著低于其他四个年级,三年级显著高于二年级,此结果呈现“年级越低得分也越低”的趋势。这与社会交往技能的累积有关系,大一与大二新生刚步入大学校园,还没有足够多与人交往的技巧,故在此方面并没有展现出与高年级同学同等程度的兴趣。

(7)在企业经营型上:一年级显著高于二年级和五年级,二年级、三年级、四年级均显著高于五年级,这其实与大学校园的兼职文化有关。调查发现,刚步入大学的新生对兼职的欲望比高年级的同学更强烈。

(8)在政治权力型上:一年级、三年级、四年级均显著高于五年级,一年级和三年级显著高于二年级,此结果显示五年级学生的政治权利型相比其他年级明显偏低。这可能与五年级毕业生压力大有关,由于工作学业等压力全在这一年表现出来,五年级的学生更加务实,野心反而不如低年级学生。但由于本研究五年级学生样本偏少,此推测还有待商榷。

(9)在刺激冒险型上:一年级、二年级三年级均显著高于五年级,一年级显著高于二年级,此结果与中国"初生牛犊不怕虎"的传统观念吻合,加之大一新生更加年轻,敢于尝试冒险活动。

本研究总体上呈现职业兴趣随着年级增高、年龄增长而逐渐明朗化,开始指向某些明确的职业。由此可见,无论是中学还是大学,其开端都是一个职业兴趣发展的特殊时期,这也符合由金兹伯格的职业发展理论。大一新生由于处于职业的探索阶段,对很多专业都比较好奇,但是随着年级的升高,专业兴趣逐步稳定下来。

4. 大学生职业兴趣的专业特点　10 个大专业类在 13 个因素上的方差分析结果发现,除表演展示型、利他奉献型外,10 个大专业类在剩余 11 种职业兴趣类型上均具有显著差异。而李健英、胡维芳等人的研究结果虽然与本研究结果存在部分不一致,但是都证明了职业兴趣类型大部分与大学科系匹配。例如,本研究结果显示,在实物操作型上,工学得分最高,理学次之,法学与教育学得分最低,理学与工学都显著高于经济学、法学、教育学、文学医学、管理学。此外,工学显著高于艺术学,艺术学显著高于法学、医学与教育学,文学显著高于教育学,这与理工科学生长于动手操作有关,且与社会大众的经验认识吻合。在企业经营类型上,经济学得分最高,历史学得分最低,而企业经营型的典型代表专业就是经济学。在自然科学型上,理学得分最高,法学得分最低,这也与我们的经验认识吻合,这些研究结果也在侧面印证了本测验良好的校标效度。但是,本研究也得出了一些与经验认识不相吻合的结果。例如,在艺术创造型上,教育学得分最高,艺术学次之,这并不符合大多数人对艺术学科的定义,其原因可能是被试群体失之偏颇,或跟教育学的学科性质有关。

参考文献

白利刚. 1996. Holland 职业兴趣理论的简介及评述[J]. 心理科学进展,(2):27-31.

蔡永红,等. 2002. 中学生职业兴趣的结构及其特点[J]. 心理发展与教育,18(1):80-85.

陈健美,等. 2010. 大学生职业兴趣量表编制[J]. 中华行为医学与脑科学杂志,19(11):1043-1045.

陈睿. 2006. 自我职业选择测验量表(SDS)的修订及大学生职业选择特点研究[D]. 重庆:西南大学.

戴翕昀,等. 2013. 当代大学生职业兴趣的结构与测量[J]. 心理学探新,33(3):260-265.

杜威约翰. 2009. 民主经验教育[M]. 彭正梅,译. 上海:上海人民出版社.

方俐洛,等. 1996. HOLLAND 式中国职业兴趣量表的建构[J]. 心理学报,28(2):113-119.

方俐洛,等. 2003. 一般能力倾向测验中国城市版的建构及常模的建立[J]. 心理科学,26(1):133-135.

赫尔巴特. 1989. 普通教育学·教育学讲授纲要[M]. 李其龙,译. 北京:人民教育出版社.

胡维芳,等. 2013. 中职生职业兴趣现状的调查研究[J]. 中国职业技术教育,(15):70-74.

蒋峰. 2010. 高中毕业生择校决策行为研究[D]. 上海:华东师范大学.

李健英. 2006. 大学生职业兴趣调查与职业指导[J]. 福建农林大学学报:哲学社会科学版,9(5):66-69.

李翔宇,等. 2005. 在校大学生职业兴趣调查[J]. 临床心身疾病杂志,11(4):324-326.

凌文辁,等. 1998. 我国大学科系职业兴趣类型图初探[J]. 心理学报,(1):78-84.

刘长江,等. 2003. 评估职业兴趣的结构[J]. 心理学报,35(3):411-418.

刘少文,等. 1999. 职业兴趣调查表的编制[J]. 中国临床心理学杂志,(2):77-80.

刘视湘,郑日昌. 2001. 职业兴趣量表 SDS-R 的修订和编制[C]. 中国心理卫生协会大学生心理咨询专业委员会全国第七届大学生心理健康教育与心理咨询学术交流会暨专业委员会成立十周年纪念大会论文集.

刘永贤. 2008. 大学生职业兴趣的量表编制及其特征分析[J]. 心理研究,1(5):57-60.

龙立荣,等. 1996. 自我职业选择测验(SDS)的试用报告[J]. 应用心理学,(1):44-51.

龙立荣,等. 2000. 运用职业自我选择测验(SDS)研制大学专业搜寻表的初步研究[J]. 心理学报,32(4):453-457.

龙立荣. 1991. 国外三个职业兴趣测验的发展趋势[J]. 心理科学,(6):61-62+24.

龙立荣. 1995. 编制与评价职业兴趣测验中值得明确的几个问题[J]. 心理科学进展,(2):5-9.

苏永华. 2000. 成人与中学生被试 Holland 职业定向测验(SDS)结果的比较[J]. 人类工效学,6(3):10-14.

童腮军,等. 2015. 大学生科系类别与职业兴趣的匹配性研究—以上饶师范学院为例[J]. 上饶师范学院学报,(5):91-95.

王金吉. 2007. 高考专业兴趣测验的编制[D]. 上海:上海师范大学.

吴俊华.2006.我国大学生职业兴趣现状调查与测验编制[D].重庆:西南大学.

张厚粲,等.2004.我国中学生职业兴趣的特点与测验编制[J].心理学报,36(1):89-95.

张宇.2013.个人球形职业兴趣量表简版(PGI-S)中文版的信效度检验[D].郑州:郑州大学.

赵守盈,等.2011.基于层面理论的大学生职业兴趣心理测量研究[J].心理学探新,31(3):284-288.

赵守盈.2004.当代中学生职业兴趣结构特征研究[D].北京:北京师范大学.

郑日昌,等.1985.对高考评分客观性的调查分析[J].教育研究,(2):26-31.

BETSWORTH D G, et al. 1997. Vocational Interests: a look at the past 70 years and a glance at the future[J]. The Career Development Quarterly,46(1):23-47.

BUYLER T,et al. 1997. Discovering your career in business[M]. New Jersey: Addison-Wesley,12.

CRITES J O. 1969. Vocational psychology: the study of vocational behavior and development[M]. New York: McGraw-hill Book Company.

DAWIS R V. 1991. Vocational interests, values and preferences[M] Dounette M D, Hough L M. Handbook of industrial and organizational psychology. Palo Alto: Consulting Psychologists Pres.

DENG C P, et al. 2007. The fit of Holland's RIASEC model to US occupations[J]. Journal of Vocational Behavior,71(1):1-22.

GATI I. 1991. The structure of vocational interests[J]. Psychological Bulletin,(109):309-324.

GOLDBERG L R, et al. 2006. The international personality item pool and the future of public-domain personality measures[J]. Journal of Research in Personality,40(1):84-96.

GUILFORD J P, et al. 1954. A factor analytic study of human interests[J]. Psychological Monographs: General and Applied,6(84):1-38.

HANSEN J C, et al. 1999. An evaluation of Holland's model of vocational interests for Chicanand Latin college students[J]. Measurement and Evaluation in Counseling and Development,(32):2-13.

HOLLAND J L. 1973. Making vocational choices: a theory of vocational personalities and work environments[M]. Englewood Cliffs: Prentice-Hall.

JACKSON D N. 1977. Jackson vocational interest survey: manual[M]. Port Huron: Research Psychologists Press.

JACKSON D N. 1978. Personnel Executives: Personality, Vocational Interests, and Job Satisfaction[J]. Journal of Employment Counseling,24(3):82-96.

JIING-L F, et al. 1998. Cross-Cultural Validity of Holland's Model in Hong Kong[J]. Journal of Vocational Behavior,52(3):425-440.

LONG L, et al. 2005. Generalizability of interest structure to China: Application of the Personal Globe Inventory[J]. Journal of Vocational Behavior, 66(1):66-80.

POST-KAMMER P, et al. 1985. Sex Differences in Career Self-Efficacy, Consideration, and Interests of Eighth and Ninth Graders [J]. Journal of Counseling Psychology, 32(4):551-559.

PREDIGER D J. 1982. Dimensions underlying Holland's hexagon: missing link between interests and occupations[J]. Journal of Vocational Behavior, (21):259-287.

ROE A. 1956. The psychology of occupations[M]. New York: Wiley.

ROE A. 1986. The psychology of occupations. [J]. American Journal of Psychology, 8(2):34-36.

ROUNDS J, et al. 1999. Describing, evaluating, and creating vocational interest structures. In: Savickas M L, Spokane A R ed[J].. Vocational interests: Meaning, measurement, and counseling use. Palo Alto, CA: Davies-Black, 103-134.

SHIVY V A, et al. 1999. Applying vocational interest models to naturally occurring occupational perceptions[J]. Journal of Counseling Psychology, 46(2):207-217.

SOCIETY I A F D O. 2012. Proceedings of the International Association for Development of the Information Society (IADIS) International Conference on Cognition and Exploratory Learning in Digital Age (CELDA) [J]. International Association for Development of the Information Society, 308.

TERENCE J G, et al. 1996. The Spherical Representation of Vocational Interests [J]. Journal of Vocational Behavior, 48(1):3-41.

TONG M. 2011. Funciones no motoras del cerebelo [J]. Revista De Geografía Norte Grande, 8(50):207-211.

TRACEY T J G, et al. 1995. The Arbitrary Nature of Holland's RIASEC Types: A Concentric - Circles Structure. [J]. Journal of Counseling Psychology, 42 (4): 431-439.

TRACEY T J G, et al. 1995. The Arbitrary Nature of Holland's RIASEC Types: A Concentric - Circles Structure. [J]. Journal of Counseling Psychology, 42 (4): 431-439.

TRACEY T J G. 2002. Personal Globe Inventory: Measurement of the Spherical Model of Interests and Competence Beliefs [J]. Journal of Vocational Behavior, 60 (1): 113-172.

TRACEY T J G. 2010. Development of an abbreviated Personal Globe Inventory using item response theory: The PGI-Short[J]. Journal of Vocational Behavior, 76(1):1-15.

ZHANG Y, et al. 2013. Vocational interests in China: An evaluation of the Personal Globe Inventory-Short[J]. Journal of Vocational Behavior, 83(1):99-105.

ZYTOWSKI D G. 1976. Predictive Validity of the Kuder Occupational Interest Survey: A 12-to 19-Year Follow-up. [J]. Journal of Counseling Psychology, 23(3):221-233.

第三篇

人岗同结构匹配度分析系统

第十章

三维度职业兴趣量表编制及空间结构探索

1. 本章主要研究结果

(1)按照量表编制的程序要求,经过多步骤的条目收集与考验,对有效数据进行探索性因素分析,获得了包括12个因子、67个项目的三维度职业兴趣量表。方差分析结果显示,各个职业兴趣在不同专业上得分差异均显著($P<0.05$);间隔6个月的重测信度兴趣部分在0.467~0.780,能力部分在0.482~0.790;验证性因素分析均符合指标适配标准;量表的Cronbach系数在0.630~0.960。

(2)多维尺度分析提取3个维度,应力值<0.01,符合抽取标准。

(3)主成分分析及相关分析结果显示,前2个维度含义与Prediger两极模型吻合,第3个维度职业兴趣潜在维度含义与职业声望不一致,且对应兴趣类型与人格特质相关显著($P<0.05$),根据其条目所包含的内容,将其命名为模式化/变化维度。

(4)多维尺度分析生成的直观图表明职业兴趣结构近似为一个球形,进一步采用Randall对基础的8个职业兴趣进行结构验证,结果表明无论是能力还是兴趣部分,潜在结构均为环形($P<0.01$)。

(5)t检验结果显示,无论是采用TDVIS还是PGI-SC,两性在职业兴趣多个维度上均存在显著差异($P<0.05$);RANDmf结果显示,除法学专业样本在兴趣与能力上的得分未能形成环形($P=0.055$,$P=0.100$)外,其余各个学科样本在兴趣与能力上得分均构成环形($P<0.05$),兴趣部分医学与理学结构差异显著($P<0.05$),文学与理学结构差异显著($P<0.05$)。

2. 本章主要观点结论

(1)TDVIS包括12个因子、67个条目,信效度良好,可以作为对大学生进行职业测评及指导的工具。

(2)大学生的职业兴趣包括3个潜在维度,前2个维度与Prediger两极模型维度相同,第3个维度为模式化/变化维度。

(3)前2个维度所构成的平面所包含的职业兴趣类型呈环形结构,便于职业指导呈现结果可视化。

(4)性别之间、专业之间的职业兴趣得分存在差异,与以往研究类似。大多数群体基本职业兴趣结构均为环形,职业兴趣结构较为稳定。

第一节　国内外研究现状与述评

对于职业兴趣的潜在维度有2个要讨论的问题，第一是维度的数目，第二是维度所代表的含义。关于职业兴趣维度的探讨始于Prediger的两极维度，即人物/事物与资料/观念（Prediger，1982）。除此之外，可以将职业兴趣的简单分类视作一个维度。三维结构正式提出是Tracey和Rounds，除人物/事物与资料/观念维度外，还包括一个职业声望维度（Tracey et al.，2002）。一般而言的职业兴趣潜在维度不超过三维，一方面这是由于对数据进行分析的结果，另一方面则是由于三维结构对于职业指导而言已经比较复杂，采用更多维度去构建职业兴趣空间不利于主观上的理解与指导。但是仍有研究者尝试从四维角度进行分析，一项研究发现在冰岛18岁以上的高中生中，职业兴趣存在4个维度（Einarsdóttir et al.，2010）。第1个兴趣维度被确定为人物/事物和性别类型的工作-任务维度（这两个维度呈现高度相关），这一维度在美国显示出巨大的性别差异（Rong S et al.，2009）。声望为第2个维度，但在一般研究中发现的资料/观念维度却没有在该研究中显示出来。第3个维度似乎代表了对说服他人和财务收益（Holland的经营型）与自然的兴趣，这种现象似乎不符合先前研究中发现的任何维度，可能与冰岛的特定生态、文化和政治环境有关。第4个维度包括维度一端的自然科学项目和另一端的服务和零售项目。这个维度似乎反映了对自然科学中的问题解决与商业中以人为本的兴趣。四维结构的出现可能与冰岛独特的文化和样本的年龄有关。在对于维度的讨论中，人物/事物与资料/观念的二维模型被普遍承认，即使也存在一些反例（Einarsdóttir et al.，2003）。

对于维度含义的探讨则主要集中于三维模型的第3个维度，即Tracey与Rounds所说的声望维度。事实上，对于第三维度的存在，以及含义有过许多讨论，如地位（status）（Einarsdóttir et al.，2010）、声望（prestige）（Gottfredson，1980）、社会经济地位（socioeconomic）、培训水平（level of training）（Stevens et al.，1995）、职业水平（occupational level）（Young et al.，1937），以及困难和责任水平（level of difficulty and responsibility）（Roe A，1956）。社会地位、声望、教育水平、行为控制和责任等变量高度相关，表明了这组变量之间存在相同的基础结构。但是采用声望对其进行统一描述可能会存在3个问题：首先，声望通常被视为价值观而非兴趣的一个方面，Dawis指出，兴趣和价值观之间的主要区别在于价值观关注事物对一个人的相对重要性，而兴趣关注于事物的相对喜欢/不喜欢（Dawis，2001）。其次，采用声望作为维度可能会引起不必要的职业歧视，偏离了职业指导的方向。本研究认为，在这一组相关的变量中存在一个中性的可以表示个人在职业环境和职业活动中偏好的变量。最后，职业兴趣、声望和性别类型是混淆的。有研究表明男性职业分布在各种声望范围内，但女性职业分布在中等和低声望水平（Gottfredson，1980）。由于性别和声望混淆不清，因此在结构研究中它们不太可能被视为两个独立的维度。

职业兴趣的结构经历了从类型到维度，从平面结构到立体结构的发展过程。这种变化不仅仅简化了繁多职业兴趣类型之间的关系，便于理解为何职业兴趣类型会呈现某种空间规律，同时也适应了在当前时代数据可视化发展的背景下，采用图像对个体进行职业指导的需求。

职业兴趣类型结构包括 Roe 的 8 类型结构、Holland 的 6 类型结构、张厚粲的 7 类型结构等，其中应用最广的是 Holland 的职业兴趣类型，但 Holland 模型的跨文化研究（除少数例外）很难适应国际数据（Tracey et al. ,1996）。许多研究也并未支持 Holland 在中国内地应用的恰当性（Long et al. ,2006），但在中国香港的另一项研究中则发现了合理的拟合；RIASEC 模型在德国得到部分支持，并且在克罗地亚和塞尔维亚中也得到了很好的支持（Einarsdóttir et al. ,2010）。

根据职业兴趣潜在维度的数目，可以将其结构分为二维平面与三维立体两大类。Holland 的二维模型结构优势在于影响力大、应用非常广泛。类似于人格特质，RIASEC 也表现出了相对于其他理论较好的适应性，但是会失去一些信息。典型的三维模型结构，譬如 Tracey 的球形结构，相比较二维结构包括了更加详尽的职业兴趣信息。这在深入分析个体的职业兴趣时是有必要的，相对应的，这种结构也带来了测量烦琐、计算不便的影响，其维度含义也饱受争议。在维度结构中，三维结构可能会构成圆柱体、圆锥体和球体。圆柱体表明人物/事物与资料/观念形成的平面结构在第三维度上始终没有变化；圆锥体表明人物/事物与资料/观念形成的平面结构在第三维的某一端变得集中，而在另一端变得分散；球体则表明人物/事物与资料/观念形成的平面结构在第三维的两端都变得集中，也就是说随着第三个维度特征的凸显，人物/事物与资料/观念在职业兴趣中所起的作用逐步衰减。其中圆柱形结构非常类似于 Roe 提出的"截锥"结构（Roe et al. ,2013）。Tracey 与 Rounds 提出的球形结构是当前研究的热点，尽管有人认为对于职业兴趣球形结构的验证是不必要的，但是随着技术的发展，如果能够采用计算机技术将球形模型直观地展示出来，将更有利于个体理解自己的职业取向，同时也更具备美感。

Tracey 与 Rounds 的球形结构也进行了许多跨文化研究，结果显示，赤道面的 8 种职业兴趣类型一般可以被验证，但是声望维度却不太适用于中国和日本等群体（张宇，2013）。

对于职业兴趣稳定性与可变性的考虑有 2 个角度：第一是个体本身职业兴趣是否发生变化；第二是个体所在的群体职业兴趣是否发生变化。对于个体而言，职业兴趣的变化是相对简单的，易于观测的，但是群体中的职业兴趣可能会因为个体的规律性变化而呈现出变化，也有可能因为个体职业兴趣发展的多样性而呈现稳定的特征。

总体来说，与气质类型在生命历程中的变化类似，职业兴趣、人格特质与自尊都有一定的稳定性。兴趣（和其他个体倾向）的纵向稳定性常从 2 个或多个时间点之间特定兴趣的群体中个体的相对位置的变化推断出来，这种方法被称为秩次稳定性（rank-order stability）。在职业兴趣研究领域，这种个体倾向变化的一种表示形式是测验的重测信度。除此之外，还可以通过在不同时间点对比同一个体明显的职业兴趣领域来评估稳定性。这 2 种方法的前提是每个人的职业兴趣演变都遵循非同质性的轨迹，因此可以通过对比将某个个体与其他人区分开来。评估职业兴趣稳定性的指标就来自量表得分或者职业兴趣的概况在数个时间点之间的异同。Low 等人研究结果表明,整个生命历程中职业兴趣的发展在方向上是具备稳定性的(Low et al. ,2005)。

然而,这两种方法均没有考虑到随着时间的推移,个体是否随着所在群体倾向规律性的变化而变化。就职业兴趣而言,群体平均职业兴趣水平变化和个体所处的职业兴趣等级的变化可能同时发生(Roberts et al. ,2005)。例如,一个人对户外活动的兴趣或对修理工具的兴趣(一种现实型兴趣)可能会随着时间的推移而增加(即变得更加强烈),但如果所有同龄人都表现出此类兴趣的增加,那么即使个体特定兴趣的绝对数量发生了变化,相对而言却并未表现出变化。以人格领域的研究为例,Roberts 等发现人格特征随着年龄发展而表现出有规律的变化模式,不同的人格特征变化不同,呈现离散的轨迹。总的来说,人们往往变得更加宜人、更加尽责,情绪更加稳定,而外向性和开放性则随着年龄的变化表现出复杂的变化模式(Roberts et al. ,2005)。

职业兴趣水平群体层面的变化通常被认为是成熟或某些特殊历史过程的结果。这些群体性的过程可能具有生物学起源,并且倾向于在大多数人群的生命过程中的特定时间阶段内发生(例如,青春期)。神经和物理的成熟为许多变化奠定了基础。研究表明,在大多数文化背景中,如果没有特殊的群体社会活动经历,个体倾向的变化大多数是随着年龄改变的。个体通过学校教育、工作环境或者家庭对个体社会角色的期望而产生心理承诺,并由此来建立身份(Helson et al. ,1984)。反过来,个体通过吸收新的角色需求、观察他人和自己,以及对周围人的反馈做出回应来引发个体的改变(Roberts et al. ,2005)。换句话说,职业兴趣的规律性变化最初可能在个体身体成熟期间和之后出现,日后也通过长大后离开家庭,建立个人新家庭、开启职业生涯等规律性的生活事件和担任不同的社会角色日益完善、稳定。

有许多实证研究表明,职业兴趣的群体平均水平随着个体规律性的发展(例如,青春期)而发生变化。研究人员发现在青春期期间,Holland 的 RIASEC 模型中 6 种职业兴趣的平均水平均增加了。除此之外,职业兴趣的变化表现出性别差异的倾向,处于青春期的女性对于那些女性陈规定型的活动及女性主导的职业越来越感兴趣,而青少年期的男性对男性陈规定型活动和男性主导的职业越来越感兴趣(Tracey et al. ,2005)。

总的来说,职业兴趣在个体一生中的变化是复杂的,群体规律性的变化并不意味着每个个体在特定的时间段都会表现出类似的倾向。即使在规律性变化的背景下,个体间的变化也是不同的。甚至有时观测不到群体发生的改变,只是因为在群体背景下个体构成的子集有不同方向的变化,导致没有在总体层面呈现出差异。

在过去的近 100 年里,西方职业兴趣领域的研究充分发展,但是我国职业兴趣的研究还起步不久。20 世纪曾有研究者对于职业兴趣的未来进行展望,认为职业兴趣的十大研究主题是职业兴趣的发展、职业兴趣之间的关联、职业兴趣的测量、职业兴趣的同质性和差异化、职业兴趣与职业选择的关系、职业兴趣的性别差异、职业兴趣的稳定性、职业兴趣的结构、职业咨询中的职业兴趣及文化对职业兴趣的影响,并认为未来的研究有 3 个方向:探索职业兴趣的发展,审视职业兴趣结构的普遍性,理解职业兴趣在变化的社会中的作用(Fouad et al. ,1997)。

文献分析发现，许多职业兴趣理论和工具并不能适应我国国情，一方面是由于经济、政治、文化背景的差异，另一方面则来自时代发展本身。比如大数据工程师这一职业，在国内刚刚兴起。因此，对于西方测量工具的本土化和编制适应我国国情的测量工具是有必要的。此外，当前的大多数职业兴趣测量工具题量都在100以上，一般而言每个条目都要对“兴趣”与“能力”做出两次回答，在实际施测过程中参与者很容易因为题量过大或厌倦而随意填写，影响测量的有效性。为了便于本研究的开展及职业兴趣测评的推广，编制一个适应当前文化环境、具有时代性和简易性的测评工具，可以满足研究者和实际应用方面的需要。

在职业兴趣的潜在维度方面，以往的研究也表明一些模型的非适应性，例如，球形模型在中国样本中并未得到严格的验证。同时其维度的含义也存在一些争议，社会经济地位、声望、困难和责任水平、受培训水平，甚至于性别差异，这一组相关却不统一的概念用声望来代替略显单薄。

在职业兴趣的结构方面，我国有研究者采用不同的测量工具，也证实了球形模型的存在，除此之外少有研究者关注职业兴趣的结构。综上，本研究试图对以下3个问题进行探讨：①编制一个更加简洁、具备时代特点的职业兴趣测评量表；②探索职业兴趣潜在维度的数量及含义，讨论是否可以形成一个有代表性并且避免职业歧视的维度；③探索职业兴趣的结构，便于职业指导的可视化及理解职业兴趣类型间的关系。

参照以往国内的职业兴趣量表编制研究中建立项目库的原则，本研究量表编制的项目库以客观的活动作为对象，同时考虑经典与新兴的职业兴趣测评工具，包括霍兰德的SDS、Tracey的PGI、2015版《中华人民共和国职业分类大典》、张厚粲的升学与就业指导测验、姚爱贞的大学生职业兴趣测验和薛雪的大学生职业兴趣类型测评问卷（薛雪，2017），将已有的职业兴趣量表结合资料分析、网络搜索及开放问卷调查进行汇总、合并与增删，形成初测问卷。初测结果经过项目分析、因素分析、信效度分析及验证性因素分析后形成正式问卷。以本研究编制的工具为基础，采用多维尺度分析、主成分分析等技术，结合理论抽取数目恰当的维度，并探索其含义；采用多维尺度分析进行手动绘图，构建职业兴趣结构，并采用假设顺序关系的随机化检验等相关技术进行进一步的结构验证。

第二节　三维度职业兴趣量表编制及空间结构研究

一、研究方法

（一）研究一

初次施测采用线上回收问卷与线下发放相结合的方式，线上回收问卷428份，线下回收问卷125份，有效问卷为520份。其中线上回收有效问卷405份（94.63%），无效问卷为规律作答或作答时间过短;线下回收有效问卷 115 份(92%),无效问卷中 6 份为未作答完整,4 份为规律作答。总问卷有效率为 94.03%。

在样本构成方面:①以性别分类,男性 217 名,占样本的 41.7%;女性 303 名,占样本 58.3%;②样本包括在读学生 370 人,其中高中生、在职人员共 150 人,在读学生样本构成以专业分类,在职人员以当前职业分类。

正式测验采用便利取样,在 4 所高校内发放纸质问卷 1 907 份,删除未作答完整、规律作答问卷,剩余问卷 1 767 份,问卷有效率 92.66%。样本构成情况如下:以性别分类,男性有 671 名(占 38.0%),女性有 1 057 名(占 59.8%),有 39 份问卷未写明性别,占 2.2%;以专业分类,其中未作答 234 名,占样本的 13.2%。

重测信度计算中的第二次施测与第一次测验间隔 6 个月,在第一次测验中对每一份问卷进行编码,施测过程中被试根据意愿选择是否留下联系方式。再次测验随机选取留下联系方式的被试进行施测,第二次测验中被试需填写第 次测验的编码,便于进行两次测量结果的对比和计算。第二次测验收取问卷 30 份,问卷有效率为 100%。其中男性 9 人,占 30%;女性 21 人,占 70%。按专业分类,临床医学 6 名,占 20%;应用心理学 5 名,占 16.7%;法学、化学工程与工艺、中国语言文学各 2 名,分别占 6.7%;其余 13 名被试属于 13 个不同专业,分别占 3.3%。

(二)研究二

采用方便取样在某省 5 所高校内发放纸质问卷 728 份,删除未作答、作答不完整及规律性作答的无效问卷 26 份,剩余问卷 702 份,问卷有效率为 96.43%。

样本构成:以性别分类,男性 259 人,占 36.9%;女性 432 人,占 61.5%;有 11 人未对性别作回答,占 1.6%。以专业分类,安全工程专业 8 名,占 1.1%;工程力学专业 7 名,占 1.0%;化学工程与工艺 8 名,占 1.1%;基础医学 13 名,占 1.9%;教育学 61 名,占 8.7%;临床医学 323 名,占 46.0%;应用心理学专业 167 名,占 23.8%;医学影像学专业 29 名,占 4.1%;麻醉学专业 23 名,占 3.3%;有 35 名被试未对专业作回答,占 5.0%。

使用 SPSS 进行多维尺度分析(multidimensional scaling,MDS)、主成分分析及相关分析,探索职业兴趣潜在维度数目及其含义,绘图采用 Excel。对于职业兴趣结构的研究有两个思路,首先是从直观判断是否各个变量之间的关系构成了一个圆形,其次是采用假设顺序关系的随机化检验对数据进行进一步的验证。

直观的图像来自 MDS,为了便于观看,进一步采用 Excel 进行处理。进一步验证所采用的假设顺序关系的随机化检验是比基于二项分布的相关矩阵中存在关系的显著检验更为恰当地对数据关系进行检验的方式,能够避免因违反变量间的独立性假设而引发的错误。这种数据分析方法经常被应用于对于职业兴趣环形模型的评估,也会被应用于职业兴趣的层次聚类模型的评估。因此,这种方法适用于对大多数构思的顺序结构进行评估验证。

Randall 程序是一种对假想的数据关系进行随机化验证的程序,一般而言数据之间的关系为存在相关的顺序关系。Randall 在 1997 年由 Tracey 编制,可以得出数据满足构想顺序关系的数量,以及提供一个精确的显著性水平用于判断是否数据是否符合预期的顺序结构。除此以外,该程序还生成了一个对应指数(correspondence index,CI)指标来辅助理解评估出的验证结果,CI 值的本质是满足预测的比例减去违反预测的比例,最大取值为 1,表示完全匹配,即所有顺序关系均符合最初预期;最小取值为-1,表示完全不匹配,即所有顺序关系均不符合最初预期;CI 值为 0 则表示满足预期的数量与违反预期的数量一样多;CI 为 0.5 则表示 75% 的预测在此数据集中被满足,25% 的预测在此数据集中被违反。

Randall 最初的版本为 Fortran 程序,在 2016 年根据 Fortran 程序编制出在 R 语言环境下运行的 Randall。本研究采用的是 R 语言环境下的 Randall 程序。

(三)研究三

仅对不同样本的职业兴趣类型差异性进行分析,因此利用研究一中的正式施测数据直接进行分析。除此以外,使用 PGI-SC 对 943 名被试进行调查,进行筛选后获得有效数据 924 份,有效率为 97.98%。其中男性 339 名,占样本 36.7%;女性 563 名,占样本 60.9%;有 22 名(2.4%)被试未对性别做出回答。

二、研究结果

(一)研究一

采用因素分析以探索量表的职业兴趣类型。初测问卷兴趣部分 KMO 值与 bartlett 检验结果:对量表进行适切性量数分析,结果显示兴趣部分的 KMO 统计量值为 0.906,表示极其适合进行因素分析,Bartlett 球形检验 χ^2 值为 28 116.951,$P<0.001$,符合因素分析的要求。因素分析中抽取因子的方法为主成分法。抽取因子根据 Kaiser 准则选取特征根大于 1 的因素。由于本身职业兴趣的维度存在相关,因此旋转采用斜交旋转的直接 Oblimin 方法。

首先对于各个项目的适当性量数(MSA)进行分析,以判断每个条目是否适宜进一步分析,越接近于 1 则越适合进行因素分析,一般而言要求条目的该量数大于 0.5,根据此标准删除 8 个条目。

在因素分析中,删除某一条目后再次进行因素分析,根据筛选标准进行 19 次因素分析,对 19 个条目进行删除。第 20 次因素分析后每个条目均满足在某个公因子上负载绝对值大于 0.4,若同时在两个或多个公因子上有较高负载,负载之差绝对值大于 0.15 且共同性大于 0.2。除此之外,分析结果显示第 51 项“剖析国家政治体制”与第 49 项“市场开发”,第 53 项“制订经营目标及计划”,第 61 项“经营商场”,第 63 项“优化投资模型”同属于一个公因子下,其他项均与管理投资相关,51 项在此难以概况归类,讨论后删除。

虽然提取出了 13 个公因子,但是第 12 个公因子只包含了两个条目,无法自成一类,因此删除,量表中包含 12 个因素,兴趣部分提取因素可以解释全量表 60.509% 的变异,符合问卷编制的要求。各因素特征根及解释率见表 10-1。能力部分分析结果与兴趣部分吻合,贡献率等具体数值稍有不同,能力部分累积贡献率为 65.609%。

表 10-1　兴趣部分剩余 12 个因素旋转特征值与贡献率

因素	特征值	贡献率/%	累积贡献率/%
1	16.148	24.101	24.101
2	5.863	8.751	32.853
3	3.328	4.968	37.820
4	2.588	3.863	41.683
5	2.318	3.460	45.144
6	2.038	3.042	48.186
7	1.800	2.686	50.872
8	1.657	2.473	53.345
9	1.441	2.151	55.496
10	1.239	1.849	57.345
11	1.116	1.665	59.010
12	1.005	1.499	60.509

提取方法:主成分分析。

量表中第 1 个因子包含 9 个条目(“绘制工程图”等)属于实物操作维度;第 2 个因子包含 9 个条目(“舞蹈表演”等),属于表演展示维度;第 3 个因子中包含 8 个条目(“风险投资”等),均与配置资产、使用资金相关,属于金融管理维度;第 4 个因子包含 5 个条目(“给图书分类编号”等),属于常规事务维度;第 5 个因子中包含 3 个条目(“分析朝代更替”等),构成人文科学维度;第 6 个因子为政治权力维度,有 6 个条目(“赢得他人支持”等);第 7 个因子为自然科学维度,有 3 个条目(“研究微生物”等);第 8 个因子包含 5 个条目(“开发手机软件”等),为抽象技术维度;第 9 个因子包含 6 个条目(“时尚设计”等),为艺术创作维度;第 10 个因子包含 3 个条目(“照顾儿童”等),为利他奉献维度;第 11 个因子有 4 个条目(“市场开发”等),为企业经营维度;第 12 个因子为文学创作维度,包括 4 个条目(“写诗”等)。各个条目对应因素上的负载见表 10-2。

表 10-2　兴趣部分各类型因素负载矩阵

条目	因素											
	1	2	3	4	5	6	7	8	9	10	11	12
84	0.861											
82	0.834											
86	0.827											
66	0.77											
78	0.768											

续表 10-2

条目	因素											
	1	2	3	4	5	6	7	8	9	10	11	12
72	0.760											
79	0.746											
38	0.667											
81	0.586											
73		0.767										
52		0.718										
62		0.708										
76		0.704										
39		0.698										
30		0.684										
70		0.667										
6		0.641										
15		0.601										
42			0.783									
20			0.754									
29			0.753									
5			0.751									
1			0.724									
25			0.718									
40			0.696									
68			0.622									
17				0.714								
41				0.712								
32				0.681								
75				0.616								
54				0.555								
3					0.873							
27					0.872							
69					0.608							
33						0.736						
9						0.735						
24						0.705						

续表 10-2

条目	因素											
	1	2	3	4	5	6	7	8	9	10	11	12
57						0.694						
67						0.583						
85						0.493						
31							0.822					
22							0.815					
7							0.761					
55							0.686					
83							0.505					
45								0.822				
21								0.797				
36								0.711				
12								0.705				
58								0.601				
28									0.748			
37									0.731			
4									0.728			
13									0.716			
71									0.683			
50									0.597			
19										0.653		
10										0.644		
43										0.621		
53											0.556	
61											0.513	
49											0.506	
63											0.478	
35												0.768
48												0.749
11												0.715
60												0.692

提取方法:主成分。

旋转法:具有 Kaiser 标准化的斜交旋转法。

1. 项目决断值的分析　将数据依据各个因子得分进行高低分组,高分组与低分组各占被试27%。计算因子对应项目的决断值,设定临界比值的标准值为30.00,以此为标准判断项目是否可以有效区分对某一类型职业兴趣的偏好。结果显示,无论是兴趣部分还是能力部分的各个项目,均达到临界比的标准,$t>30.00$,且达到显著。具体每个条目的临界比值及显著性检验结果见表10-3。

表10-3　职业兴趣项目决断值分析

因子	喜欢部分			能力部分		
	题目	临界比值 t	P(双侧)	题目	临界比值 t	P(双侧)
实物操作	84a	21.398	0.00	84b	31.713	0.00
	82a	22.042	0.00	82b	24.647	0.00
	86a	22.081	0.00	86b	30.854	0.00
	66a	21.022	0.00	66b	24.810	0.00
	78a	25.581	0.00	78b	26.121	0.00
	72a	21.736	0.00	72b	22.707	0.00
	79a	23.705	0.00	79b	29.582	0.00
	81a	15.212	0.00	38b	23.329	0.00
表演展示	38a	20.925	0.00	81b	18.665	0.00
	73a	19.701	0.00	73b	19.735	0.00
	52a	21.312	0.00	52b	20.440	0.00
	62a	18.643	0.00	62b	21.429	0.00
	76a	21.658	0.00	76b	20.202	0.00
	39a	19.201	0.00	39b	19.113	0.00
	30a	21.439	0.00	30b	16.724	0.00
	70a	16.300	0.00	70b	19.978	0.00
	6a	17.739	0.00	6b	19.861	0.00
	15a	15.565	0.00	15b	14.286	0.00
金融管理	42a	28.571	0.00	42b	33.954	0.00
	20a	23.857	0.00	20b	28.355	0.00
	29a	21.582	0.00	29b	30.754	0.00
	5a	17.923	0.00	5b	22.443	0.00
	1a	14.492	0.00	1b	23.891	0.00
	25a	19.067	0.00	25b	27.579	0.00
	40a	19.978	0.00	40b	23.452	0.00
	68a	17.955	0.00	68b	23.147	0.00

续表 10–3

因子	喜欢部分			能力部分		
	题目	临界比值 t	P(双侧)	题目	临界比值 t	P(双侧)
常规事务	17a	16.187	0.00	17b	17.578	0.00
	41a	18.127	0.00	41b	19.564	0.00
	32a	17.514	0.00	32b	25.011	0.00
	75a	16.800	0.00	75b	15.966	0.00
	54a	15.947	0.00	54b	18.238	0.00
人文科学	3a	23.847	0.00	3b	28.316	0.00
	27a	29.039	0.00	27b	28.459	0.00
	69a	15.773	0.00	69b	20.002	0.00
政治权力	33a	18.856	0.00	33b	19.087	0.00
	9a	17.004	0.00	9b	18.954	0.00
	24a	15.713	0.00	24b	17.729	0.00
	57a	13.717	0.00	57b	19.789	0.00
	67a	15.414	0.00	67b	19.969	0.00
	85a	16.228	0.00	85b	15.471	0.00
自然科学	31a	24.090	0.00	31b	27.010	0.00
	22a	20.135	0.00	22b	28.578	0.00
	7a	16.133	0.00	7b	10.950	0.00
	55a	17.996	0.00	55b	23.578	0.00
	83a	17.974	0.00	83b	19.093	0.00
抽象技术	45a	22.085	0.00	45b	27.926	0.00
	21a	24.274	0.00	21b	25.574	0.00
	36a	26.156	0.00	36b	26.565	0.00
	12a	18.384	0.00	12b	23.740	0.00
	58a	21.805	0.00	58b	27.640	0.00
艺术创作	28a	18.027	0.00	28b	18.739	0.00
	37a	21.812	0.00	37b	23.377	0.00
	4a	20.920	0.00	4b	25.058	0.00
	13a	18.233	0.00	13b	22.897	0.00
	71a	18.307	0.00	71b	22.270	0.00
	50a	18.649	0.00	50b	18.604	0.00

续表 10-3

因子	喜欢部分			能力部分		
	题目	临界比值 t	P(双侧)	题目	临界比值 t	P(双侧)
利他奉献	19a	19.279	0.00	19b	20.054	0.00
	10a	13.514	0.00	10b	16.421	0.00
	43a	22.166	0.00	43b	26.636	0.00
企业经营	53a	21.925	0.00	53b	25.160	0.00
	61a	22.637	0.00	61b	28.677	0.00
	49a	25.074	0.00	49b	30.565	0.00
	63a	21.779	0.00	63b	33.420	0.00
文学创作	35a	12.786	0.00	35b	29.824	0.00
	48a	24.133	0.00	48b	26.367	0.00
	11a	20.354	0.00	11b	22.088	0.00
	60a	19.624	0.00	60b	22.426	0.00

项目的因子负载、共同度等均符合标准,且每个项目都可以有效区分各职业兴趣高低得分的人群,形成一个由 12 个分量表、67 个项目构成的三维度职业兴趣量表(three-dimensional vocational interest scale,TDVIS)。

2. 正式测验结果与分析　为了方便,在分析中用 O 表示实务操作型、D 表示表演展示型、F 表示金融管理型、R 表示常规事务型、H 表示人文科学型、P 表示政治权力型、N 表示自然科学型、T 表示抽象技术型、A 表示艺术创作型、C 表示利他奉献型、E 表示企业经营型、L 表示文学创作型。

为了验证研究一中各个职业兴趣类型的抽取是否适当,使用 SPSS 对各个分量表及量表总分之间进行相关分析,结果见表 10-4 及表 10-5。

表 10-4　兴趣部分各分量表及总分相关分析(*r*)

	O	F	R	H	P	N	T	A	C	E	L	D	总
O	1												
F	0.541**	1											
R	0.360**	0.359**	1										
H	0.226**	0.297**	0.298**	1									
P	0.335**	0.471**	0.250**	0.274**	1								
N	0.584**	0.383**	0.304**	0.274**	0.352**	1							
T	0.603**	0.443**	0.237**	0.129**	0.344**	0.442**	1						

续表 10-4

	O	F	R	H	P	N	T	A	C	E	L	D	总
A	0.213**	0.294**	0.294**	0.324**	0.357**	0.324**	0.222**	1					
C	0.160**	0.180**	0.481**	0.194**	0.243**	0.203**	0.165**	0.249**	1				
E	0.519**	0.739**	0.384**	0.280**	0.522**	0.368**	0.441**	0.323**	0.227**	1			
L	0.197**	0.240**	0.270**	0.448**	0.307**	0.235**	0.245**	0.538**	0.232**	0.289**	1		
D	0.233**	0.331**	0.360**	0.253**	0.457**	0.246**	0.231**	0.614**	0.356**	0.379**	0.525**	1	
总	0.714**	0.736**	0.564**	0.470**	0.654**	0.628**	0.618**	0.633**	0.428**	0.732**	0.568**	0.689**	1

注：**表示 $P<0.01$。

表 10-5　能力部分各分量表及总分相关（r）

	O	D	F	R	H	P	N	T	A	C	E	L	总
O	1												
D	0.363**	1											
F	0.626**	0.466**	1										
R	0.246**	0.364**	0.288**	1									
H	0.267**	0.370**	0.419**	0.325**	1								
P	0.397**	0.565**	0.542**	0.389**	0.352**	1							
N	0.653**	0.345**	0.523**	0.249**	0.293**	0.421**	1						
T	0.684**	0.359**	0.600**	0.155**	0.224**	0.368**	0.555**	1					
A	0.408**	0.637**	0.486**	0.292**	0.418**	0.457**	0.424**	0.394**	1				
C	0.102**	0.362**	0.173**	0.584**	0.204**	0.354**	0.179**	0.112**	0.257**	1			
E	0.604**	0.491**	0.783**	0.348**	0.417**	0.570**	0.488**	0.568**	0.499**	0.256**	1		
L	0.071**	0.389**	0.155**	0.201**	0.408**	0.206**	0.127**	0.091**	0.357**	0.193**	0.192**	1	
总	0.754**	0.743**	0.804**	0.518**	0.547**	0.715**	0.693**	0.689**	0.724**	0.415**	0.798**	0.385**	1

注：**表示 $P<0.01$。

TDVIS 兴趣部分各个职业兴趣类型之间相关系数在 0.160～0.614，基本呈中等程度相关，能力部分各个职业兴趣类型间相关系数在 0.071～0.783，基本呈中等程度相关；兴趣部分各个职业兴趣类型与兴趣总分相关系数在 0.428～0.736，能力部分各个职业兴趣类型与兴趣总分相关系数在 0.385～0.804，呈较高程度相关。这说明量表能力部分与兴趣部分的结构效度良好。

（1）验证性因素分析：为了进一步验证 TDVIS 的结构效度，采用 Amos 进行验证性因素分析，由于人文科学型与利他奉献型职业兴趣题目较少，验证性因素分析时构成饱和模型，因此这两种职业兴趣类型的拟合度指标并未呈现，其余拟合指标结果见表 10-6 及表 10-7。

表 10-6　TDVIS 兴趣部分验证性因素分析

指标	适配的标准或临界值	O	D	F	R	P	N	T	A	E	L
c2/df	1～3 表示模型有简约适配程度；3～5 表示可以接受	2.443	2.443	2.513	3.732	2.607	2.613	1.070	2.593	2.731	0.616
GFI	>0.90	0.995	0.997	0.995	0.998	0.997	0.998	10.00	0.997	0.998	10.00
AGFI	>0.90	0.986	0.989	0.987	0.987	0.990	0.991	0.996	0.990	0.982	0.996
SRMR	<0.05	0.010	0.011	0.012	0.010	0.012	0.011	0.033	0.012	0.001	0.004
RMSEA	<0.05（适配良好），<0.08（适配合理）	0.029	0.023	0.029	0.039	0.030	0.030	0.006	0.030	0.048	0.001
NFI	>0.90	0.996	0.996	0.995	0.996	0.994	0.996	10.00	0.996	0.998	0.999
RFI	>0.90	0.991	0.989	0.990	0.978	0.984	0.989	0.996	0.990	0.986	0.996
IFI	>0.90	0.998	0.998	0.997	0.997	0.996	0.997	10.00	0.997	0.999	10.00

注：c2/df＝卡方自由度之比，GFI＝拟合优度指数，AGFI＝调整拟合优度指数，SRMR＝标准化残差均方根，RMESA＝近似误差均方根，NFI＝标准适配指数，RFI＝相对适配指数，IFI＝增值适配指数，下同。

表 10-7　TDVIS 能力部分验证性因素分析

指标	适配的标准或临界值	O	D	F	R	P	N	T	A	E	L
c2/df	1～3 表示型有简约适配程度；3～5 表示可以接受	2.813	2.187	2.020	3.219	1.841	1.692	1.593	1.682	3.885	3.859
GFI	>0.90	0.993	0.995	0.997	0.999	0.998	0.998	0.999	0.998	0.996	0.999
AGFI	>0.90	0.984	0.988	0.990	0.989	0.993	0.994	0.995	0.993	0.959	0.989
SRMR	<0.05	0.012	0.014	0.009	0.010	0.012	0.007	0.005	0.009	0.013	0.007
RMSEA	<0.05（适配良好），<0.08（适配合理）	0.032	0.026	0.024	0.035	0.022	0.020	0.018	0.020	0.078	0.040
NFI	>0.90	0.995	0.993	0.997	0.997	0.995	0.998	0.999	0.997	0.996	0.998

续表 10-7

指标	适配的标准或临界值	O	D	F	R	P	N	T	A	E	L
RFI	>0.90	0.990	0.986	0.993	0.986	0.989	0.994	0.996	0.993	0.973	0.990
IFI	>0.90	0.996	0.996	0.999	0.998	0.998	0.999	1.000	0.999	0.997	0.999

结果显示,无论是 TDVIS 的兴趣部分还是能力部分,职业兴趣类型基本符合适配标准。兴趣部分常规事务型及能力部分常规事务型、企业经营型、文学创作型的卡方自由度之比大于 3,由于卡方自由度之比在 3 ~5 也是可以接受的,并且结合其他各项拟合优度指标来看,以上几种类型均符合其余指标的适配标准,表明量表结构可以很好地适配数据,进一步说明了 TDVIS 具备较好的结构效度。

(2)信度分析:为了验证 TDVIS 的内部一致性,采用 Cronbach 系数进行内部一致性分析,结果见表 10-8。

表 10-8 TDVIS 内部一致性系数

项目	实物操作	表演展示	金融管理	常规事务	人文科学	政治权力	自然科学	抽象技术	艺术创作	利他奉献	企业经营	文学创作	总量表
条目数	9	9	8	5	3	6	5	5	6	3	4	4	67
兴趣	0.916	0.875	0.897	0.749	0.744	0.782	0.792	0.806	0.843	0.634	0.828	0.758	0.949
能力	0.924	0.862	0.909	0.793	0.765	0.778	0.814	0.859	0.840	0.669	0.848	0.805	0.961

TDVIS 的总量表兴趣部分与能力部分信度系数均大于 0.90,表明信度很高;对于分量表而言,Cronbach 系数在 0.70 以上表示信度高,达到 0.80 及以上表明信度很高,达到 0.90 及以上表明信度非常好,0.60 以上则表示可以接受。利他奉献型的信度系数不管是兴趣部分还是能力部分都较低。兴趣部分为 0.634,能力部分为 0.669,虽然未达到信度高的标准,但是可以接受,其余各个职业兴趣类型无论是能力还是兴趣部分的内部一致性系数均大于 0.70,实物操作能力及兴趣部分、金融管理类能力部分达到了 0.90 以上。总体而言 TDVIS 具备较高内部一致性。

为了了解 TDVIS 的稳定性,进行间隔 6 个月的重测信度分析,结果见表 10-9。

表 10-9 TDVIS 重测信度

项目	实务操作	表演展示	金融管理	常规事务	人文科学	政治权力	自然科学	抽象技术	艺术创作	利他奉献	企业经营	文学创作	总分
兴趣	0.467	0.606	0.635	0.616	0.780	0.718	0.562	0.501	0.714	0.547	0.477	0.700	0.748
能力	0.542	0.663	0.554	0.507	0.482	0.538	0.790	0.439	0.636	0.672	0.496	0.624	0.598

重测信度受两次测量的时间间隔影响，间隔越久重测信度越小。在兴趣部分，TDVIS包含的12个分量表重测信度在0.467～0.780，兴趣总分重测信度为0.748；在能力部分，TDVIS包含的12个分量表重测信度在0.482～0.790，能力总分重测信度为0.598。在长达6个月的间隔测评有如此高的重测信度，表明其有较高的稳定性。

（3）效标效度分析：为了检验是否不同专业的大学生在选择职业方面有不同的偏好，以所学专业为效标进行职业兴趣效标效度分析，进行职业兴趣类型的专业差异检验，其中人数少于10人的专业未进行比较。结果见表10-10。

表10-10　TDVIS各职业兴趣得分专业差异检验（$M±SD$）

专业	职业兴趣类型					
	实物操作	金融管理	常规事务	人文科学	政治权力	自然科学
中国语言文学	25.40±0.91	26.11±0.76	19.18±0.44	13.35±0.29	24.68±0.52	15.82±0.48
应用心理学	28.48±0.82	27.29±0.68	18.58±0.39	13.24±0.31	26.92±0.46	18.39±0.45
医学影像学	31.24±1.93	29.00±1.48	19.04±1.10	12.68±0.81	28.24±1.34	20.92±1.24
信息管理系统	29.60±1.85	31.22±1.49	17.69±0.94	10.64±0.71	25.24±0.98	18.89±1.00
物理学	33.31±1.95	25.80±1.77	17.88±0.82	12.00±0.72	25.07±1.15	19.73±0.97
图书情报与档案管理	34.41±2.02	34.82±1.80	24.12±1.12	13.94±0.83	29.35±1.40	21.35±1.29
统计学	31.64±3.13	34.64±2.35	20.00±1.35	13.00±0.88	25.54±1.75	20.43±1.98
数学与应用数学	30.14±3.01	31.53±1.53	17.25±1.37	11.80±0.91	25.79±1.13	19.64±1.87
生物信息学	35.37±2.44	30.74±2.26	19.67±1.34	10.68±1.10	28.26±1.87	23.53±1.10
生物技术	28.81±1.64	26.86±1.43	19.43±0.79	12.36±0.62	26.2±0.93	22.84±0.68
生物工程	29.79±2.02	31.21±1.70	18.16±1.16	11.65±0.83	27.26±1.73	22.16±1.15
软件工程	32.25±2.02	27.48±1.81	16.71±1.01	11.19±0.56	24.43±1.44	18.14±1.04
麻醉学	25.91±2.24	26.27±2.43	18.50±1.21	10.83±0.95	26.00±1.43	18.48±0.87
临床医学	31.35±0.62	27.74±0.51	18.98±0.28	12.25±0.23	26.79±0.34	20.97±0.28
金融数学	27.45±2.67	36.64±1.88	18.73±1.00	13.58±0.72	26.09±1.36	20.27±1.91
教育学	26.63±1.32	29.68±1.12	20.45±0.66	13.35±0.53	28.20±0.79	16.63±0.73
基础医学	35.64±1.65	30.36±1.45	21.21±0.98	14.07±1.01	25.43±1.17	24.43±0.95
化学工程与工艺	34.97±0.97	27.74±0.98	18.75±0.54	12.29±0.41	27.00±0.67	20.32±0.62
工程力学	33.30±2.41	27.48±2.41	17.25±0.94	12.71±0.84	25.67±1.27	17.96±1.18
工程管理	36.82±1.30	31.75±1.37	19.53±0.61	12.20±0.55	27.18±0.82	20.61±0.83
法学	28.15±1.14	30.29±0.94	19.52±0.52	14.23±0.36	27.69±0.57	17.77±0.61
电子商务	30.02±1.21	29.90±1.24	18.44±0.62	11.00±0.51	25.00±0.82	17.62±0.78
档案学	31.08±2.20	33.00±1.72	20.92±0.67	15.08±0.67	27.69±1.02	19.31±0.92
测控技术与仪器	35.19±1.71	27.30±1.50	19.04±1.10	11.92±0.68	25.59±1.12	19.87±0.99

续表 10-10

专业	职业兴趣类型					
	实物操作	金融管理	常规事务	人文科学	政治权力	自然科学
安全工程	34.18±1.67	28.84±1.33	19.05±1.11	11.72±0.68	26.15±1.12	19.49±0.89
F	4.917	2.927	1.871	3.235	1.775	7.344
P	<0.001	<0.001	0.007	<0.001	0.012	<0.001
专业	抽象技术	艺术创作	利他奉献	企业经营	文学创作	表演展示
中国语言文学	16.65±0.49	28.00±0.63	12.13±0.27	14.03±0.42	19.45±0.39	35.87±0.89
应用心理学	17.68±0.46	29.27±0.52	12.02±0.24	14.87±0.35	17.40±0.37	36.97±0.76
医学影像学	17.76±1.06	29.92±1.46	12.60±0.75	15.64±0.86	17.88±1.11	39.24±2.53
信息管理系统	21.86±0.79	23.22±1.41	12.14±0.54	15.33±0.71	15.33±0.99	31.09±1.55
物理学	19.23±1.08	24.88±1.26	11.83±0.63	13.76±0.87	15.15±0.93	31.73±1.63
图书情报与档案管理	21.00±1.10	33.06±1.24	15.59±0.69	16.65±1.00	19.00±1.25	42.94±2.19
统计学	18.79±1.62	29.14±2.18	11.64±1.08	16.71±1.37	18.50±1.61	39.86±3.23
数学与应用数学	18.47±1.37	27.00±2.70	11.27±0.83	15.25±1.16	14.13±1.62	30.13±3.04
生物信息学	24.58±1.33	27.22±1.69	12.42±0.58	15.58±1.06	14.42±1.10	32.78±2.85
生物技术	17.19±0.87	27.61±1.30	12.25±0.51	14.23±0.73	17.48±1.24	33.32±1.57
生物工程	20.32±1.07	27.53±1.48	11.85±0.87	16.30±1.22	16.26±0.85	35.84±2.09
软件工程	25.43±0.94	25.05±1.69	11.05±0.66	15.00±1.01	14.29±0.85	30.76±2.21
麻醉学	16.70±1.42	27.43±1.57	12.96±0.72	14.04±1.14	14.17±1.15	35.61±2.41
临床医学	18.17±0.35	28.19±0.39	12.76±0.19	13.80±0.29	16.49±0.29	34.85±0.59
金融数学	17.18±1.47	27.64±1.47	12.17±0.61	17.50±1.46	14.73±1.32	37.64±3.39
教育学	17.39±0.80	28.98±0.79	13.92±0.38	16.61±0.59	17.35±0.64	38.69±1.40
基础医学	19.07±1.29	27.57±1.17	13.93±0.79	15.79±0.78	18.07±0.99	36.79±2.29
化学工程与工艺	19.38±0.63	26.51±0.81	12.55±0.37	14.52±0.49	16.00±0.57	34.28±1.19
工程力学	18.79±1.21	27.08±1.73	11.29±0.70	14.46±1.17	13.50±0.88	27.79±2.09
工程管理	18.50±0.78	26.79±1.02	11.76±0.47	16.80±0.65	15.91±0.77	35.36±1.67
法学	17.36±0.61	28.25±0.70	12.50±0.33	14.93±0.49	17.59±0.51	35.73±1.00
电子商务	19.75±0.78	25.88±0.89	12.24±0.49	14.90±0.62	15.25±0.70	35.17±1.28
档案学	17.92±1.36	28.92±1.52	12.38±0.55	16.08±0.84	15.69±1.47	35.77±2.54
测控技术与仪器	20.17±1.18	26.74±0.99	11.88±0.64	14.61±0.96	16.26±0.73	36.13±2.24
安全工程	20.13±1.19	24.95±1.17	12.40±0.64	15.38±0.82	16.54±0.84	32.42±1.77
F	4.240	2.538	2.169	2.081	4.024	2.672
P	<0.001	<0.001	0.001	0.002	<0.001	<0.001

结果显示，所有专业在职业兴趣类型上差异均显著，进行事后多重检验的结果显示，物理学对于金融管理兴趣最低，显著低于金融数学等专业，金融数学兴趣最高，显著高于生物技术等专业；常规事务兴趣图书情报与档案管理兴趣最高，显著高于中国语言文学等专业，软件工程兴趣最低，显著低于档案学等专业；人文科学兴趣档案学的兴趣最高，显著高于数学与应用数学学等专业，生物信息学兴趣最低，显著低于教育学等专业；图书情报与档案管理在政治权力型上兴趣最高，显著高于中国语言文学等专业；软件工程兴趣最低，显著低于教育学等专业；中国语言文学在抽象技术型上兴趣最低，显著低于电子商务等专业，软件工程在此类型兴趣最高，显著高于麻醉学等专业；艺术创作型兴趣信息管理与信息系统兴趣最低，显著低于法学等专业，图书情报与档案管理兴趣最高，显著高于应用心理学等专业；利他奉献兴趣数学与应用数学兴趣最低，显著低于基础医学等专业，图书情报与档案管理兴趣最高，显著高于生物工程等专业；企业经营兴趣物理学最低，显著低于工程管理等专业，金融数学最高，显著高于中国语言文学等专业；文学创作兴趣中国语言文学兴趣最高，显著高于临床医学等专业，工程力学兴趣最低，显著低于教育学等专业；表演展示兴趣图书情报与档案管理最高，显著高于化学工程与工艺等专业，工程力学兴趣最低，显著低于医学影像学等专业。

（二）研究二

1. 职业兴趣维度分析

（1）职业兴趣潜在维度数量分析：MDS 是一种数据简化技术，这种方法对于数据类型及其形态没有过多要求，可以将大量数据压缩为几个维度，形成直观图型（三维及以下），在心理学领域中常用于对于职业兴趣潜在维度数目的探索（赵守盈，2004）。MDS 输出的结果中以提取出的维度构成空间，在空间中变量之间距离的远近表示变量之间的相似程度：越远差异越大，越近则越相似（骆文淑 等，2007）。采用 MDS 进行对大学生职业兴趣类型进行分析，结果见图 10-1。

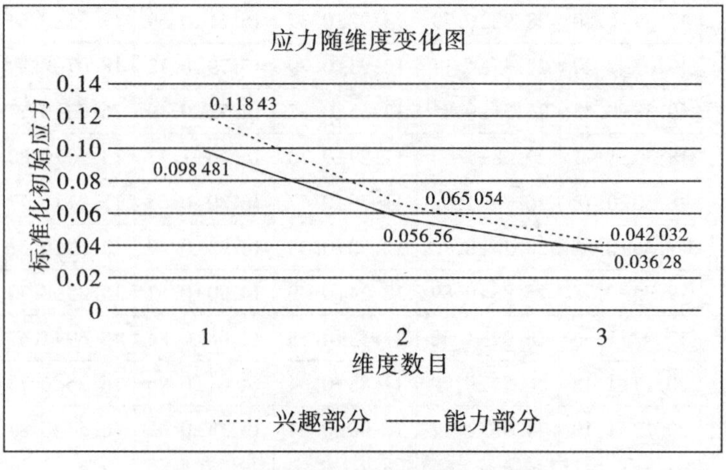

图 10-1　大学生职业兴趣类型 MDS 分析

与其他的数据降维技术类似，MDS 输出的结果并不是唯一的，一般而言提取出的维度越多，模型对于数据的解释程度也就越高，但是一味追求高拟合程度将会失去 MDS 的价值。判断究竟变量可以提取多少维度可以参考两个标准：首先是应力值，也被称为 Stress 值，作为拟合指数 Stress 值代表着提取不同数目维度所构成的模型与数据的拟合程度，也即模型可以对数据进行阐明的程度。Stress 值取值在 0～1，越小表示模型可以解释数据的程度越好，一般而言应做到模型的 Stress<0.1。其次是本身变量的数目，应将维度数目控制在不大于变量数的 25%（骆文淑 等，2007）。

如上图所示，当提取一维模型时 Stress 值不满足要求，当提取二维及三维模型时无论兴趣还是能力部分维度应力值均<0.1，且 3 维模型较 2 维模型可以更好地拟合数据。因此，提取出 3 维模型来对职业兴趣类型进行简化。

（2）职业兴趣三维度含义探索：为了进一步明晰在 MDS 中提取出的 3 个维度均代表什么含义，采用主成分分析等方法进行探索。在职业兴趣研究领域中采用主成分分析，会出现各题项第一个主成分均有较高负载的现象，一般把这一个主成分称为“一般因素”，不进行进一步分析。在主成分分析中不进行旋转以避免一般因素与其他因素意义混淆。

在此次对职业兴趣的主成分分析中，也发现了这一“一般因素”，各个题项在该主成分上的负载均为正值，且绝对值较大，不进行进一步分析。根据 MDS 的分析结果，在这个主成分之外关注第 2 到第 4 个主成分，第 2 个主成分特征根为 5.982，方差解释率为 8.797%；第 3 个主成分特征根为 3.358，解释率为 4.938%；第 4 个主成分特征根为 2.632，解释率为 3.870%，将这 3 个主成分下正负负载较大的题项列出来，以便于进行意义分析，对于 3 个维度的意义进行初步判定。结果见表 10-11。

表 10-11　3 个维度意义分析

主成分		题号	项目内容	项目共同特征	维度意义
第 2 主成分	负向负载较大的项目	15	登台演唱	在该主成分上负向负载较大的项目与技术操作、数据分析、软件开发与维护等相关，这些活动与第 2 主成分正向负载较大项目相比，显然不需要太多与人沟通交流、合作和情感的理解与反馈，按照 Prediger 的二维度划分标准应当属于“事物”维度	人物/事物维度
		28	艺术摄影		
		6	主持节目		
		71	时尚设计		
		52	出演话剧		
		30	舞蹈表演		
		62	才艺展示		
		39	模仿秀		
		73	演小品		
		76	T 台秀		

续表 10–11

主成分		题号	项目内容	项目共同特征	维度意义
第 2 主成分	负向负载较大的项目	36	编写计算机程序	在该主成分上负向负载较大的项目与技术操作、数据分析、软件开发与维护等相关，这些活动与第 2 主成分正向负载较大项目相比，显然不需要太多与人沟通交流、合作和情感的理解与反馈，按照 Prediger 的二维度划分标准应当属于“事物”维度	人物/事物维度
		58	修复网络漏洞		
		78	设计汽车模型图		
		86	改进技术设备		
		84	掌握工程技术		
		38	安装汽车配件		
		82	操作机械设备		
		79	工程设计		
		66	绘制工程图		
		72	设计电路		
		81	大数据分析		
第 3 主成分	正向负载较大的项目	50	园林设计	在该主成分上正向负载较大的项目与自然科学研究、数据资料分析有关系，部分还涉及对于专业仪器设备的使用，需要有较强的逻辑思维能力，与 Prediger 的“资料”维度相近	资料/观念维度
		42	投资分析		
		83	探索星体运动		
		55	培育新品种		
		31	研究微生物		
		22	研究遗传学		
	负向负载较大的项目	25	风险投资	在该主成分上负向负载较大的项目大多与企业事务处理、金融分析等有关，相比较细致的推理与观察，更要求个体对抽象的、宏观层面的内容进行思考，与 Prediger 的“观念”维度相近	
		1	投资股票与债券		
		42	投资分析		
		49	市场开发		
		40	洽谈贸易业务		
		20	金融分析		
		5	资金审批划拨		
		29	分析企业财务预算		
第 4 主成分	正向负载较大的项目	10	做义务宣传	在该主成分上正向负载较大的项目活动与义务劳动，具体、固定化的工作以及帮助他人有关。要求个体可以按照既定规则行事，或者当前的活动对于个人而言并不具备挑战性，与 Tracey 的“低声望”职业类型既有相似又有不同，对应了利他奉献与常规事务 2 个类型	模式化/变化维度
		54	记录商品供求情况		
		43	照顾儿童		
		19	陪伴孤寡老人		
		75	作会议记录		
		41	给图书分类编号		
		32	分拣信函、包裹		
		17	整理文件		
		37	绘画		

续表 10-11

主成分		题号	项目内容	项目共同特征	维度意义
第4主成分	负向负载较大的项目	4	做画家	这些活动与艺术创作、领导与战胜他人有关，共同点是并无固定规律可循，需要个体面对充满变化与挑战的外部环境，或拥有开放而非常规的思维，与 Tracey 的“高声望”职业类型存在明显的区别，对应政治权力与艺术创作 2 个类型	模式化/变化维度
		12	建立网站		
		33	获得权力		
		85	使用谋略战胜对手		
		57	带领团队实现目标		

在对职业兴趣进行主成分分析的结果中可以看出，第二维度与第三维度与 Prediger 的二维模型基本吻合，但第四维度与以往的研究有些不同。由于职业兴趣可以看作是个体的人格在职业取向上的反应，因此个体的人格与职业兴趣之间有着密切的联系。为了明确第 4 维度的含义，从人格与职业兴趣的关系入手，进行分析。结果见表 10-12。

表 10-12　人格各个维度与职业兴趣各个维度相关分析（r）

因素	常规事务兴趣	常规事务能力	政治权力兴趣	政治权力能力	利他奉献兴趣	利他奉献能力	艺术创作兴趣	艺术创作能力
情绪性	0.016	-0.101**	-0.046	-0.185**	-0.046	-0.127**	-0.034	-0.089*
探索性	0.018	0.071	0.356**	0.482**	0.052	0.091*	0.114**	0.203**
坚持性	0.138**	0.160**	0.231**	0.340**	0.206**	0.163**	0.084*	0.228**
德性	0.132**	0.207**	0.146**	0.120**	0.333**	0.303**	0.179**	0.097*
外向性	0.003	-0.034	0.278**	0.398**	0.101**	0.108**	0.047	0.161**
宜人性	0.080*	0.185**	0.236**	0.262**	0.172**	0.245**	0.146**	0.145**
传统性	0.187**	0.043	-0.067	-0.140**	0.144**	0.065	-0.086*	-0.048

注：* 表示 $P<0.05$，** 表示 $P<0.01$。

人格七因素的宜人性、坚持性、德性与各个职业兴趣类型的能力与兴趣部分均有显著正相关，情绪性则与各个职业兴趣的能力部分存在显著负相关。值得注意的是，探索性、外向性与传统性 3 个因素，这 3 个因素的含义与职业兴趣类型的关系有助于理解第 4 主成分代表维度的含义。

结果显示人格的探索性与政治权力兴趣存在显著正相关（$r=0.356$，$P<0.01$），与政治权力能力存在显著正相关（$r=0.482$，$P<0.01$），与艺术创作兴趣存在显著正相关（$r=0.114$，$P<0.01$），与艺术创作能力存在显著正相关（$r=0.203$，$P<0.01$），除了与利他奉献能力存在显著正相关（$P<0.01$）以外，与模式化方向的两个职业兴趣类型相关均不显著。人格的外向性与政治权力兴趣存在显著正相关（$r=0.278$，$P<0.01$），与政治权力能力存在显著正相关（$r=0.398$，$P<0.05$），与艺术创作能力存在显著正相关（$r=0.161$，$P<0.01$），除此以外与利他奉献型的能力与兴趣均存在显著正相关（$P<0.01$）。人格的传统

性与常规事务兴趣存在显著正相关($r=0.187, P<0.01$),与利他奉献型兴趣存在显著正相关($r=0.144, P<0.01$),与政治权力能力存在显著负相关($r=-0.140, P<0.01$),与艺术创作兴趣存在显著负相关($r=-0.086, P<0.05$)。传统性与政治权力兴趣和艺术创作能力有负相关的趋势。

2. 职业兴趣结构分析

(1)职业兴趣结构直观图分析:为了便于直接对职业兴趣的结构进行分析,采用 MDS 生成距离模型。如图 10-2 与图 10-3 所示。维度 1 为人物/事物维度,维度 2 为资料/观念维度,维度 3 为模式化/变化维度。将每个点在 3 个维度上的坐标记录,投射到同一个二维平面上,结果如图 10-4 和图 10-5 所示。

图 10-4 中白色点为人物/事物维度与资料/观念维度所构成平面上的点;灰色点为资料/观念维度与模式化/变化维度所构成平面上的点;黑色点为人物/事物维度与模式化/变化维度所构成平面上的点。

图 10-5 中白色点为人物/事物维度与资料/观念维度所构成平面上的点;灰色点为资料/观念维度与模式化/变化维度所构成平面上的点;黑色点为人物/事物维度与模式化/变化维度所构成平面上的点。

可以看出 3 个维度所形成的大致为一个球形,无论是哪 2 个维度所构成平面上的点的投影均近似于圆形。

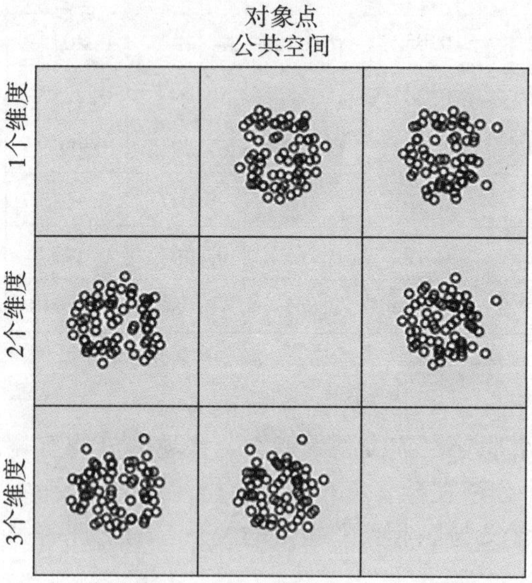

图 10-2 职业兴趣类型兴趣部分距离模型

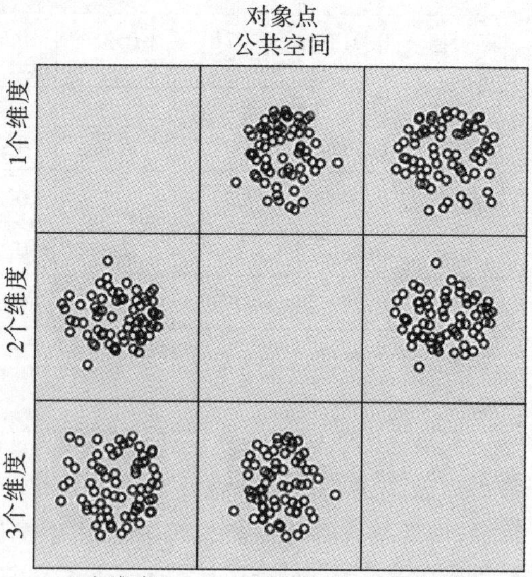

图 10-3 职业兴趣类型能力部分距离模型

(2)职业兴趣结构 Randall 分析:职业兴趣结构的直观图仅仅为判断结构提供了一个主观的直接依据,因此采用 Randall 进行进一步验证。由于 Randall 适用于对于环形结构的验证,并不支持三维结构,因此本研究仅对人物/事物维度与资料/观念维度所构成的赤道面上的 8 种职业兴趣类型是否为环形进行验证。

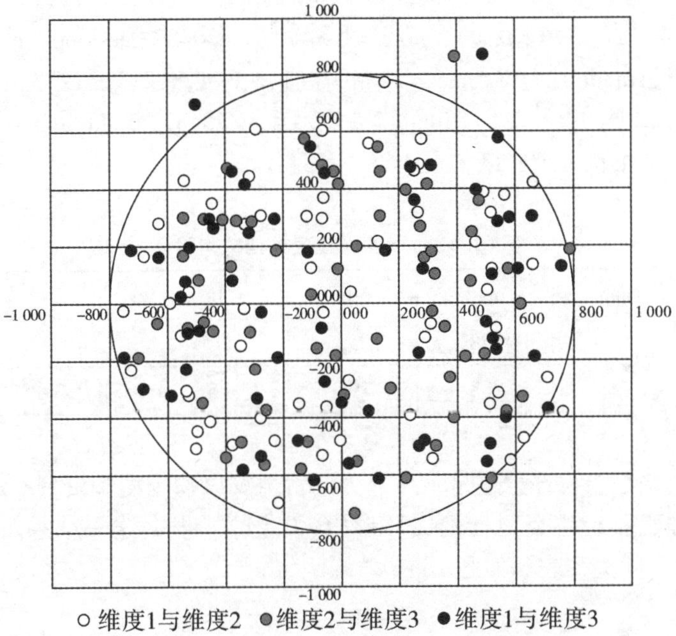

图 10-4　职业兴趣类型兴趣部分平面结构直观

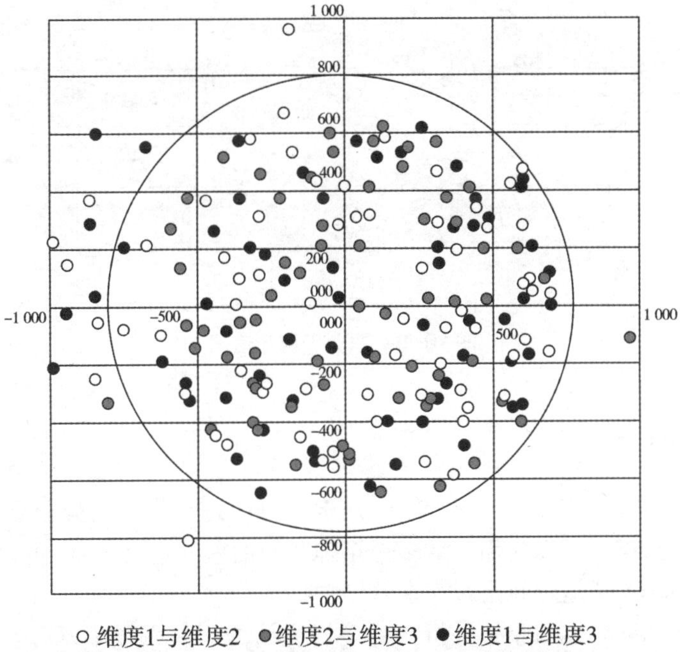

图 10-5　职业兴趣类型能力部分平面结构直观

由于研究要验证的为 8 种职业兴趣类型是否构成环形，且有兴趣部分与能力部分两个矩阵，因此分别输入 randall{n=8, nmat=1, ord=c(1,2,3,4,3,2,1,1,2,3,4,3,2,1,2,3,4,3,1,2,3,4,1,2,3,1,2,1), input=" c:/Users/70487/Desktop/dan1. txt", samp=[c("interest")]};randall{n=8, nmat=1, ord=c(1,2,3,4,3,2,1,1,2,3,4,3,2,1,2,3,4,3,1,2,3,4,1,2,3,1,2,1)], input=" c:/Users/70487/Desktop/dan2. txt", samp=[c("ability")};结果见表 10-13。

表 10-13 职业兴趣各类型结构验证

项目	samp	pred	Met	tie	CI	*P*
喜欢部分	1	288	212	10	0.507	0.001
胜任力部分	2	288	198	5	0.392	0.001

结果显示无论是能力部分还是兴趣部分，由人物/事物维度和资料/观念维度所构成的平面上的 8 种职业兴趣类型均构成环形($P<0.01$)。根据这一结果可以将这一平面 8 种职业兴趣的空间关系表示如图 10-6。

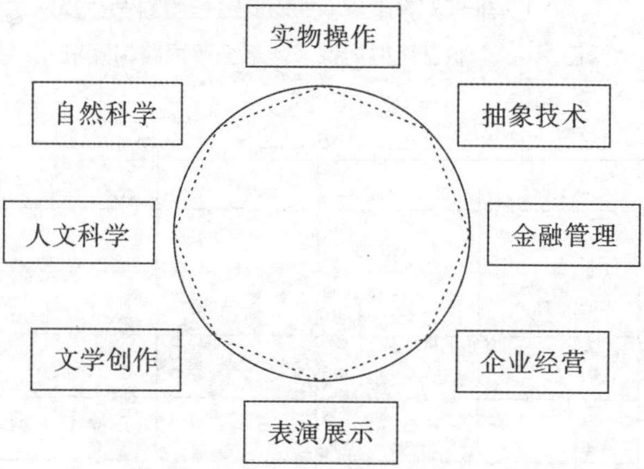

图 10-6 职业兴趣赤道面

(三)研究三

采用 SPSS 进行描述性统计、t 检验；采用 RANDmf 进行结构差异验证，RANDmf 的原理与 Randall 类似，但是可以对输入的多个矩阵之间的差异进行统计，可以用来检验职业兴趣结构在不同样本群体之间是否存在差异性。

1. 大学生职业兴趣性别差异分析　许多研究认为职业兴趣偏好存在着明显的性别差异，为了检验职业兴趣的性别差异是否仍然存在，进行差异分析。结果见表 10-14 与表 10-15。

表 10-14　TDVIS 各职业兴趣得分性别差异检验（$M \pm SD$）

项目	维度	男	女	t	P
喜欢部分	实物操作	33.72±0.45	29.06±0.33	8.39	0.00
	金融管理	28.48±0.42	28.71±0.27	-0.46	0.64
	常规事务	17.95±0.22	19.77±0.16	-6.71	0.00
	人文科学	12.36±0.17	12.64±0.12	-1.35	0.18
	政治权力	26.52±0.28	26.33±0.19	0.56	0.58
	自然科学	19.96±0.24	19.10±0.18	2.84	0.00
	抽象技术	19.94±0.27	17.84±0.18	6.38	0.00
	艺术创作	24.50±0.31	29.35±0.21	-13.00	0.00
	利他奉献	11.80±0.14	12.83±0.10	-5.93	0.00
	企业经营	14.53±0.20	14.84±0.15	-1.23	0.22
	文学创作	15.92±0.23	17.10±0.16	-4.24	0.00
	表演展示	31.45±0.45	36.96±0.32	-10.01	0.00
胜任力部分	实物操作	30.09±0.48	24.31±0.34	9.97	0.00
	表演展示	27.32±0.42	30.60±0.32	-6.17	0.00
	金融管理	24.43±0.42	23.60±0.30	1.63	0.10
	常规事务	20.12±0.25	22.43±0.19	-7.33	0.00
	人文科学	10.98±0.17	11.12±0.12	-0.70	0.48
	政治权力	23.74±0.29	23.39±0.21	0.98	0.33
	自然科学	17.38±0.27	15.78±0.20	4.80	0.00
	抽象技术	16.17±0.28	13.66±0.18	7.46	0.00
	艺术创作	19.71±0.29	22.25±0.22	-7.00	0.00
	利他奉献	12.36±0.16	13.56±0.11	-6.27	0.00
	企业经营	12.81±0.22	12.56±0.16	0.93	0.35
	文学创作	15.92±0.23	17.10±0.16	-4.24	0.00

表 10-15　PGI-SC 各职业兴趣得分性别差异检验（$M \pm SD$）

项目	维度	男	女	t	P
喜欢部分	社会促进	13.52±0.26	15.52±0.17	-6.41	0.00
	管理	13.60±0.27	15.06±0.18	-4.47	0.00
	商业细节	13.33±0.31	14.44±0.19	-3.05	0.00
	数据加工	14.28±0.26	13.65±0.19	1.99	0.05
	机械	14.55±0.26	13.23±0.19	4.19	0.00
	自然户外	15.84±0.27	15.51±0.20	1.00	0.32
	艺术	14.61±0.29	16.71±0.20	-5.88	0.00
	助人	13.97±0.28	15.60±0.20	-4.81	0.00
	高名望	14.16±0.28	15.74±0.19	-4.73	0.00
	低名望	12.39±0.28	11.78±0.20	1.77	0.08
胜任力部分	社会促进	13.68±0.28	15.75±0.20	-6.09	0.00
	管理	13.49±0.28	14.71±0.21	-3.51	0.00
	商业细节	12.98±0.29	13.85±0.22	-2.44	0.01
	数据加工	13.27±0.27	12.03±0.20	3.72	0.00
	机械	14.22±0.28	12.25±0.21	5.63	0.00
	自然户外	14.62±0.28	13.95±0.21	1.93	0.05
	艺术	12.12±0.27	13.18±0.20	-3.12	0.00
	助人	13.39±0.28	14.71±0.20	-3.88	0.00
	高名望	12.83±0.27	13.86±0.20	-3.07	0.00
	低名望	13.19±0.33	11.05±0.22	5.56	0.00

使用 TDVIS 进行测量的差异检验结果显示，在兴趣部分，男性的实物操作兴趣、自然科学兴趣、抽象技术兴趣均显著高于女性，而女性的常规事务兴趣、艺术创作兴趣、利他奉献兴趣、文学创作兴趣、表演展示兴趣均显著高于男性。在能力部分，男性的实物操作能力、自然科学能力、抽象技术能力均显著高于女性，而女性的表演展示能力、常规事务能力、艺术创作能力、利他奉献能力、文学创作能力均高于男性。

使用 PGI-SC 进行测量的差异检验结果显示，在兴趣部分，女性的社会促进兴趣、管理兴趣、商业细节兴趣、艺术兴趣、助人兴趣、高名望兴趣均显著高于男性，而男性的数据加工兴趣、机械兴趣均显著高于女性，男女的自然户外兴趣、低名望兴趣差异不显著。在能力部分，女性的社会促进能力、管理能力、商业细节能力、艺术能力、助人能力、高名望能力均显著高于男性，而男性的数据加工能力、机械能力、低名望能力均显著高于女性，男女的自然户外能力差异不显著。

2. 大学生职业兴趣结构的性别差异及学科差异分析　为了探索职业兴趣赤道面的结构差异在不同人群中是否存在差异，采用 RANDmf 进行结构差异分析。

（1）不同性别大学生职业兴趣结构差异分析：由于研究要验证男女的 8 种职业兴趣类型结构是否存在差异，因此验证了 2 个矩阵之间的差异性，分为兴趣部分与能力部分（表 10-16）。

能力部分运行语句为：randmf{n=8,nmat=2,ord=[c(1,2,3,4,3,2,1,1,2,3,4,3,2,1,2,3,4,3,1,2,3,4,1,2,3,1,2,1)],input="c:/Users/70487/Desktop/dan3. txt"}。

兴趣部分运行语句为：randmf{n=8,nmat=2,ord=[c(1,2,3,4,3,2,1,1,2,3,4,3,2,1,2,3,4,3,1,2,3,4,1,2,3,1,2,1)],input="c:/Users/70487/Desktop/dan4. txt"}。

表 10-16　男女职业兴趣结构检验

项目	性别	pred	met	Tie	CI	P
喜欢部分	男	288	222	5	0.559	0.001
	女	288	197	4	0.382	0.002
胜任力部分	男	288	191	2	0.333	0.006
	女	288	185	2	0.292	0.004

结果显示，无论是兴趣部分还是能力部分，男性的职业兴趣得分结构均为环形（P=0.001，P=0.002），女性的职业兴趣得分结构均为环形（P=0.006，P=0.004）。对于不同性别的职业兴趣结构差异进行检验，结果显示，无论是兴趣部分还是能力部分，男性的职业兴趣结构与女性的职业兴趣结构差异均不显著（P=0.972，P=0.786）。

（2）不同学科大学生职业兴趣结构差异分析：根据教育部《普通高等学校本科专业目录》，将本次数据采集中的各个专业归到 13 个学科中，便于进行比对。采用学科大类进行比对一方面可以避免因为某一专业人数过少导致结果不准确，另一方面采用细分的专业进行比对可能会出现同一专业被试均具备对某一职业兴趣强烈的倾向，无法体现出职业兴趣的指导意义。归类后，医学影像学、麻醉学、临床医学及基础医学专业归为医学学科；中国语言文学归为文学学科；物理、统计学、数学与应用数学、生物信息学、生物技术、生物工程、金融数学、化学工程与工艺归为理学学科；应用心理学、教育学归为教育学学科；信息管理与信息系统、图书情报与档案管理、工程管理、电子商务、档案学归为管理学学科；软件工程、工程力学、测控技术与仪器、安全工程归为工学学科；法学归为法学学科。

采用 RANDmf 程序对各个学科职业兴趣结构及其差异进行检验（表 10-17）。语句如下。

兴趣部分：randmf{n=8,nmat=7,ord=[c(1,2,3,4,3,2,1,1,2,3,4,3,2,1,2,3,4,3,1,2,3,4,1,2,3,1,2,1)],input="c:/Users/70487/Desktop/dan71. txt"}。

能力部分：randmf{n=8,nmat=7,ord=[c(1,2,3,4,3,2,1,1,2,3,4,3,2,1,2,3,4,3,1,2,3,4,1,2,3,1,2,1)],input="c:/Users/70487/Desktop/dan72. txt"}。

表 10-17　不同学科职业兴趣结构检验

项目	学科	pred	met	Tie	CI	P
喜欢部分	医学	288	208	3	0.455	0.00
	文学	288	197	5	0.385	0.006
	理学	288	223	7	0.573	0.00
	教育学	288	183	9	0.302	0.021
	管理学	288	205	7	0.448	0.006
	工学	288	189	8	0.340	0.016
	法学	288	172	6	0.215	0.055
胜任力部分	医学	288	182	5	0.281	0.007
	文学	288	195	2	0.361	0.008
	理学	288	187	4	0.313	0.00
	教育学	288	180	1	0.253	0.004
	管理学	288	195	7	0.378	0.023
	工学	288	172	1	0.198	0.005
	法学	288	161	10	0.153	0.100

结果显示，法学专业被试在兴趣部分和能力部分的得分均无法构成环形结构（$P=0.055$，$P=0.100$），除此之外其余六大学科被试得分在兴趣部分和能力部分得分均构成环形结构（$P<0.05$）。对于不同学科间的职业兴趣得分所构成结构的差异检验显示，在兴趣部分医学和理学的结构存在显著性差异（$P=0.022$），文学和理学学生的职业兴趣结构存在显著差异（$P=0.023$），除此以外其余各学科职业兴趣得分结构之间差异均不显著（$P>0.05$）；在能力部分各个学科的职业兴趣得分结构之间差异均不显著（$P>0.05$）。

三、分析讨论

（一）量表的信效度及简易性

编制初测量表除了参考已有工具外，采用资料分析法收集条目，力求全面；采用网络搜集法对材料中未能反映的新兴职业及其对应职业活动进行补充，使其具有时代性；同时对不同专业的在读大学生及不同领域的职场人士，进行开放问卷调查，获得相关专业对应职业及职场人士，从事职业、职业对应的活动。整合三个不同来源的信息，作为编制量表的参考，避免了由于研究者的主观感受及个人经验的限制而忽略、偏重某些职业活动信息。

在编制的过程中，进行了因素分析适切性的检验，结果显示初始量表符合进行因素分析的标准，因素分析的过程中对因子负载、共同因子负载、共同性进行了限定，项目每次变动就重新进行一次因素分析，保证结果的科学性。最终结果显示，量表可以解释全量表60%以上的变异,符合问卷编制要求。量表包含12个因子。①实物操作型,属于Holland的RIASEC模型中“现实型”所对应的类型,其实质是对采用具体工具的活动的兴趣。②表演展示型,属于Holland的RIASEC模型中“艺术型”分化出的类型之一。总体来说,艺术型的个体通常具备几个核心特点:创新能力强、表达能力佳、个性较为鲜明等,而表演展示型主要针对随着文化事业尤其是影视行业的发展所滋生的一种职业。表演展示型职业兴趣不仅仅在青少年的兴趣中体现出来,在社会分工中也越来越被人们普遍接受。③金融管理型,这是在企业经营中分化出来的类型。企业经营型人才往往是乐于影响他人、善于处理人际关系、有野心和达成目的所具备手段的人,而金融管理型人才更加偏重于配置资产、使用资金等具体的金融管理事务,这一区别也符合了社会发展形势。④常规事务型,这一类型在许多研究中表现出非常稳定的特质,与Holland的RIASEC模型中“常规型”的含义一致。⑤人文科学型,是从Holland的RIASEC模型中“研究型”分化出的类型。研究型人才一般具备主动深入思考问题并提出解决方案、强烈的好奇心和探索欲、富有创造性等特点,而人文科学型人才在此基础上表现出对人类相关活动,比如文化、历史、教育、人类的命运等宏大议题的偏好。由于这一偏好在人文类学科中有明显体现,因此将这一类型命名为人文科学型,但并不表示这两者间有一一对应的关系。⑥政治权力型是从Holland的RIASEC模型中“经营型”中分化出的另一类型,与“企业经营型”具备许多相似之处,比如有野心、行动颇具目的性,但是政治权力型的人所感兴趣的是在社会层面的影响力与权力,这一点与企业经营型又有所不同。⑦自然科学型是Holland的RIASEC模型中“研究型”所分化出的另一个类型,也更加贴近于研究型所表示的本来含义。简单来说,自然科学型所关注、探索、思考的重点许多是与人类无关的活动,比如恐龙的灭绝、气候变化、星球运行等,这一点与人文科学型人才不同。⑧抽象技术型是Holland的RIASEC模型中“现实型”所对应的另外一种类型,相比较实物操作型具备更明显的时代特点,与计算机及信息行业的发展与蓬勃密切相关,抽象技术型也是利用工具从事某项活动,但是所利用的工具并非锤子、剪刀,而是计算机软件、某项技术等。⑨艺术创作维度是Holland的RIASEC模型中“艺术型”所对应分化出的另一类型,除了具备艺术型人才的普遍特点之外,更加偏向于创造性,比如进行时尚设计等。⑩利他奉献型所对应的是Holland的RIASEC模型中“社会型”职业兴趣,利他奉献型的人关注个体的情绪和社会环境,乐于承担社会责任,善于与人沟通交流。⑪企业经营类型与Holland的RIASEC模型中“经营型”基本相同。⑫文学创作型是Holland的RIASEC模型中“艺术型”分化出来的三个类型中最后一个,除了艺术型兴趣的共同之处外,文学创作型具有鲜明的文本创作活动内容,比如诗歌和小说的创作等。

通过项目决断值分析,量表中每个项目都可以有效区分个体对于某一类型职业兴趣的偏好,也即保留的项目对于该量表而言是有效的。

用TDVIS对另一样本重新施测,以测量其信效度,结果表明,量表中各维度之间的相关、维度与量表总分的相关均显著,各因素之间的相关基本呈中等程度相关,而各因素与量表总分之间基本呈较高程度相关,这一规律同时出现在兴趣部分与能力部分。这说明不同的职业兴趣类型共同反映了职业兴趣的测量结果,而不同的职业兴趣类型之间存在关联,这与以往的研究一致,但是也存在区分,在上一研究中所提取的因子是行之有效的。重测信度的结果也显示,在时隔 6 个月后重新施测,TDVIS 的重测信度在 0.467 ~ 0.790,由于重测信度随着两次间隔时间越久,信度系数越小,因此这一结果也表示了 TDVIS 测量结果的稳定性,同时也暗示了个体的职业兴趣在短期内是保持一致的。对 TDVIS 进行验证性因素分析结果显示,除了人文科学与利他奉献型职业兴趣构成饱和模型外,其他 10 种职业兴趣类型基本符合适配标准,这说明量表具备良好的结构效度。

信度分析结果显示,TDVIS 的内部一致性系数大多数在 0.70 以上,其中半数以上在 0.80 以上,少数达到了 0.90 以上,表示信度良好。

TDVIS 包含 67 个条目,题量少于 SDS、PGI、升学与就业指导测验、大学生职业兴趣测验和大学生职业兴趣类型测评问卷(2017),可以对 12 个类型的职业兴趣进行评估,既具备科学性和时代性,又具备简约性。

(二)职业兴趣潜在维度问题讨论

在对职业兴趣的潜在维度进行分析时,采用多维尺度分析(MDS)确定维度数目,用主成分分析技术筛选出相应负载较高的项目,并结合相关分析等进行含义的归纳总结。MDS 将数据简化后构成一个空间模型,空间的维度即为抽取的维度,在心理学领域多维尺度分析常用于对人的心理特质所蕴含的结构及潜在的心理标准进行探索,常用于职业兴趣和价值观相关研究领域,在职业兴趣研究中使用也很广泛(骆文淑 等,2007)。

采用 MDS 对 TDVIS 的得分进行简化,同时考虑模型拟合程度及简化效果,最终获得了 3 个维度,模型拟合效果好。

在职业兴趣领域,目前被广泛接受的潜在维度模型是 Prediger 所提出的两极维度(Prediger,1982),其次是 Tracey 和 Rounds 提出的三维结构,在人物/事物与资料/观念的基础上提出了职业声望维度(Tracey,2002)。虽然职业声望维度在以往的研究中已有提及,但是大量的研究似乎更倾向于三维结构的存在,而非职业声望的合理性。对于第三个维度,研究者们做过许多探索,Holland 认为它是地位与培训水平,Gottfredson 认为它是声望,Stevens 和 Chocolate 认为它是社会经济地位,Campbell 则认为它是职业水平,Roe 用"困难和责任水平"来表示这一维度(Stevens et al.,1985)。在更高维度的空间里,Su 等认为第三个维度代表了对说服、经济收益、自然的兴趣(Rong et al.,2009)。在这项研究中,对第三个维度进行重新总结的动机并不在于数据驱动的单纯归纳,而是因为相对于其他概念的提出,职业声望维度有更大的影响力,但是职业声望严格来讲,并不属于兴趣的范畴,它反映的并非一个人对于事物的喜好或是厌恶程度,而更倾向于价值观判断(Dawis,2001),在实际的应用过程中,职业指导可能会受到职业歧视的影响。在由职业声望作为第三维度构成的测量工具中,测量结果表现出男性在声望维度的均匀分布,但女性声望维度得分集中于中低等水平,这实际上混淆了性别与声望,也使女性在职业发展的过程中更容易受到不恰当的测评结果与指导的影响。

在确定了维度的数目后,本研究尝试性地对其意义进行分析,结果表明,除了一般因素以外,两个主成分的项目基本与 Prediger 的两极维度吻合,而剩余的一个主成分中,正向负载较大的项目活动为"做义务宣传""做会议记录""照顾儿童""陪伴孤寡老人"等,负向负载较大的项目为"绘画""获得权力"等,相比较"声望"而言,包括了更复杂的信息，以“照顾儿童”为例，无论是作为一项非职业化活动，还是作为职业化活动，幼儿园教师、社会工作人员、家庭保姆等，都无法用“低声望”来简单概括。在进一步采用相关分析对第3维度所包含的利他奉献、常规事务、金融管理、企业经营4种职业兴趣和PGI-SC中高名望与低名望进行分析，结果发现高低名望维度与利他奉献、常规事务、艺术创作、政治权力相关均为正相关，且在0.01水平上显著。高名望与4种职业兴趣相关系数分别为0.361、0.476、0.464、0.576；低名望与4种职业兴趣相关系数为0.278、0.437、0.192、0.174。如果声望维度与第3维度所表达的含义相似，那么应该呈现出高名望与第3维度负向得分类型相关较高、与第3维度正向得分类型相关较低，而低名望与第3维度负向得分类型相关较低、与第3维度正向得分类型相关较高。结果显示，虽然低名望与其他因素相关表现出这一现象，但是高名望与常规事务相关仅低于政治权力相关，且社会促进、助人、艺术等在本次研究中等同于第3维度的因素，在PGI-SC中不属于声望维度，因此可以判定本研究提出的第3维度与PGI-SC中的声望维度是不同的。

对人格与第3维度包含因素进行相关分析结果显示，探索性和政治权力兴趣及能力、艺术创作能力与兴趣呈正相关；外向性与政治权力兴趣及能力均存在正相关，与艺术创作能力、利他奉献能力及兴趣呈正相关；传统性与常规事务兴趣、利他奉献兴趣呈正相关，与艺术创作兴趣呈负相关，与常规事务和利他奉献能力存在负相关趋势。人格与职业兴趣的相关中，提示了第3维度负向得分类型与探索性、外向性存在正相关，与传统性存在负相关，第3维度正向得分类型与传统性存在正相关，这为理解第3维度提供了一个视角，其负轴代表的含义与人际交往能力和主动性、打破常规、发散思维等存在关联，而正轴代表的含义与按部就班、中规中矩、遵循惯例有关。结合对于第3维度的思考，为其命名为模式化/变化更恰当。从职业环境看，“模式化”一端对应了职业环境的“稳定性和简单重复性”，“变化”一端对应了职业环境的复杂性和重要性；从职业人格的角度看，“模式化”维度对应了人的思维的聚合性、经验的保守性、解决问题的常规性；“变化”一端对应了人的思维的发散性、经验的开放性和解决问题的创新性等特征。这样，模式化/变化维度与人物/事物、资料/观念二维平面垂直交叉，构成了一个三维空间结构。从维度含义层面来对比本研究得出的模式化/变化维度与已有的声望维度，声望可以理解为最有可能满足个体兴趣的社会经济水平在职业活动领域的反映，由于在可能的情况下，几乎每个个体都会选择高声望的职业类型，所以这一维度在实际职业指导中的作用较小。因此，可以认为声望维度是模式化/变化维度在职业价值观方面的映射。

（三）职业兴趣结构的讨论

本研究支持了职业兴趣三维结构的存在，在进一步的分析中考虑三维度构成的模型可能是类似Roe提出的截锥体（Roe，1956），或是Tracey、赵守盈等验证的球体（赵守盈，2004），以及可能存在的圆柱体。在没有进行进一步的数据分析之前，更倾向于认为这3个维度构成一个球体，因为第3维度所包含的信息量相对第1维度和第2维度较少。

对其结构进行分析发现，不管是兴趣部分还是能力部分，将其放置于一个三维空间时，从3个维度两两构成的平面来看，均表现出圆形的趋势，3个圆形嵌套起来，构成了一个不均匀的球形。但是仅靠肉眼观测不能作为判断的依据，因此选用了职业兴趣中常用的 Randall 程序对第 1 维度与第 2 维度所构成的平面中各个职业兴趣类型的空间关系进行验证，由于第 3 维度包含的信息较少，且 Randall 无法对三维结构进行分析，因此在本研究中暂时不探讨其与其他 2 个维度所构成平面的结构（赵守盈，2004）。

Randall 所分析的是任意两个兴趣类型之间的相关系数，与其他任意两个兴趣类型之间的相关系数之间的数量关系是否满足环形的标准。举例来讲，研究者认为实物操作与表演展示兴趣之间的相关性，小于实物操作与抽象技术之间的相关性。如果检验结果确实如此，就证明模型比较符合预期的圆形结构（Tracey，1997）。事实上，对 8 种职业兴趣类型的关系进行检验，则构成了 28 个相关系数。程序依次进行比较的结果显示，兴趣部分满足了预期 73.61% 的关系，能力部分满足了预期 68.75% 的关系，表现出了环形的结构。这一结果与以往的许多研究一致，虽然未对其球形结构进行验证，但是由人物/事物和资料/观念所构成的平面上，职业兴趣的环形结构表现出了在不同测量工具、不同文化背景下的一致性（Tracey，1993）。

（四）大学生职业兴趣表现特点

对于不同性别和专业的大学生职业兴趣进行差异分析，结果显示，职业兴趣的差异正如以往研究一样，依然明显。在采用 TDVIS 测量的结果中，男性实物操作、自然科学、抽象技术的职业兴趣高于女性；女性常规事务、艺术创作、利他奉献、文学创作、表演展示的职业兴趣高于男性。在能力部分表现出一样的特点。在采用 PGI-SC 的测量结果中，兴趣部分的女性社会促进、管理、商业细节、艺术、助人、高名望高于男性，男性的数据加工高于女性，不同性别间的自然户外、低名望兴趣差异不显著；能力部分除男性低名望高于女性外，其他表现出与兴趣相同的特点。

研究结果一方面显示性别的陈规定型依然存在。例如，相比较女性明显表现出对于人物的偏好，而男性明显表现出对于数据的偏好，这可能是男女的气质类型差别、社会对于不同性别的人群有不同的角色期望等因素共同作用的结果。但也有一些与以往研究并不相同的地方。对于高低名望而言，女性在这一维度上的表现似乎并未集中在中低名望，事实上女性无论是兴趣还是能力得分，都显著高于男性对于名望的兴趣及能力。在本次研究中提出的模式化/变化维度上，不同性别的差异难以简单概括。总的来说，女性在该维度上的兴趣分布更广泛——即对处于模式化一端的利他奉献与常规事务更有兴趣，又对处于变化一端的艺术创作更有兴趣，而男性的兴趣特点表现出很强的应用性，这可能与当前不同性别的社会分工及样本所处的年龄阶段有关。

与前人的研究结果一样，不同专业的职业兴趣存在明显区别。总体来讲，不同专业的群体对于与自己相关的职业兴趣类型更感兴趣，一方面个体选择专业时已经体现出对于职业类型的偏好，另一方面由于对于某一类专业知识的深入学习，也更有可能对于对应职业产生兴趣。具体内容由于篇幅不进行详细讨论，但是这也提醒我们，对于中学生的职业指导已经十分有必要，从高中的文理分科开始，所学的知识内容随着年龄的增长越来越专业化。如果能在最初提供有效的、针对性的职业指导，应能有效减少大学生日后就业的迷茫。

（五）职业兴趣结构在大学生样本中的稳定性

在进行不同群体的职业兴趣结构差异检验之前，先对不同群体分别进行了结构检验，结果显示，职业兴趣结构在男性和女性群体中均呈现环形结构，且不同性别间结构没有差异，这与国内以往的研究一致（张宇，2013）。

对于不同专业的大学生，考虑到专业数目过多，分类过于细化使某些专业类别样本量太少，分析效果不佳，因此将不同专业按照《普通高等学校本科专业目录》进行学科分类，并依据学科分类结果进行了不同学科的职业兴趣结构检验及学科间结构的差异性检验。结果显示，法学学科的职业兴趣无论是能力得分还是兴趣得分均无法构成环形，其他学科均可以构成环形。这可能是由于法学学科在调研中样本多样性不足，提示我们如果将职业兴趣指导可视化时，对于某些专业职业指导呈现的方式应多加考虑。结构的差异性检验结果显示，兴趣部分理学与医学、文学之间的结构差异显著，以往国内的研究对于结构差异检验多为不同年龄或者年级之间，而检验程序只能提供差异是否存在的信息，无法确切显示其差别，这可能是样本中医学专业的学生职业兴趣相对集中，而文学专业的学生职业兴趣相对分散所导致的。

参考文献

白利刚. 1996. Holland 职业兴趣理论的简介及评述[J]. 心理科学进展, 14(2): 27-31.

蔡永红, 等. 2002. 中学生职业兴趣的结构及其特点[J]. 心理发展与教育, 18(1): 80-85.

戴翕昀, 等. 2003. 当代大学生职业兴趣的结构与测量[J]. 心理学探新, 33(3): 260-265.

刘长江, 等. 2003. 职业兴趣的结构：理论与研究[J]. 心理科学进展, 11(4): 457-463.

龙立荣. 1991. 职业兴趣测验 SDS 的发展现状及趋势[J]. 教育研究与实验, (2): 34-37.

骆文淑, 等. 2005. 多维尺度法及其在心理学领域中的应用[J]. 中国考试, 1(4): 27-30.

骆文淑, 等. 2007. 北京市中学生职业兴趣结构分析[J]. 职业技术教育, 1(1): 70-73.

王宇中, 等. 2012. 中国人人格词汇 7 因素量表的编制[J]. 中华行为医学与脑科学杂志, 21(12): 1135-1138.

薛雪. 2017. 职业兴趣类型结构的探讨及量表编制[D]. 郑州：郑州大学.

姚爱贞. 2016. 大学生职业兴趣类型结构与测量工具的编制[D]. 郑州：郑州大学.

张厚粲. 2004. 我国中学生职业兴趣的特点与测验编制[J]. 心理学报, 36(1): 89-95.

张宇. 2013. 个人球形职业兴趣量表简版(PGI-S)中文版的信效度检验[D]. 郑州：郑州大学.

赵守盈,等.2010.多维尺度分析技术的特点及几个基础问题[J].中国考试,1(4):13-19.

赵守盈.2004.当代中学生职业兴趣结构特征研究[D].北京:北京师范大学.

赵新亮,等.2017.霍兰德职业兴趣、深层学习与大学生读研期望的关系研究:基于5所“98高校大学生的调查研究[J].高等工程教育研究,(2):48-52.

AJZEN I, et al. 2000. Attitudes and the Attitude – Behavior Relation: Reasoned and Automatic Processes[J]. European Review of Social Psychology,11(1):1-33.

AJZEN I. 2001. Nature and Operation of Attitudes[J]. Annual Review of Psychology, 52(1):27-58.

BETSWORTH D G,et al. 1997. Vocational Interests:A Look at the Past 70 Years and a Glance at the Future[J]. The Career Development Quarterly,(46):23-47.

CONNER M,et al. 2011. Temporal stability as a moderator of relationships in the Theory of Planned Behaviour[J]. British Journal of Social Psychology,39(4):469-493.

DARLEY J G,et al. 1955. Vocational interest measurement:theory and practice[J]. American Journal of Psychology,70(2):325.

DAWIS R V. 2001. Vocational interests, values, and preferences [J]. International Encyclopedia of the Social & Behavioral Sciences,16299-16302.

DAY S X,et al. 1998. Universality of vocational interest structure among racial and ethnic minorities[J]. American Psychologist,53(7):728-736.

DONNAY D A C. E. K. 2011. Strong's Legacy and Beyond:70 Years of the Strong Interest Inventory[J]. Career Development Quarterly,46(1):2-22.

EINARSDÓTTIR S, et al. 2010. Holland in Iceland revisited: An emic approach to evaluating U. S. vocational interest models[J]. Journal of Counseling Psychology,57(3):361-367.

GATI I. 1979. A hierarchical model for the structure of vocational interests[J]. Journal of Vocational Behavior,15(1):90-106.

GATI I. 1982. Testing models for the structure of vocational interests[J]. Journal of Vocational Behavior,21(2):164-182.

GATI I. 1991. Career counselors' perception of the structure of vocational interests[J]. Journal of Counseling Psychology,38(2):175-181.

GOLLWITZER P M. 1999. Implementation intentions:Strong effects of simple plans[J]. American Psychologist,54(7):493-503.

GOTTFREDSON L S. 1980. Construct validity of Holland's occupational typology in terms of prestige,census,Department of Labor,and other classification systems[J]. Journal of Applied Psychology,65(6):697-714.

HANSEN J I C,et al. 1984. Translation and validation of the Spanish form of the Strong-Campbell Interest Inventory[J]. Measurement & Evaluation in Guidance,16(4):192-197.

HELSON R, et al. 1984. Personality and patterns of adherence and nonadherence to the social clock[J]. Journal of Personality & Social Psychology, 46(5): 1079-1096.

HOLLAND J L. 1995. Making Vocational Choices: A Theory of Personalities and Work Environments[J]. British Journal of Guidance & Counselling, (1): 153-154.

HOLLAND J. 1958. A personality inventory employing occupational titles[J]. Journal of Applied Psychology, 42(5): 336-342.

JEPSEN D A, et al. 1981. Dimensions of adolescent career development: A multi-instrument analysis[J]. Journal of Vocational Behavior, 19(3): 350-368.

JR J B R, et al. 1979. The fit between Strong-Campbell Interest Inventory General Occupational Themes and Holland's hexagonal model [J]. Journal of Vocational Behavior, 15(3): 303-315.

LONG L, et al. 2006. Structure of RIASEC scores in China: A structural meta-analysis[J]. Journal of Vocational Behavior, 68(1): 39-51.

LOW K S, et al. 2005. The stability of vocational interests from early adolescence to middle adulthood: a quantitative review of longitudinal studies [J]. Psychological Bulletin, 131(5): 713-737.

LYKKEN D T, et al. 1993. Heritability of interests: a twin study[J]. Journal of Applied Psychology, 78(4): 649-661.

MEIR E I, et al. 1975. Interest inventories based on Roe's classification modified for negative respondents[J]. Journal of Vocational Behavior, 7(1): 127-133.

MOLONEY D P, et al. 1991. A Genetic and environmental analysis of the vocational interests of monozygotic and dizygotic twins reared apart [J]. Journal of Vocational Behavior, 39(1): 76-109.

MOUNT M K, et al. 2010. Higher-order dimensions of the big five personality traits and the big six vocational interest types[J]. Personnel Psychology, 58(2): 447-478.

PREDIGER D J. 1982. Dimensions underlying Holland's hexagon: Missing link between interests and occupations? [J]. Journal of Vocational Behavior, 21(3): 259-287.

ROBERTS B W, et al. 2000. The rank-order consistency of personality traits from childhood to old age: a quantitative review of longitudinal studies [J]. Psychological Bulletin, 126(1): 3.

ROBERTS B W, et al. 2005. Evaluating Five Factor Theory and social investment perspectives on personality trait development [J]. Journal of Research in Personality, 39(1): 166-184.

ROE A. 1956. The psychology of occupations[J]. American Journal of Psychology, 8(2): 34-36.

RONG S, et al. 2009. Men and things, women and people: a meta-analysis of sex differences in interests[J]. Psychological Bulletin, 135(6): 859-884.

ROUNDS J, et al. 1996. Cross-cultural structural equivalence of RIASEC models and measures[J]. Journal of Counseling Psychology,43(3):310-329.

SHEERAN P,et al. 1999. Implementation intentions and repeated behaviour: augmenting the predictive validity of the theory of planned behaviour[J]. European Journal of Social Psychology,29(2-3):349-369.

STEVENS G,et al. 1985. Socioeconomic indexes and the new 1980 census occupational classification scheme[J]. Social Science Research,14(2):142-168.

STRONG E K. 1927. Vocational guidance of executives[J]. Journal of Applied Psychology,11(5):331-347.

SU R,et al. 2009. Men and things,women and people: a meta-analysis of sex differences in interests[J]. Psychological Bulletin,135(6):859-884.

TIEN H L S. 2011. An exploration of adult career interests and work values in Taiwan[J]. Asia Pacific Education Review,12(4):559-568.

TRACEY T J G,et al. 1995. The Arbitrary Nature of Holland's RIASEC Types: A Concentric-Circles Structure[J]. Journal of Counseling Psychology,42(4):431-439.

TRACEY T J G,et al. 1996. Examination of the general factor with the interpersonal circumplex structure: Application to the Inventory of Interpersonal Problems[J]. Multivariate Behav Res,31(4):441-466.

TRACEY T J G,et al. 2005. Stability and change in interests: A longitudinal study of adolescents from grades 8 through 12[J]. Journal of Vocational Behavior,66(1):1-25.

TRACEY T J G. 2002. Personal Globe Inventory: Measurement of the Spherical Model of Interests and Competence Beliefs[J]. Journal of Vocational Behavior,60(1):113-172.

TRACEY T J G. 2010. Development of an abbreviated Personal Globe Inventory using item response theory: The PGI-Short[J]. Journal of Vocational Behavior,76(1):1-15.

TRACEY T J,et al. 1993. Evaluating Holland's and Gati's Vocational-Interest Models: A Structural Meta-Analysis[J]. Psychological Bulletin,113(2):229-246.

YOUNG C W,et al. 1937. Report on the Young-Estabrooks studiousness scale for use with the Strong vocational interest blank for men[J]. Journal of Educational Psychology,28(3):176-187.

第十一章

基于互联网招聘与求职服务的人岗同结构匹配度分析系统研究

1. 本章主要研究内容

第一，根据以上多项子课题的研究，构建了“职业类型与职业环境三维度分析模型”理论；第二，编制了“职业类型三维度测评量表”，并编制即转化为计算机分析系统；第三，编制了“多层次三维度岗位分析量化表”；第四，根据以上工作基础，编制职业测评与岗位分析对接的“人岗匹配测算模型”，并开发出基于互联网招聘与求职服务的人岗同结构匹配度分析系统；第五，招聘与求职服务的人岗同结构匹配度分析系统必须有计算机互联网的支持才能实现。

2. 本章主要研究结论

本研究开发出了“人岗同结构匹配度测算模型的人岗职配测评网站”，以服务各类求职者和企事业的人事招聘工作。

在互联网时代的今天，企事业面临难以招聘到合适职员或员工的困境，而求职者也抱怨难以找到合适的工作。据《2016 中国统计年鉴》显示，2011—2015 年我国就业人数维持在 7 亿以上，登记失业率始终略高于 4%；2011 年普通高等学校毕业生数达到 600 万人，此后以平均每年 15 万左右人数增长，至 2015 年达到 680 万人，失业人口与毕业生等求职者均是不可忽视的群体，但现有的招聘市场尚无法满足人才招聘组织与求职者的需求。对个人而言，就业难题依然存在。研究表明，医护人员、青年高中教师等多个职业领域的从业者工作满意度均较低；对用人单位而言，“用人难”也依然存在，员工离职率高、工作满意度低等问题也直接影响组织绩效和长远发展。

综合就业市场情况来看，影响个人就业满意度与组织用人效果的一个重要因素是人岗匹配的情况。人岗匹配度不仅影响着不同职业领域员工的工作表现，对于不同的垂直领域人才也有影响，有研究显示人岗匹配度高的科研人员，在工作中也表现出更多的创新行为（林新奇，丁贺，2017）。

“人岗匹配”研究领域引进西方的理论模型多，本土化理论模型少，而且多停留在理论描述层面或难以实施的数学建模上（苏文平 等，2015）。因此，本课题在文献分析及实证研究的基础上，根据 Prediger 对 Holland 的六边形结构分析所发现的二维结构（人物/

事物和资料/观念维度),提出了与二维结构相垂直的第三个维度,即“变化-模式化”维度,从而构建了“职业类型与职业环境三维度匹配模型”。进一步采用同一理论模型即“职业类型与职业环境三维度匹配模型”,编制职业测评工具和岗位分析量化表,将“人岗匹配”理论模型转化为普适性的和可操作的“人岗匹配测算模型”,在互联网大数据背景下,为企事业招聘和个人就业搭建一个平台,对于企事业招聘、培训和人力资源开发具有广阔的应用前景,对于提高企事业招聘工作效率和员工潜能发挥具有重要的现实意义。

第一节　国内外人岗匹配研究现状及述评

一、人岗匹配研究的现状

人岗匹配是人-环境匹配理论的核心概念。人岗匹配与员工的工作满意度、组织承诺、职业成功呈显著正相关,而与离职意愿和离职行为呈显著负相关(Verquer et al.,2003)。人岗匹配研究有两个路径,一是侧重于人的职业类型测评研究的路径,其目的是实现“人得其岗”;二是侧重于岗位分析或工作分析研究的路径,其目的是实现“岗得其人”,两个研究路径与人岗匹配中的人本导向和岗位导向相对应(廖泉文,2002;张同全 等,2013)。

二、人岗匹配的职业类型测评研究路径

职业类型的模型理论与测评研究路径主要来自心理测量和职业测评。自 Strong(1927)采用实证法研究职业兴趣类型并编制职业兴趣量表以来,研究者采用测验法不断提出各种职业兴趣和职业类型理论。圆形模型理论根据各个职业的职责、能力和技能要求程度,将职业类型分为技术、户外、科学、一般文化、艺术与娱乐、服务、商业接触,以及组织 8 种反映职业活动的职业领域。在圆形模型中,相邻领域比相隔领域的类型更相似(Roe,1956),而影响力最大、应用最广泛的是职业偏好量表(VPI)和自我职业选择量表(SDS)。编制者根据实证研究结果,将职业兴趣类型划分为现实型(realistic)、研究型(investigative)、艺术型(artistic)、社会型(social)、企业型(enterprising)、常规型(conventional)6 种类型(Holland et al.,1977,1985)。Prediger(1982)采用 Cooley(1971)的 Factor 程序发现了 Holland 的六边形模型结构中有两个潜在的维度,即人物(people)/事物(thing)和资料(data)/观念(idea),美国考试中心(ACT)按照 Prediger 的理论将职业兴趣类型划分成相对应的 6 种类型。

但后来的研究发现,Holland 的两维度六边形结构并不具有跨文化的普适性,在人物/事物和资料/观念维度的二维平面上,均匀地分布着社会促进、管理、商业细节、数据加工、机械、自然户外、艺术和助人 8 种基本职业类型,并认为与二维平面垂直相交的还有职业声望维度,由此,三维度构成了球形模型。研究者通过编制测评工具(PI、PGI、PGI-S)不断验证其球形模型(Tracey,1997b;Tracey et al.,1997,2002,2010)。我国的

刘长江(2003)、张宇等(2013)分别采用PGI对中国样本进行测试,验证了球形模型结构的存在。张厚粲等(2004)根据所编制的职业兴趣问卷的分析结果,将我国大学生和高中生的职业兴趣分为艺术型、事务型、经营型、研究型、自然型、社会型和技术型7种类型;戴翕昀等人(2013)的研究结果显示我国的职业类型为研究型、艺术型、展示型、社会型、冒险型、企业型、常规型、现实型和生态型共9种职业类型。

尽管职业测评工具越来越多,但仅依靠职业测评技术所获得的一组数据是无法实现"人岗匹配"测算的。

三、人岗匹配的岗位分析研究路径

岗位分析或工作分析的研究路径,主要是实现人力资源管理中"职得其人"的目标(廖泉文,2002)。岗位分析对于理解与改变工作环境,以及员工自身发展有着至关重要的作用(Dunckel et al.,2015)。岗位分析的结构性分析方法主要是问卷法(薛万东,2010)。在各种岗位量化分析工具JEM、MPDQ、TTAS、FJA、TIA、PAQ(Tornow et al.,1976)中,PAQ是最流行的结构性岗位分析方法,PAQ中的JCV模型可利用工作维度得分来预测工作人员在认知能力测试上应达到的平均水平(Boris et al.,2005)。我国研究者运用PAQ技术构建了岗位知识含量指标体系,并对岗位的知识含量给出了一种具有可操作性的度量方法,根据实际数据所得的工作指标区域分类图表明,高知识含量工作的输入元素知识含量、知识应用、复杂性和自主性都较强,而技能应用、重复性、结构化程度指标较弱,低知识含量的工作正好相反(戴昌钧,2004)。但PAQ技术具有评价条目过多、操作烦琐、成本过高的局限性。所以有人开发了以人格为导向的职位分析系统(POJA),以选择工作所需的人格特质(Richard et al.,2011)。

但无论岗位分析做得如何精细,仅靠岗位分析量化数据也是无法实现"人岗匹配"测算的。

四、人岗匹配模型理论与测算研究

研究者从不同的角度提出了许多不同的匹配模型。

胜任力冰山模型是人本导向的模型,该模型将员工素质表现形式分为表面的冰山以上部分(知识技能)和深藏在冰山以下的部分(自我认知、动机、个人品质及价值观),认为越是深层的心理品质对工作行为绩效的影响越大(Spencer,1993);需求-供给模型认为,当需求-供给匹配水平高,工作岗位给员工带来更多的物质和精神回报时,员工将对组织产生较高水平的组织承诺,反之,当员工感觉到自己的付出难以收到对应的回报时,容易产生离职意向(Mathieu et al.,1990;Carless,2005);要求-能力匹配模型认为,当要求-能力匹配度高时,员工会为工作岗位所吸引,胜任的心理需求得到满足;反之则会感受到较强的工作压力和心理疲惫感;ASA模型(人与组织之间的吸引-挑选-摩擦过程)认为,人与组织因他们之间的相似性而互相吸引,而人与岗位之间的相容性可以通过多种形式概念化(Schneider,1987);而整合模型则是将一致性匹配、互补匹配、需要-供给匹配和需求-能力匹配等理论模型进行整合,认为当人与组织至少一方能够提供另一方所需的资源时，或人与组织拥有相似的基本特征，或这两者都存在时，可以认为人与组织匹配在某种程度上是存在的（Kristof，1996）。

人岗匹配的研究最终要落实到操作性的测算模型上，我国研究者近年来构建了不同的测算模型：一是根据工作岗位标准的各项指标将其匹配数学模型分为标准值型、区间值型和临界值型3种类型；二是运用BP人工神经网络和模糊综合评价法，构建人岗匹配度测算模型，并实证地验证了该模型在具体岗位上的有效性；三是通过对胜任力素质模型分析，确定了各主要行业工作人员的胜任力指标，进而利用层次分析法（AHP）确定各胜任力指标在模型中所占的权重并获得了权重矩阵和模糊贴近度计算效率矩阵，最后，利用指派模型将合适人才配置到相应岗位上；四是力量权衡矩阵模型，该模型提出了人岗匹配过程中的员工导向力和岗位倾向力两个重要概念，并在研究中发现，两种力量通过相互作用形成了人岗匹配的力量权衡矩阵模型，并针对组织基层、中层和高层，分别采用以岗选人、温和型或者冲突型、以人定岗的人岗匹配方式（张同全 等，2013）。

求职者和企业招聘之间的关系类似于择偶双方的关系。如果要缔结婚姻，恋人之间不仅要情投意合，双方还要符合等价性、契合性和成长性原则，而且也可以通过多种算法构建美满婚姻匹配的测算模型（王宇中 等，2015）。这一模型对“人岗匹配测算模型”的构建具有方法学的启发意义。

五、述评与问题的提出

在对个体的职业类型测评模型构建中，Prediger从Holland六边形模型结构中所发现的“人物/事物、资料/观念”两维度模型是职业类型与职业环境分析模型的第一个里程碑，而Tracey和Rounds所构建的球形模型是职业类型与职业环境分析模型的第二个里程碑，但所提出的“职业声望”概念进入了价值评价范畴，存在职业歧视的风险，而且难以涵盖这一维度更丰富的内容。如何构建我国本土化的解释力强的职业类型与职业环境分析模型是人岗匹配研究的理论基础。

职业类型测评关注的是人，岗位分析关注的是岗。由于两个研究路径目的的侧重点不同，理论模型和测算模型不兼容而难以对接。就现有的职业类型测评工具与岗位分析工具提供的参数之间而言，是难以实现匹配度测算的。所以，编制同结构的职业测评工具和岗位分析工具是人岗匹配测算模型的基础。

人岗匹配从最初的概念提出到理论模型的构建，再到各种测算模型的提出，逐步深入，为互联网大数据条件下的求职与招聘测算模型构建提供了越来越清晰的思路。但仅仅局限在人本的胜任力测算和岗位分析的测算模型未能将求职者的测评与岗位分析两类变量加以区分，在实际测算过程中，缺乏可操作性。人岗匹配的测算是人与岗的两组数据的匹配度测算，是将对人的测评数据与岗位分析的数据进行匹配度运算的过程。将择偶双方的等价性、契合性和成长性两组数据匹配度测算与招聘和求职者之间的匹配度测算进行类比，对“人岗匹配测算模型”的构建具有直接的方法学借鉴意义。

因此，借鉴以上理论模型和数学测算模型，编制具有兼容性和普适性的职业类型测评系统和岗位分析系统，将二者相对接，在互联网背景下构建“人岗匹配测算模型”是人岗匹配研究的重要目标。

第二节 人岗同结构匹配度分析系统研究思路

本研究主要采用文献分析法、量表修订和量表编制、数学模型构建和现场实验等方法来实现课题的研究目标。具体来说，本研究已经完成了以下 5 项研究，正在逐步实现其研究目标。

（一）个人球形职业兴趣量表简版（PGI-S）中国版的修订

为检验“个人球形职业兴趣量表简版（PGI-S）”在中国职业环境下的结构效度，由职业测评和英文专业人员对 PGI-S 进行两次翻译和回译，对 300 人的样本进行预测验，依据条目筛选三原则进行修改，通过预测获得 PGI-S 中国版即 PGI-SC 的初测版，再使用 PGI-SC 初测版对我国大样本（3 500 名被试）进行施测，使用环形结构分析软件（Randall）初步验证 PGI-SC 的 8 种基本职业类型及环形结构。

（二）“职业类型与职业环境三维度分析模型”理论的构建

通过文献分析、逻辑论证和案例分析及实证研究的结果，构建本土化的“职业类型与职业环境三维度分析球形模型”理论，重点验证“模式化/变化”维度的效度。

（三）“职业类型三维度测评量表”及计算机分析系统的编制

第一步，依据“职业类型与职业环境三维度分析模型”理论，按照测量学的编制程序与要求，通过 4 个途径收集职业活动条目。①将 Holland 的 SDS、Tracey 的 PGI 标准版、张厚粲的“就业指导测验”等多种职业类型测评工具的条目列出，依据条目修改原则及专家评定结果进行删减；②根据《中华人民共和国职业大典》添加与之相关的职业活动条目；③依据时代特点，通过互联网百度搜索，获取最新的职业活动条目；④通过开放式问卷对 600 名不同职业岗位的员工进行调查，收集与各职业领域有关的活动。

第二步，将获得的职业活动条目，按照三维度球形模型的 12 个职业类型列入 Excel 表格中，形成一个职业活动条目库。运用专家评定法，由 10 名人力资源管理研究人员和 10 名高校就业指导专业人员按照“符合度”“区分度”“适宜性”3 个原则进行 5 级评分，经过多轮评定、研讨与删改，将所获得条目仿照 PGI 的编制方式，编制成施测量表，每个职业活动都包含喜欢程度打分和胜任力打分。

第三步，选取不同职业领域的 500 名员工和 500 名高校毕业生进行初测，通过项目分析、因素分析和信效度检验等方法，对项目进行删减和修改，形成正式施测问卷（约 150 个条目）。

第四步，采用分层整群取样法，选取全国各个职业领域的 6 000 名被试进行测评，对有效数据资料进行分析，建立常模。使用 SPSS 22.0 和环形结构分析软件进行分析，验证测评量表的结构是否符合三维度球形模型即结构效度;检验职业承诺度高分组与低分组之间的三维度和12个职业类型得分差异是否有统计学意义,即效标效度。

第五步,根据全国常模,分别编制12个职业兴趣类型和12个职业胜任力类型的代码表。其方法是按照校标组(各个职业岗位的优秀员工被试组)在12个职业兴趣类型和12个胜任力类型上从最高分到最低分的排序进行编码。最后,由计算机编程人员根据代码表编写程序,从而形成网络版的"职业类型三维度测评分析系统"。

(四)编制"多层次三维度岗位分析量化表"

以企事业招聘员工为功能导向,对组织需求的工作岗位进行多层次三维度量化分析。按照岗位的工作性质、任务难度、职能要求分为多个环节,每一个环节的评定项目都与求职者的信息表和测评维度相对应。核心技术环节是依据"职业类型与职业环境三维度分析模型",借鉴PAQ、JEM、MPDQ、TTAS、FJA和TIA等技术,编制与三维度的职业测评量表的12个职业类型相对应的"三维度工作岗位量化分析表"。即采用"人物/事物、资料/观念、变化/模式化"3个维度对岗位功能和任务性质进行分析。

(五)"职业测评与岗位分析兼容的人岗匹配测算模型"的构建及现场观察实验

将以上编制的职业类型测评分析系统与岗位分析量化表对接,构建"人岗匹配测算模型",并采用现场观察实验方法进行验证。

第一步,被试样本职业类型测评资料的采集。以"职业测评与就业指导服务"的网络平台宣传形式,吸引各层次高校毕业生及各个层次的求职者通过互联网接受"职业类型三维度测评分析系统"的测评,测评系统自动反馈给每个被试"职业类型分析报告与职业规划指导建议"。当被试样本积累到测量学要求的大样本时(样本量越大越好),分析总体样本的3个维度、12个职业兴趣类型和12个胜任力类型的均数与标准差(分布状态)。

第二步,岗位分析量化表的提交。企事业人力资源管理部门根据专家编制的大类岗位分析表的参数修订成某个具体岗位的"多层次三维度岗位分析量化表",通过网络提交给"人岗匹配测算模型"分析系统。

第三步,"人岗匹配测算模型"的运算过程。将三维度职业类型测评系统、求职者的标准化的求职履历信息表与多层次三维度岗位分析量化表进行对接,即将求职者的职业类型测评结果数据与企事业岗位分析量化表的参数进行匹配度测算。

(六)职业测评与岗位分析对接的"人岗匹配测算模型"的效度检验

以"人岗匹配测算模型"分析系统为企事业筛选出来参加面试的求职者作为实验组,以企事业通过其他途径和方式招聘参加面试的求职者为对照组(对照组可以有多个),在控制年龄、学历和岗位等其他无关变量的条件下,采用多种效标进行效度检验。第一种方法:以招聘面试时面试官对求职者的评分和笔试得分为效标,分别比较实验组和对照组的面试得分及笔试得分之间的差异是否有统计学意义;同时,将实验组被试的匹配度与面试及笔试得分之间进行相关分析(研究假设为正相关)。第二种方法:运用360°模糊综合评价模型,对进入实习阶段的实验组和对照组被试在实习期间的工作业绩进行量化评分,比较两组得分之间的差异是否有统计学意义。第三种方法:对被录用的实验组和对照组被试进行跟踪观察,即对不同工作阶段的工作业绩得分及职业承诺度得分进行比较,检验各组业绩得分的差异及承诺度得分的差异是否有统计学意义。第四种方法:在实验组与对照组,各项效标指标之间的差异存在统计学意义的条件下,比较企事业筛选实验组成员单个成本费用和招聘对照组单个成本费用之间的差异是否具有统计学意义。

第三节　基于互联网招聘与求职服务的人岗同结构匹配度分析系统的开发

一、个人球形职业兴趣量表简版中国版的修订

个人球形职业兴趣量表(Personal Globe Inventory,PGI)以职业兴趣的球形模型结构为理论基础编制而成,球形模型为三维结构:处于赤道的人物/事物维度,数据(资料)/观念维度,处于南北两极的名望维度,3 个维度两两正交。该问卷分为两部分,第一部分为 108 个与职业相关活动的题目[每个题目回答两次,一次是对这个活动的喜欢程度作 1 ~ 7 点(1 为非常不喜欢,7 为非常喜欢)评分;一次是对这个活动的胜任力程度作 1 ~ 7 点(1 为完全不能胜任,7 为完全能胜任)评分];第二部分为 108 个职业题目(对每个职业类型作喜欢程度 1 ~ 7 点评分),每部分单独检验其结构,两部分职业兴趣结构相同。

由于 PGI 最初版本的信效度很高,但题目太多,被试容易感到疲倦而不愿配合,且计分、计算烦琐。因此,Tracey(2010)做了 PGI 的一个内部拓展研究,在原有理论结构的基础上,以项目反应理论(IRT)为基础,将原来的 8 个基本职业兴趣量表的题目从每个量表 6 个题目缩减到 4 个题目,将原量表高低名望各 5 个分量表共 60 个题目缩减成只代表高名望的 4 个题目和低名望的 4 个题目共 8 个题目。编制了 PGI 简版(PGI-S),在美国的样本和群体中并没有改变原有理论的结构。在答题形式上和原问卷保持一致。这样,PGI-S 共 40 道题目,采用七级评分(1 ~ 7)。对每个题目进行 2 次回答:一次为喜欢程度的 1 ~ 7 级从"非常不喜欢"到"非常喜欢"回答,一次为 1 ~ 7 级从"完全不能胜任"到"完全能胜任"的回答。这样,PGI-S 包括 8 个基本职业兴趣量表(社会促进、管理、商业细节、数据处理、机械、自然户外、艺术、和助人)和高、低名望量表,共产生 10 个量表分,并且给出了计算同于 Holland 的 RIASEC 6 个基本职业兴趣量表的计算公式。8 种基本职业兴趣类型,以及 6 种基本职业兴趣类型分别构成八边形和六边形的环形结构。

经原作者同意,使用 PGI-S 翻译过后的中文版本,对 197 名大学生和高中生进行预测验,对获得的预测验数据进行统计分析,以此进行量表的修订,获得正式施测问卷。然后,对全国的高中生(一至三年级)和在校大学生(一至四年级)发放问卷 3 300 份,回收问卷 2 950 份,获得有效问卷 2 567 份。采用 Randall 软件、SPSS 22.0 对有效数据进行统计分析。

分析结果:通过 Randall 软件、专家分析法、SPSS 统计软件,对原量表题目(3、4、5、8、19、20、24、40 题)重新命题。

在 PGI“喜欢程度”回答部分、“胜任力”回答部分及 PGI 的整体部分，高中生和大学生群体、高中生男性和高中生女性群体、大学生男性和大学生女性群体均显示具有八边形环形结构的 8 种基本职业兴趣类型（$P=0.004$，$P=0.004$）；同时各个样本包含了 Holland 的 6 种职业兴趣，并且 6 种基本职业兴趣类型构成六边形的环形结构（$P=0.0167$）。

PGI-S 中文修订版（PGI-SC）是职业兴趣领域最新的测量工具，显示出良好的信效度，符合心理测量学理论要求；在“喜欢”部分、“胜任力”部分及整体部分，高中生和大学生群体，以及各个性别的群体，均显示出具有 8 种基本职业兴趣并且构成八边形的环形结构，同时该环形结构包括了六边形的环形结构，环形结构在跨群体中存在一致性。八边形职业兴趣结构优于六边形的职业兴趣结构。

二、人岗匹配研究的两种路径

人岗匹配不能仅仅停留在理论模型的层面上，而应转化为可操作性模型和技术。在互联网时代，企业仍抱怨难以招聘到合适的员工，而求职者却抱怨难以找到合适的工作；人岗失配现象超过 30%（刘双双，2015）。为什么人岗匹配研究未能满足实践的需要呢？文献分析发现，在该领域的研究及应用方面，人岗匹配都存在的两个路径：一是侧重于人的职业类型测评的路径，其目的是实现“人尽其用”；二是侧重于岗位分析或职务分析的路径，其目的是实现“岗得其人”。2 个路径与人岗匹配中的人本导向和岗位导向相对应（廖泉文，2002；张同全 等，2013）。职业测评路径和岗位分析路径的侧重点不同，理论模型不同，构建的数学模型不同，因此各种参数无法在一个模型中对接。

（一）职业倾向类型测评路径

职业类型测评主要来自心理学领域的人格心理学理论和心理测量技术。自 Strong 采用实证法研究法分析职业兴趣类型并编制职业兴趣量表以来，研究者采用测验法不断提出各种职业兴趣和职业类型理论。圆形模型理论根据各个职业的职责、能力和技能要求程度将职业类型分为技术、户外、科学、一般文化、艺术与娱乐、服务、商业接触及组织 8 种反映职业活动的职业领域。在圆形模型中，相邻领域比相隔领域的类型更相似（Roea，1956）。相比较而言，Holland 的六边形模型被更多研究者验证，他将职业兴趣类型划分为现实型（realistic）、研究型（investigative）、艺术型（artistic）、社会型（social）、企业型（enterprising）、常规型（conventional）6 种类型（Holland，1985）；对于 6 种类型的结构，Prediger（1982）采用 Factor 程序发现了 Holland 的六边形模型结构中有 2 个潜在的维度，即人物（people）/事物（thing）和资料（data）/观念（idea）（Prediger，1982）。

美国考试中心（ACT）按照 Prediger 的理论将职业兴趣类型划分成相对应的 6 种类型。但后来的研究发现，Holland 的两维度六边形结构并不具有跨文化的普适性，新的研究显示在人物/事物和资料/观念维度的二维平面上，均匀地分布着社会促进、管理、商业细节、数据加工、机械、自然户外、艺术和助人 8 种基本职业类型，并认为与二维平面垂直相交的还有职业声望维度，由此，三维度构成了球形模型。研究者通过编制测评工具（PI、PGI、PGI-S）不断验证球形模型（Tracey T，1996；Tracey T，J. G.，1997；Tracey T，J. G.，

2002；Tracey T,J. G. ,2010）。在国内，刘长江、张宇等分别采用 PGI 对中国样本进行测试，验证了球形模型结构的存在（刘长江,2003；张宇,2013）。

中国的研究者根据实证研究也提出了不同的职业兴趣类型模型。张厚粲等（2004）根据所编制的职业兴趣问卷的分析结果，将我国大学生和高中生的职业兴趣分为艺术型、事务型、经营型、研究型、自然型、社会型和技术型 7 种类型。戴翕昀（2013）等人认为，依据六边模型等理论编制的工具很难适应我国需求，同时由于新的职业不断涌现，传统的职业类型理论与测评技术很难满足现在的需求，他的实证研究结果显示我国的职业类型为研究型、艺术型、展示型、社会型、冒险型、企业型、常规型、现实型和生态型共 9 种。

（二）岗位分析研究路径

岗位分析或工作分析的研究路径是企业人力资源管理为了实现“岗得其人”的目标（廖泉文,2002）。岗位分析对于理解与改变工作环境以及员工自身发展有着至关重要的作用（Dunckel H,2001）。岗位分析的结构性分析方法主要是问卷法（薛万东,2010）。在各种岗位量化分析工具中，如 JEM、MPDQ、TTAS、FJA、TIA、PAQ 等，PAQ 是最流行的结构性岗位分析方法（Tornow W W,1976）；戴昌钧（2003）运用 PAQ 技术构建了岗位知识含量指标体系，并对岗位的知识含量给出了一种具有可操作性的度量方法，根据实际数据所得的工作指标区域分类图表明，高知识含量工作的输入元素知识含量、知识应用、复杂性和自主性都较强，而技能应用、重复性、结构化程度指标较弱，低知识含量的工作正好相反。由于 PAQ 技术具有评价条目过多、操作繁琐、成本过高的局限性，有学者在研究中开发出以人格为导向的职位分析系统（POJA），以选择工作所需的人格特质（Goffin R D et al,2011）。不过，无论岗位分析做得如何精细，只是提供对岗位的评估，也无法直接进行“人岗匹配”测算。

（三）两种研究路径的贡献及其局限性

在对个体的职业类型测评模型构建中，Prediger 从 Holland 的六边形模型结构中所发现的“人物/事物、资料/观念”两维度模型是职业类型与职业环境分析模型的第一个里程碑，而 Tracey 和 Rounds 所构建的球形模型是职业类型与职业环境分析模型的第二个里程碑，但所提出的“职业声望”概念进入了价值评价范畴，存在职业歧视的危险，而且难以涵盖这一维度更丰富的内容。如何构建解释力强的人岗匹配模型是人岗匹配测算的理论基础。

职业类型测评关注的是人，而岗位分析关注的是岗。两个路径的目的侧重点不同，从而也导致其理论模型和测算模型不兼容而难以对接。比如各种职业类型测评工具与岗位分析工具提供的参数之间，是难以实现匹配度测算的。所以，编制同结构的相互兼容的匹配模型，并编制同结构的职业测评工具和岗位分析量化表，将“人岗匹配”理论模型转化为普适性和可操作的“人岗匹配测算模型”，在互联网大数据背景下，对提升企业招聘和个人求职效益具有广阔的应用前景，对于提高企业招聘工作效率和员工潜能具有重要的现实意义。

（四）“人岗三维度匹配模型理论”的构建与分析

求职者和组织招聘之间的关系类似于择偶双方的关系，都是一种相互选择的过程。Prediger 所提出的“人物/事物”和“资料/观念”两维度模型认为，人们的职业类型是分布在人/物和资料/观念所构成二维平面之间的，但两维度的平面结构无法解释同性质工作的层次性和复杂性，Tracey 和 Rounds 增加的“职业声望”维度也不能涵盖这一维度丰富的内容。对 PGI 实证研究的结果及逻辑分析表明，人们的职业类型和职业环境是按照“模式化/变化”维度排列的，这一维度比“职业声望”有更丰富的内容和更强的解释力。从职业环境看，“模式化”一端对应了职业环境的“结构性、稳定性和简单重复性”，“变化”一端对应了职业环境的复杂性和重要性。从职业人格的角度看，“模式化”维度对应了思维的聚合性、解决问题的常规性；“变化”一端对应了人的思维的发散性、经验的开放性和解决问题的创新性等特征。这样，模式化/变化维度与人物/事物、资料/观念二维平面垂直交叉，构成了职业类型和职业环境三维度球形分析模型（图 11-1）。

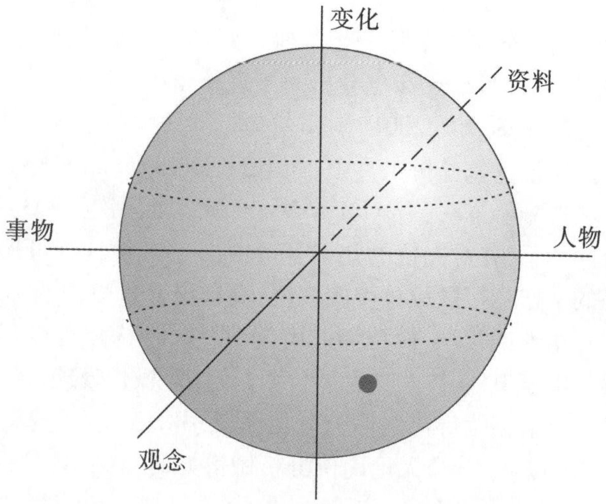

图 11-1　职业倾向三维模型

根据“职业类型和职业环境三维度球形分析模型”中“模式化/变化”维度的常模分数，将球形模型横向切割成 3 个横切面。最上端的横切面为“模式化/变化”维度变化得分最高组。在这个横切面上，由人物/事物、资料/观念两个维度高分组合的 4 个象限中，人与资料高分组合的象限为组织与管理、决策与经营等工作岗位；人物与观念高分组合的象限为哲学社会科学研究与人文艺术创作等工作岗位；事物与观念高分组合的象限为自然科学研究与工程技术研发等职业岗位；事物与资料高分组合的象限为金融管理、高级财务管理、信息管理、生产管理、航空管理和物流管理等工作岗位。

中间横切面属于变化-模式化维度得分中间组，在这个层面上，由人物/事物、资料/观念两个维度高分组合的 4 个象限中，人物与资料高分组合的象限包括政府机关、企业、军队等组织领导类工作岗位；人物与观念高分组合的象限的职业有律师、调解员、教师、文化事业相关工作、应用性的社科工作、公务员、文化宣传工作者等；事物与观念高分组合的象限的职业有工程技术和自然科学教学岗位及科普工作相关岗位；事物与资料高分组合的象限的职业有经济、金融、财务相关的岗位。

最下端横切面属于变化-模式化维度低分组，即模式化工作岗位。被试在人物/事物、资料/观念高分组合的 4 个象限中，“人物与资料”高分组合象限为文秘、文员、办事人员、商业服务人员等工作岗位；“人物与观念”高分组合象限为慈善服务事业、小学及幼儿教育、社区服务与护理等社会服务工作岗位;“观念与事物”高分组合象限为农林牧渔、流水线作业、质检与维修、建筑劳动等与技术操作相关的工作岗位;“事物与资料”高分组合象限为出纳、收银、仓储、物业、搬运与物流等规范且程序化的数字及物流性质的工作岗位。

“模式化/变化”维度自上而下是一个连续体,实际上大多数人处于“模式化/变化”维度的下方,但考虑到参与测评和人岗匹配的人多为受过中等教育的人群,所以在测评模型上,多数个体会处于均数上下 2 个标准差之间的层面上。岗位分析的分数越接近上层的职业类型越是那些善于承担应对变化与挑战的工作,分数越低越是接近下层的程序化工作。三维度球形模型涵盖了所有职业领域中的工作岗位,3 个维度乘以 4 个象限共有 12 种类型。每一个岗位通过对其工作性质的三维度分析,可以赋予 12 个类型的代码排序与参数;同样,每个求职者通过三维分析也能够在球形模型上找到相应的三维度坐标点。

三、“人岗三维度匹配模型”的测算方法

“人岗匹配测算模型”测算的核心是人才测评和岗位分析两组数据的对接与比对,因而就需要采用同一结构,量化评价求职者职业类型和岗位分析。量化求职者的职业类型就是通过“职业类型三维度测评量表”,对求职者的测评获得求职者在球体模型上的坐标点;量化岗位的性质与类型,是通过与职业测评相同结构的普适性的“企业岗位三维度多层次分析量化表”。将求职者的职业类型分析数据与岗位分析量化表的参数形成对应的匹配度测算,最终构建求职者的职业类型与企业工作岗位类型相对接的“人岗匹配测算模型”。这一“人岗匹配测算模型”的前提是“职业类型三维度测评量表”和“多层次三维度岗位分析量化表”来源于同一结构模型而具有兼容性。

职业测评与岗位分析兼容的“人岗匹配测算模型”:将职业类型测评分析系统与岗位分析量化表的计算机分析系统对接,构建“人岗匹配测算模型”。

第一步,在“职业测评与就业指导服务”的计算机网络平台上,对求职者进行“职业类型三维度测评分析系统”的测评与分析,测评系统将给每个被试自动反馈“职业类型分析报告与职业规划指导建议”,如图 11-2。

您好，我是您的人岗职配小管家。请问您需要什么帮助吗?
我想知道我的
· 职业倾向测评结果与指导
· 职业兴趣类型测评结果与指导
· 性格测评结果与指导

图 11-2 职业测评结果指导

第二步,企业人力资源管理招聘人员根据系统中已有的大类岗位分析,填写岗位分析量表,修订某个具体岗位的“多层次三维度岗位分析量化表”,通过网络提交给“人岗匹配测算模型”分析系统,如图 11-3。

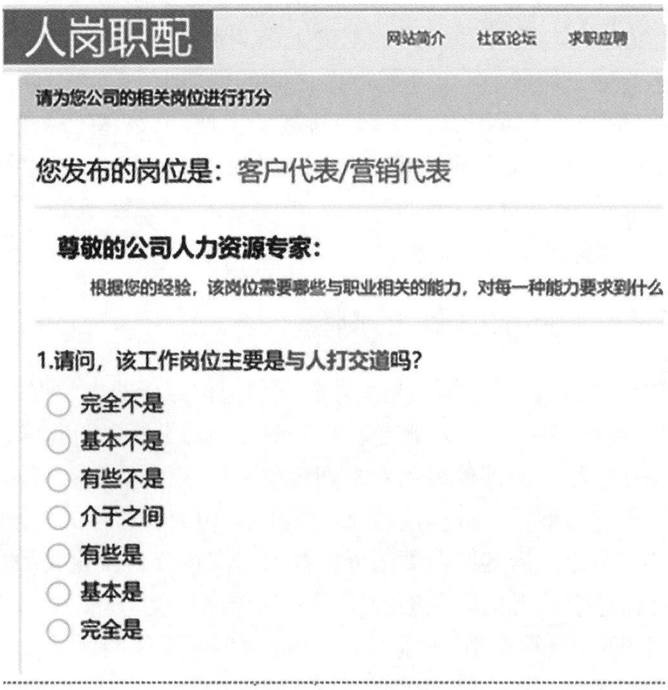

图 11-3　人力资源管理招聘入口

第三步,将三维度职业类型测评系统、求职者的标准化求职履历信息表与多层次三维度岗位分析量化表进行对接,即将求职者的职业类型测评结果数据与企业岗位分析量化表的参数进行匹配度测算。第一个环节的匹配度测算是将企业提供的特定工作岗位所要求的性别、年龄、身高、学历、专业、职业资格证书、外语水平等 25 个基本变量与求职者简历提供的性别、年龄、身高、学历、专业、职业资格证书、外语水平等 25 个对应的变量进行双向匹配,即相似性匹配;第二个环节是求职者心理预期的薪水及住房等工作待遇与企业提供的薪水及住房等工作生活待遇进行双向匹配;第三个环节是求职者的职业类型与岗位工作的三维度匹配度的测算(契合性匹配)。匹配度测算采用逐步运算淘汰法:首先是双方的三维度(v_1、v_2、v_3)的高、中、低分(v_1^+、v_1、v_1^-;v_2^+、v_2、v_2^-;v_3^+、v_3、v_3^-)组合类型代码的匹配,则第 i 位求职者 $P(i)$ 与目标岗位 $Q(0)$ 之间在第 j 个维度上的匹配度计算通过下式完成。

$$S_{0i}(j)=\frac{\min\limits_{1\leqslant i\leqslant m}\min\limits_{1\leqslant j\leqslant n}(D_i(j))+(1-\xi)\max\limits_{1\leqslant i\leqslant m}\max\limits_{1\leqslant j\leqslant n}(D_i(j))}{D_i(j)+(1-\xi)\max\limits_{1\leqslant i\leqslant m}\max\limits_{1\leqslant j\leqslant n}(D_i(j))}$$

在上式中,m,n 分别为求职者人数及待测度维度(属性)数;$0\leqslant\xi\leqslant1$ 为调整因子,初始取 $\xi=0.5$,随系统计算过程的延展可由操作主体基于数据反馈做适度调整。$D_i(j)$ 为第

i 位求职者 $P(i)$ 与目标岗位 $Q(0)$ 之间在第 j 个维度上的距离，其计算公式如下。

$$D_i(j) = \frac{1}{2}[(v_{ij}^- - v_{0j}^-)^2 + (v_{ij}^+ - v_{0j}^+)^2]^{½}$$

其中，v_{ij}^-、v_{0j}^-，v_{ij}^+、v_{0j}^+ 分别为第 i 位求职者 $P(i)$ 与目标岗位 $Q(0)$ 在第 j 个维度上的下限值与上限值。

在此基础上，进一步测算第 i 位求职者 $P(i)$ 与目标岗位 $Q(0)$ 之间综合匹配度，如下。

$$S_{v_1} - \sum_{i=1}^{n} \omega_j S_{v_1}(j)$$

在上式中，ω_j 为待测度维度（属性）权重，其中权重向量 $\omega=(\omega_1,\omega_2,\cdots,\omega_n)$ 的计算方法如下：对于 m 位求职者 $P(1)$，$P(2)$，$\cdots$，$P(m)$，n 个待测维度（属性）值 $v_1,v_2,\cdots,v_n$，均以区间形式表示出其属性值。第 i 位求职者第 j 个维度的值为区间 $[v_{ij}^-,v_{ij}^+]$。为求得区间属性指标权重，先求各属性区间上下界序列熵，再平均其上卜界序列熵得到区间熵，最终得到其权重。具体计算步骤如下。

第 i 位求职者 $P(i)$ 维度 j 的下界序列熵 E_j^-：

$E_j^- = -(\ln m)^{-1}\sum_{i=1}^{n} v_{ij}^- \ln v_{ij}^-$，该式中 $v_{ij}^- = v_{ij}^- / \sum_{i=1}^{n} v_{ij}^-$，且 $\sum_{i=1}^{n} v_{ij}^- = 1$。

第 i 位求职者 $P(i)$ 维度的上界序列熵 E_j^+：

$E_j^+ = -(\ln m)^{-1}\sum_{i=1}^{n} v_{ij}^+ \ln v_{ij}^+$，该式中 $v_{ij}^+ = v_{ij}^+ / \sum_{i=1}^{n} v_{ij}^+$，且 $\sum_{i=1}^{n} v_{ij}^+ = 1$。

平均区间上下界序列熵得到其熵值 E_j：$E_j=(E_j^- + E_j^+)/2$。至此，则待测维度 j 的权重 ω_j 为：

$$\omega_j = (1 - E_j) / \sum_{i=1}^{n}(1 - E_j)\text{。}$$

其次是在满足三维度匹配度 $S_{0i}=1$ 的条件下，再进行 12 个职业类型前 3 个代码（v_1，v_2，v_3）的高、中、低分数和岗位功能性质前 3 个代码（v_1，v_2，v_3）高、中、低分数的匹配，当双方的前 3 个代码（v_1，v_2，v_3）对应的高分顺序位置完全一致时，即为 100% 匹配（测算公式略）；第三是在满足 12 个职业类型前 3 个代码之间匹配度 $S_{0i}=1$ 的条件下，对求职者的 12 个职业兴趣类型得分、12 个能力类型得分与岗位设定的 12 个岗位功能性质要求的参数分别进行比对（此时前述公式 $n=12$），即对应的两个分数相减，当差值（即距离）为 0 时为 100% 匹配。最后再对 12 个类型匹配度进行综合运算（$n=12$）算出总的匹配度（测算公式略）。以大数据为基础将求职者的标准化测评信息与组织招聘提供的同一结构的标准化岗位信息在“人岗匹配测算模型”中对接，分析系统会自动为每个招聘岗位提供匹配度从高到低所需要的求职者；同时，求职者也会得到系统推荐的相对理想的企业工作岗位。

欲实现“人岗匹配”的理想，需要将人才测评和岗位分析两个路径的研究成果纳入同一个理论模型（即“人岗三维度匹配模型理论”）中；要实现两组数据的对接，就需要采用同一结构模型来编制三维度职业类型测评量表和三维度多层次的岗位分析量化表，并编制职业测评与岗位分析兼容的“人岗匹配测算模型”，利用互联网大数据将求职者和组织提供的岗位进行匹配，使得每一位求职者都能找到自己相对最合适的岗位，使得每一个岗位都能获得相对最合适的人选。如此,“人尽其用”“岗得其人”的理想便可以实现。

第四节 基于人岗同结构匹配度测算模型的人岗职配测评网站开发

本项目编制了基于人岗同结构匹配度测算模型的“人岗职配测评网站”。该网站将心理学的研究成果应用到招聘与求职的过程中,为用人单位及求职者提供专业的匹配系统及最简单的工作程序,提供的主要服务分为2步:第一步,求职者提交个人基本信息并完成职业倾向测评,系统会为其提供合适的工作岗位若干。招聘人员提交岗位基本要求和性质,系统会为其提供合适的求职者若干。第二步,双方通过网站的远程面试系统相互评估,确定签约和录用意向。除此之外,还为求职者提供量身定制的职业指导。求职者在完成个人基本信息与职业倾向测评的同时,会自动对求职者的个人特质、职业兴趣与类型进行分析,生成详尽的分析报告。在报告中,分析结果以直观的三维模型及雷达图展示出来,辅助以解释文字。职业求职者除了可以看到自己的分析结果,还能得到专家的就业指导意见,对于仍在寻找自己职业方向的人群,尤其是大学毕业生,有更高的价值(图11–4 ~ 图11–9)。

项目的宗旨是“人得其岗,岗得其人”。理念为用精准科学的匹配模型减少求职与招聘的成本;为大学毕业生等处于职业生涯迷茫期的用户提供量身定制的指导。

除了基于求职与招聘流程提供的各项服务外(个人主页的生成、招聘信息的推送等),网站在未来也将提供丰富的职场资讯,包括简历制作、面试技巧、跳槽指南等,短期内没有求职意向的客户也可以充分享受网站提供的服务。随着网站建设进度的推进,下一步着手进行移动端APP的建设,进一步提高用户的使用体验。具体来说,网站将提供以下4项服务。

图11–4 人岗职配官网首页

图 11-5　人岗职配官网登录页

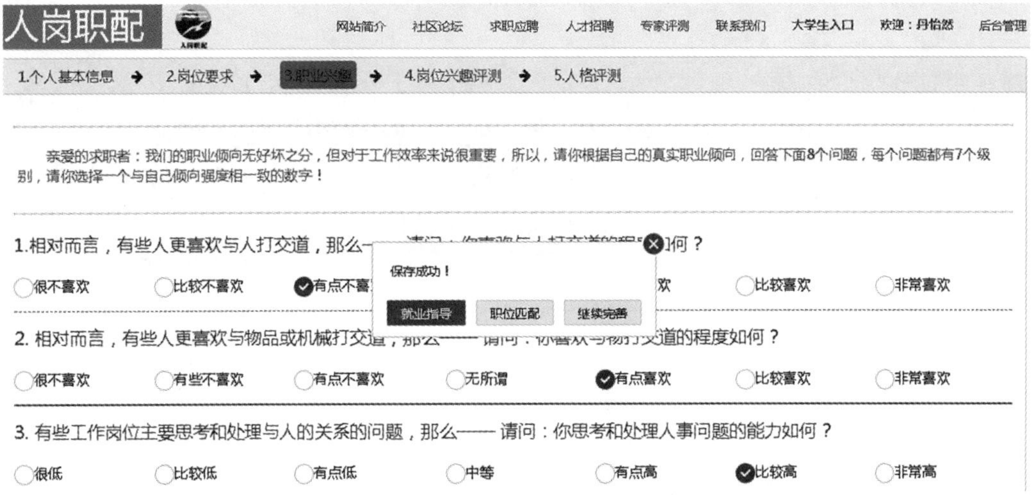

图 11-6　职业兴趣测评界面

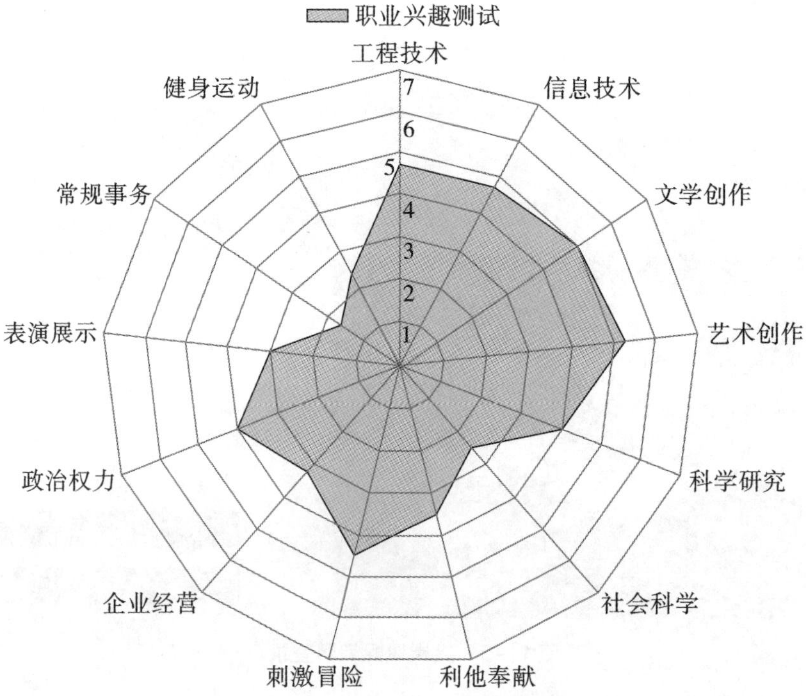

图 11-7　职业兴趣测试雷达

图 11-8　人岗职配官网人才招聘页

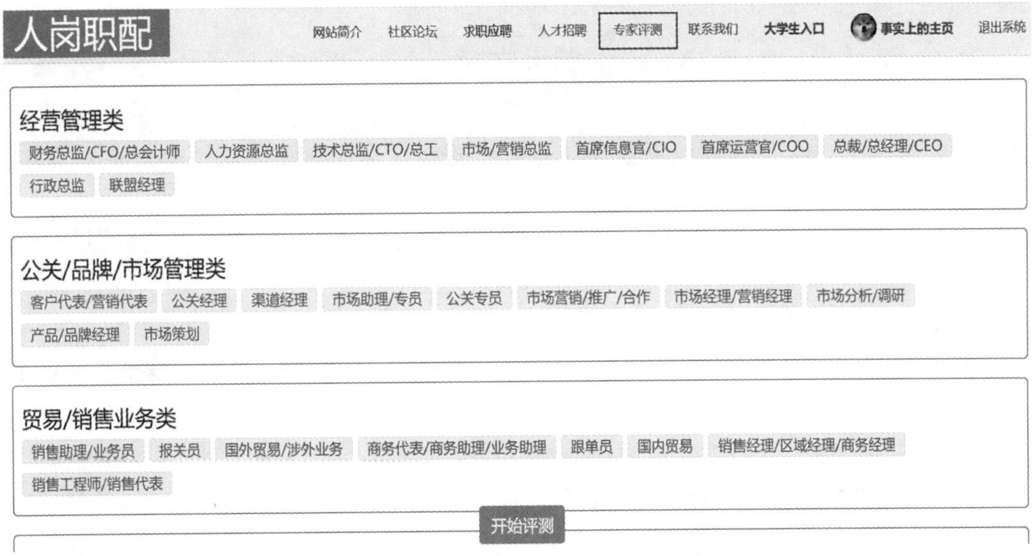

图 11-9　人岗职配官网专家测评页

（1）人岗同结构匹配度计算模型的运用与操作程序：该模型将职业类型与职业环境测评与分析分为 3 个步骤。第一步，对客户进行职业倾向三维度分析，即通过人物-事物、资料-观念和变化-模式化三维度分析，从而构成了球形模型，球形模型包含着 12 个职业类型。第二步，对客户进行职业类型测评与分析，测出每一个客户的职业类型。第三步，运用“中国人七因素人格量表简表（CSPI-SF）”对客户进行七维度的职业人格测评。该网站系统一方面会对根据以上 3 个测评分析结果，进行职业就业指导，一方面会与企事业对岗位的 3 个分析步骤的分析参数相对应，系统自动为客户提供匹配度最高的岗位，也同时为企事业招聘提供与其岗位匹配度最高的求职人员，作为用人单位网络面试的人选。网站建设基于大数据和计算机学习模型，各个系统会根据用户需要和数据积累不断做出调整，使得各个计算参数和模型更加合理，最终实现为客户提供最优质的服务。

（2）基于网络人岗匹配的面试系统：求职者与招聘者通过网络分析系统自动匹配后，为双方提供了匹配度高的岗位和求职者若干，双方可以通过网站系统约定网络面试。该网络面试系统采用最新的网络视频会议系统，全真呈现面试场景，与现场面试真实度接近。大大节省了求职者与企事业单位招聘的成本。

（3）企业内部的人岗的重新组合服务系统：该系统为了满足大中型企业的人力资源管理，最大限度地发挥每一位员工的潜能和特长，通过对全体员工的网络测评与岗位分析结果的匹配分析，为企业人力资源管理提供最佳的员工与岗位匹配结果。

（4）高级及特殊人才的猎头服务系统：针对用人单位对高级专业人才和管理人才及特殊人才的需求，该项目开发出遴选专门人才的测评系统和多步骤的删选系统。

总之，该项目的最终目的是实现“人得其岗”与“岗得其人”的目标，有利于求职者的个人价值达到最大限度发挥，同时降低企业的招聘成本。

参考文献

戴昌钧,等.2004.岗位知识含量指标体系的构建及实证[J].系统工程理论与实践,24(9):38-46.

戴俞昀,等.2013.当代大学生职业兴趣的结构与测量[J].心理学探新,33(3):260-265.

廖泉文.2002 招聘与录用[M].北京:中国人民大学出版社.

林新奇,等.2017.人-岗匹配对员工创新行为的影响机制研究:内部人身份感知和创新自我效能感的作用[J].商业经济与管理,37(7):37-44.

刘长江,等.2003.评估职业兴趣的结构[J].心理学报,35(3):411-418.

刘双双.2015.从帕森斯的"人职匹配理论"分析大学生就业难问题[J].经济研究导刊,(19):203-204.

苏文平,等.2015.基于人-职匹配的知识型员工管理对策探讨—以A汽车研究院为例[J].中国人力资源开发,(8):7.

王宇中,等.2015.恋爱资源及其对等性与恋爱质量的关系[J].中国心理卫生杂志,29(10):7.

薛万东.2010.人力资源管理[M].北京:北京交通大学出版社.

张厚粲,等.2004.我国中学生职业兴趣的特点与测验编制[J].心理学报,36(1):89-95.

张同全,等.2013.人-岗匹配的力量权衡矩阵模型[J].中国行政管理,(12):68-72.

张宇.2013.个人球形职业兴趣量表简版(PGI-S)中文版的信效度检验[D].郑州:郑州大学.

CARLESS S A. 2005. Person-job fit versus person-organization fit as predictors of organizational attraction and job acceptance intentions: A longitudinal study[J]. Journal of Occupational and Organizational Psychology, 78(3):411-429.

DUNCKEL H. 2001. Job Analysis and Work Roles, Psychology of[J]. International Encyclopedia of the Social & Behavioral Sciences, 29(1):7973-7977.

GOFFIN R D, et al. 2011. Choosing job-related personality traits: Developing valid personality-oriented job analysis[J]. Personality and Individual Differences, 51(5):646-651.

HOLLAND J L. 1985. Making vocational choices: A theory of vocational personalities and work environments[J]. british journal of guidance & counselling, (1):153-154.

KRISTOF A L. 2010. Person-organization fit: An integrative review of its conceptualizations, measurement, and implications[J]. Personnel Psychology, 49(1):1-49.

MATHIEU, et al. 1990. A Review and Meta-Analysis of the Antecedents, Correlates, and

Consequences of Organizational Commitment [J]. Psychological Bulletin, (108): 171-194.

PREDIGER D J. 1982. Dimensions underlying Holland's hexagon: Missing link between interests and occupations? [J]. Journal of Vocational Behavior, 21(3): 259-287.

ROE A. 1956. The Psychology of Occupations[J]. American Journal of Psychology, 8(2): 34-36.

SCHNEIDER B. 2006. The People Make the Place[J]. Personnel Psychology, 40(3): 437-453.

SPENCER L M, et al. 1993. Competence at work: models for superior performance[M]. Manhattan: Wiley.

TORNOW W W, et al. 1976. The Development of a Managerial Job Taxonomy: A System for Describing, Classifying, and Evaluating Executive Positions[J]. Journal of Applied Psychology, 61(4): 410-418.

TRACEY T, et al. 1996. The spherical representation of vocational interests[J]. Journal of Vocational Behavior, 48(1): 3-41.

TRACEY T. 2002. Personal Globe Inventory: Measurement of the Spherical Model of Interests and Competence Beliefs[J]. Journal of Vocational Behavio, 60(1): 113-172.

TRACEY T. 2010. Development of an abbreviated Personal Globe Inventory using item response theory: The PGI-Short[J]. Journal of Vocational Behavior, 76(1): 1-15.

TRACEY, et al. 1997. The Structure of Interests and Self-Efficacy Expectations: An Expanded Examination of the Spherical Model of Interests[J]. Journal of Counseling Psychology, 44(1): 32-43.

VERQUER M L, et al. 2003. A meta-analysis of relations between person-organization fit and work attitudes[J]. Journal of Vocational Behavior, 63(3): 473-489.

后 记

出版一部关于“人才测评与人岗匹配”的著作，是我一直以来的愿望，现在这个愿望终于实现了。

人才测评与人岗匹配研究是作者近十多年来研究的方向之一。研究团队取得了一系列阶段性成果，除了研究报告外，发表了5篇SSCI、CSSCI和中文核心期刊收录等论文，获得了1项教育部人文社科项目和1项省高等学校哲学社会科学应用研究重大项目的立项。

本研究基本实现了预想的目标，但是最后一项研究内容的实践落地问题，即通过对大数据的分析进行效度检验和匹配指标体系的自动调整，这一目标未能实现。其原因是需要大量资金投入推广获得大数据之后才能实现，因此十分期望有眼光的风险投资者能够青睐该项目，融资后我们将根据增加的数据不断调整匹配指标和测算的准确性，不断提高其效度，实现惠及大众的目的，从而实现我们的先人提出的“人尽其才”的理想。

我们的研究团队成员主要有赵江涛、贾黎斋、王中杰、刘亚楠、许宪伦、丰东方、张海涛、张宇、史轩轩、李亚欧、薛雪、王静、姚爱贞、丹怡然、莫华敏、尹磊、刘晓丽、孙小博、袁悦、梁飞等。课题组成员在我的指导下，每个人分担了一些具体工作，他们无论是测评工作、资料整理工作，还是统计分析工作等，都积极努力，任劳任怨，分工合作，能够高质量地完成阶段性任务。遇到这些课题组成员是我最大的荣幸。

该著作以“省高校哲学社会科学应用研究重大项目的研究成果”为基础，通过作者再加工而成。项目组主要成员：赵江涛（留美博士）、贾黎斋（副教授）、王中杰（博士）、刘亚楠（博士）、许宪伦、丰东方、张海涛、张宇、史轩轩、李亚欧、薛雪、王静、姚爱贞、丹怡然、莫华敏、尹磊、刘晓丽、孙小博、袁悦、梁飞等。

王宇中

2024年1月